作文課上的
加減乘除
——理性與感性的創意敘寫

陳嘉英⊙著

「變」──是創意唯一不變的法則

流水之所以不腐，是因為「流」；

滾石之所以不生苔，是因為「滾」。

我們將這兩句話放在一起，不是為了要強調：每一句話的第一個字，往往是這句話的重點。當然更不是因為「流」與「滾」共同擁有一個「三點水」的部首。不過，如果說：「流」與「滾」的後面都可以接「動」字，「流動」與「滾動」，姿勢雖然不同，卻有著走步、移位、越界、易地的共同現象，那就接近陳嘉英老師所以要撰寫《作文課上的加減乘除》的本意了！

流水不腐，這句話的後面其實應該接「戶樞不蠹」，戶樞何以不蠹？能說出這個道理，那也就能夠了解陳嘉英老師所以要撰寫《作文課上的加減乘除》的初心了！

陳嘉英老師所以要撰寫《作文課上的加減乘除》的最初本意到底是什麼？

「作文課」、「作文指導」、「作文參考書」，很多人都以為提供同齡學子的作品就是最好的示範，問題是：大多數的學生不知道那麼好的作品是怎麼寫出來的！不管它是前輩作家寫出來的作品，還是鄰近的名校高材生創作。當然，如果是同時代、同年紀的人所寫的作品，在思考模式上、生活形態上，會有更親近的感覺，更令人頷首同意的情節。就這點而言，《作文課上的加減乘除》所有的範文都來自語文資優的同學，顯然做到了所有「作文課」的共

同點。那,「加減乘除」到底是什麼?為什麼要「加減乘除」?──
這就牽涉到《作文課上的加減乘除》這本書的架構!

《作文課上的加減乘除》這本書,掌握了創意的來源:對原有
的事物,加一點,減一點,創意就源源湧出無限。何況陳老師又加
上「乘」與「除」,那是從步伐變成飛騰,從等差級數變成等比級
數,飛越萬重山的想像魔力盡情展現!

而且,這種加減乘除,不只是表現在四個主要章節的區隔,也
表現在每個章節的細部安排上,從按部就班到飛天入地,每一個章
節都作這樣的設計,卻又出現永遠不相同的軌跡,這就是加減乘除
的創意。陳老師以自己的加減乘除,帶動學生也能學會自己的加減
乘除,讓學生盡情發展自己的加減乘除,這才是真正創意之所在!
否則,活在原創者的創意裡,仍然是因襲,就像耽溺在原生家庭的
幸福裡的人,只是在享福,當然不是在造福!

不能造福的人,對社會是談不上貢獻的。這句話真正的意思
是:沒有創意的人,對社會是談不上貢獻的。

如以〈生命風景的書寫〉為例,陳老師說:「人的一生是追尋
的過程也是創造的歷程」,多讓人動容的一句話!不僅作文要有創
意,做人更要有創意,這樣的命題,多強悍有力:沒有創意,愧對
人生,愧對自己!「我們以生命寫下最真實的日記」,誰都無法逃
匿於創意之外!雖然,「時間的無情讓它們成為前塵往事」,但
「時間的有情則讓這一點一滴在回首留戀處,凝聚為成長蛻變的動
力與生命的意義。」

將作文提昇到「生命風景的書寫」,誰能掉以輕心?將生命提
昇到「創造的歷程」,誰又敢不去尋找自己可能的加減乘除?誰又
能不去尋找自己加減乘除所能造成的可能?

　　所以，這樣的一本書，你必須加以加減乘除，你必須有自己的加減乘除，絕對不能依樣畫葫蘆，依樣畫葫蘆，不是她所期望的創意，不是嘉英老師所期望的風景，她期望的是──課堂外的風景，心靈的新發現。

　　所以，你要去瞭解戶樞之所以不蠹的原理，但不能是戶樞，戶樞是被動的，你要像流水一樣加減乘除，開拓自己的新流域、新旅途！

蕭　蕭

文字精靈的舞蹈

　　《作文課上的加減乘除》是陳嘉英老師繼《感官的獨奏與越界》、《未竟的文學之旅》之後，所出版的第三本再度展現充沛的創意，引導學生如何書寫的作文書。全書區分為加減乘除四區塊，每一區塊都流漾著感性與理性的交攝，只是比例輕重濃薄的調配而已。我們可以發現在「加」的部份，是個人與家族生命史的書寫，是感性與理性的平衡交融；「減」是個人感時觸物的興發，則理性沉潛於底而感性濃郁於表。「乘」是廣告文案的綺幻魅惑，是感性與理性的合一共炫；至於「除」則是閱讀的反思與新視域的開創，是理性的鷹飛揚厲與感性的低吟輕歎。

　　個人與陳老師結緣始她來政大中文所在職碩士班就讀的歲月，那時就非常激賞她在國文教學領域源源不斷的創意、深度與廣度。之後，每學期在我「國文教材與教法」的課程中，一定力邀她為學生示範國文教學，不論是古文或白話文、古詩或新詩，學生都受益良多。在作文方面，除了展現如《感官的獨奏與越界》、《未竟的文學之旅》、《作文課上的加減乘除》三書中教學生散文書寫的功力；更自己設計出一套引導學生創作新詩的步驟方法，效果宏大，學生都成了敢於寫詩、喜歡寫詩的愛詩人。畢業後擔任教職的學生回校來看我，往往會告訴我，他們依照陳老師教學與作文的方式，都獲得非常良好的教學效果。嘉英老師成為我及我的學生們，共同的好朋友。此外，我的兩個兒子也是直接受惠者，兩家往來之際，

　　陳老師帶給兒子的影響，是廣泛的閱讀與在生命轉折處的點撥，古人所謂「易子而教」良有以也。

　　不論是閱讀《感官的獨奏與越界》、《未竟的文學之旅》或《作文課上的加減乘除》，總是被書中源源不斷的主題創意所吸引，處處充滿橫看成嶺側成峰，遠近東西各有勝景的驚喜；也著迷於書中陳老師的學生們所展現的文字魅力，處處可見落英繽紛，芳草鮮美。

　　深深覺得其實學生是非常具有潛力的，單看老師如何引導形塑。《作文課上的加減乘除》，帶領學生乘著詩心的翅膀，飛向創意與想像的虛空，將原本潛蟄心中的空中之相，隨著文字精靈的書寫舞蹈，成為個人生命空間具體呈現的流光彩姿。這是一本「作文課」上的「加減乘除」嗎？我認為這本書的靈心慧見，使之已跨領域成為「生命大書」的「加減乘除」。教導學生作文是自我生命的文字之歌，作文是和生命韻律的對話，是自我生命空間版圖的遨翔擴展。

丁敏

寫於指南山麓國立政治大學中文系

2006/11/01

誰說國文不能與數學結親？

以陽光照出成蔭的風姿，在時間與空間裡的擺渡家族
以信念為軸心，想像為半徑，拉出夢想無限，
形塑自我世界，流淌生命的風華

笑傲人生幾何，學了幾何又幾何？
春夏秋冬排列組合為一生的風景，
在每個半角與弧度處繫結世間情緣

聲光影象是廣告媒體的折射函數，
販售神奇文案乘以創意時尚的聯立商品方程式，
歌詠慾望最小公倍數，炒作追奇搞怪的文字樂趣，

閱讀是無解的謎：翻天覆地的向量、幸災樂禍的機率
透過視角二次方開根號，鼓譟推理和批判思維能力
鍊就一身批判思考解咒的功力，導出破中立論因式分解的密
碼方程式

經證明，以上均是。將此原理應用於創作，所演繹的過程如
下：
作文課上的「加」，代表在一個主軸下所幅射出加深加廣的學

習或創作版圖，類似串聯的聖誕燈籠，循著穿梭接龍的電線，把折疊擠壓的經驗、扭曲變形的畫面、輕忽錯過的情節一一點燃。

記憶的存有是一種機制，什麼時候抽取？什麼時候堆積？自有其意識的選擇，所以人生不可能是去而不往的線性，而是現在過去同時存在。以現在的眼光凝視過去界面時，被召喚的細節似隱喻般展演出新解釋、新存在性，使得當下存在著往昔，而過去有其現在的存在性。以歷史學建構家族與自我生命、透過心理學省視生命的「自傳與家族史的建構」，就在這樣的串場與分鏡間被引渡顯影。

知識不是學習的目的，而是藉以轉化為思想的原料，付諸於創造力實現的基點，在單一聚焦間迸濺無限「減」的想法，企圖以腦力激盪使學生集體思考，相互震盪，以導出新想法。「季節創新出場」的教學設計，便是一個整合寫作技巧、感官美學，歸納現象哲思的嘗試歷程。

傳統西方知識的概念是樹狀分類，藉分析歸納形成接近真理的知識，進而統理知識。知識考古則提出另一套對知識體系的詮釋，認為所有知識像馬鈴薯的塊莖，每個知識被切出，可被繁殖。這種去知識界限的觀念，強調跨領域，發散性的知識，如佛洛伊德學說被運用於性、潛意識……。一塊莖是一個知識體，可以繁殖新概念、新理論，由此見當代文化多元、快速演變，這是「廣告世界有乾坤」設計的理念，希望借力使力，跨越文類「乘」法的方式，透過廣告所展示的視角、立場、幅度、取材，研究文化現象。

在這個知識經濟時代，兼具智慧與創造思考能力者才能創造自我無可取代的價值。「聽見不一樣的鼓聲」創造思考教學目的正在於打開新視野、改變態度及想法，培養學生獨立思考能力。除藉化繁為簡的摘要、提出問題、歸納風格特色詮釋文本深層意義，並進

一步收集資料、整理轉化提出觀點等有效學習策略，企圖在指涉、交融、回應之際，破除舊論開發自我思想觀點，同時以包裹式、鷹架式、層次化、類比化、系統化方式建構思想體系，創造閱讀的意義性、新奇性、趣味性及挑戰性。

創意是一種行事態度，生活裡俯拾即是教材，創造性的教學理念，讓師生一起學習，目視彼此成長、改變，自由狂野地徹底釋放。量身定做的自編教材提供嶄新姿態的可能，新視角的追尋，讓教與學在實踐步履中，展開無限可能的層次。價值的辯證、批判的思考所形塑「敏感的革新」則將教學提昇到一個足以透視與遠矚的高度，於是老師不再是追趕進度的夸父，學生從考試的緊箍咒裡解套，吸納內化為知識體系的圓心，在迷人的座標間與思想會面。

蕭蕭師夫婦是多年同事，在太陽王國交會所縈迴的歡喜，讓歲月浸染著幸福的金黃；丁敏師則為重回母校進修時的恩師，凝視眼光的萌發與引渡，使得每一處都是駐足回味的幽境。時間就像一張書籤，夾在我們相遇的那一頁，感謝序言的書寫，銘刻在景美教書與政大學習的足跡。

這本書所集生命風景的書寫、批判性閱讀設計曾獲臺北市第六、七屆教育創新與行動研究創新教學活動設計類獎；季節流光萬花筒、廣告世界有乾坤部份曾在國文教學刊物登載。整理出書之際，思及德國哲學家海德格所說：「邊界不是某種東西的停止，而是如希臘人所體認，邊界是某種東西在此開始出現。」想必從這幾章拉出的點，會在讀者的思維與行動間，無盡展衍……

陳嘉英

於景美女中 2007.01

加──開枝展葉添姿

生命風景的書寫

減──凝視單一樂譜

季節流光萬花筒

乘——乘風破浪飛翔

廣告世界有乾坤

除——標新立異作秀

理解分析評論

生命風景的書寫

家族流域，時空腹地
回首眼眸，流光甬道
空間鋪陳，人事風景
捕捉自己，心靈地圖
聆聽心聲，唱獨特歌
建構自我，人生腳本

家族流域，時空腹地

　　人的一生是追尋的過程，也是創造的歷程，我們以生命寫下最真實的日記。當下與人事交會所漾然的感情、過眼風景所煥生的想像，譜就出生活的種種面相。時間的無情讓它們成為前塵往事；時間的有情則讓這一點一滴在回首留戀處，凝聚為成長蛻變的動力與生命的意義。

　　海德格說：「語言是存在的家」，人事物組合的故事是經驗的基本單位。生命是由許多看得見、看不見；記得與不記得的故事線組合起來的。人也是生活意義的詮釋者，當我們在娓娓道來的故事敘述過程中，在流瀉而出的文字裡告白時，方警覺哪些故事、主題塑造現在的自己？什麼生活是最有意義的？

　　後現代的解構與現象學的理論讓我們不僅重視被邊緣化的種族文化、性別歷史，更讓我們留意那不確定處的細微所要說的意義。有人說：「沒有被描述的經過都是沒有意義的。」那麼，透過書寫過往的敘述觀點，重構的過程，我們說自己故事的方式，看待故事中人事的觀點，遂決定故事形式的面貌，並帶出所活出的世界與意義。同時藉由書寫回到當時的處境，於重構的經驗中，修正負面意義，省思什麼樣的生活是對自己最好？是以當故事主體性顯現時，方向便隱然設定。

在名為《奇萊三部曲》的文學自傳中，楊牧藉著與自己的過去對話，結合生長土地所召喚的感動，探索理想與浪漫、愛與美的靈魂是如何被啟動的痕跡，證明追求詩的本質是值得肯定的生命。普魯斯特十六年間與世隔絕，自信從容地，把自己僅有一次的生命記錄在《追憶似水年華》中，為的是把習慣於視而不見的不朽的真實，從潛藏的記憶中解放出來。是以透過一杯茶和一塊餅乾，喚起對童年往事的回憶，藉由細節鋪陳再現真實的生活。

正如艾蓮諾·安婷所說：「深信每一個人有權利去編造一個他或她所能想像到最豐富的『自傳』，我所用的自傳資料真正將一個人的一生當一本小說一樣來處理，那也是屬於每一個人的小說。每一個人都是他自己的藝術家，他對自己的生命負責。既然自傳是有關過去的事件，它就只是個虛構的故事，因為事情已經過去了。很明顯的，自傳不是由一個死去的人來寫他的過去，而是由一個活生生有血氣的人來寫的。一個人要推銷自己的形象，……他想要別人相信那是真的，這也就是所謂事實之後再記載的人生。」

每個人自以為是的記憶都是一次次增刪、接續、重組、複述，甚至是營造故事的過程，然而種種變造自己及別人記憶所形成的故事，無不展演著折疊的時間與其被無限延伸，鋪陳後的過去。記憶或許不可能重現，但在罅隙之間被當下眼光所填補的情節，卻使得過去以某種方式被憑弔、被顯示，在自己或讀者沉醉其中時，記憶是否真實已不那麼重要了。自傳或許有虛構填補的情節與想像，但正因為它是歷史，是過去，因此不必被自己的過去所局限。在這個故事裡，有一個我，是一個國王。

著名的劇場導演彼得·布魯克曾這麼說過：「當一個人穿越

過一個空間，劇場就已經成立了。而，一個人穿過的不只是空間，還有時間。」在書寫自己歷史，建構個人的生命圖景時，歷歷重現的鏡頭使我們在經歷無常的幻滅後，再次捕捉那短暫的永恆，證明自己實在活過、愛過、追求過、思索過，於是從《離騷》到《紅樓夢》，由巴金到王鼎鈞，以實筆或虛構的方式，人們企圖寫下碌碌世途的反省或情思糾纏的回憶，以投射心靈的軌跡，留下生命的見證。

一、尋根足跡──話說源頭，圖解家族

每一個人物的生命，都是一場腹地甚廣的流域。流過的字句，流過每一個筆尖的瞬間，都連結大量的「背後」。拼貼時間流逝的彩色鑲嵌玻璃，就好像把一整盒的照相冊子掉落在塵土間，重新撿拾，重新拼裝，蓋一座「玻璃教堂」。沿著一條條河走下去，就是對待過去絕佳的「推門動作」。

簡媜在《天涯海角‧浪子》前言說道：「每一支姓氏遷徙的故事，都是整個族群共同記憶的一部分。當我們追索自身的家族史，同時也鉤沉了其他氏族的歷史。」的確，藉著追溯家族的身世，無論是明鄭時背負恢復中原的沉重、清領時過客的宦遊，或如漁汛般鋪天蓋地渡黑水溝的移民、懷抱置之死地而後生的羅漢腳、隨著撤退失措腳步而來的老兵……他們以血淚鋤地墾荒，以希望寫下台灣開發史。

回首，每一個家譜上的名字，每一條迢迢行經的路，每一個曾被呼為家鄉異鄉的地名，是看不見的血脈，一滴滴傳衍下來。家族與個人、祖先與子孫、國與家的意義於是清明。歷史原來不

是被書寫的帝王章節,而是活生生的在庶民堂號族譜之間,隱然在姓氏世系的飄流之間。

台灣人、原住民、福州佬、外省人、客家人……,何不讓家譜、遷徙圖、史料打開身世的暗櫃,將自身還原到最古的起初……。

寫作方向:親親一家族,系譜樹枝圖

夐虹〈遺傳〉一詩說道:「我有一個圓圓的大額頭,像媽媽,／媽媽有一個圓圓的大額頭,像外婆,／我得意地告訴媽媽,這叫做遺傳。」事實上,得意的遺傳的又何止是外貌面目?還有那察覺不出的氣息意念、那習以為常的家規姿態吧!就由父母親代代上溯,拾起曾經遺忘的故事,繼而與生養共存的家人回到胎於子宮的聲音,幽幽說出生命是如何被雕塑成形。

在有待重建的系譜中,你的確切位置?台灣／家族融合的基因上的路線與關係?請畫出家族樹枝圖,讓它說明這點點滴滴的行腳:

1. 請找出目前存在最完整的族譜,整理出代代人氏關係圖。

2. 沒有既存家譜,則發揮窮追不捨、追根究柢的精神,一代代向上探索打聽。

在家譜中,層層遞嬗的是祖宗八代名氏,尋根圖表裡一一點名的是血脈源遠流長的香火,訴說家族間繁衍的故事、命運接續的乾坤,如邱孟瑄〈我的家族〉:

邱氏祖始於汀州府上坑縣寧化鄉

還於大埔縣天德甲黃沙村井邊居住

即本族始祖也諱道榮公

生三子還於漳州府（福建省）

平和縣小溪鄉三峰里隘子內壙祠社人

註：

1. 族譜內其實並沒有記錄「女人」，但為能充分了解，所以我把自己的名字加上去並以＊號顯示。

2. 入：意思是兄弟送的；出：意思是送給兄弟的，所以我的親太祖應是「繼運」，而「繼烈」為其弟。

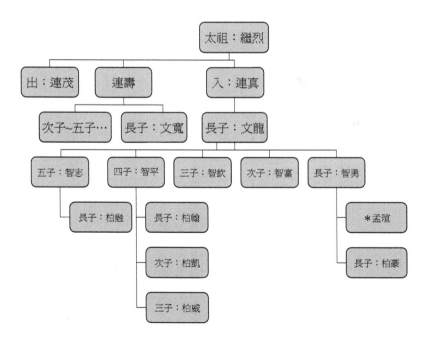

補充：

1. 一世：道榮公。

2. 來台始祖：輝公第八世（一代）。

3. 我為十八世（十一代）。

4. 此族譜於民國七十三年元宵，由七代十四世邱文濱製。

在樹枝圖上列出的一個個認識與不認識的名字、熟悉或陌生的關係，聯成緊密的親戚網絡，原來，這張血緣、婚姻所交織成盤根錯節的地圖，便是遺傳基因的方向；這輩份、嫁娶之中所流出與匯入的臉孔，便是個性習慣的基調。經由這張開枝展葉的親情架構，除卻認清自己存在的座標，獲得命名及定位，同時也隱然在系譜裡建立自我的使命感。

二、家族座標——度量時空座標間，移動的屐痕

尋根，好似一場千里迢迢的前世之約，儘管浪花無法回到起始，但那呼喚的心、投奔的腳步自會因為冥冥之中的相遇而有了駐點。一代代家族繁衍流動在時間長河裡走出歷史，當他們從唐山到台灣時曾見證了什麼事？家族中人曾敘說過哪些社會記憶？請將家族中人、事、時、空，結合歷史大背景、時代，畫出存在的位置：

寫作方向：家族遷徙圖，篳路藍縷的時空路線

1. 空間地圖——以核心家庭為座標中心點，查出位移的板塊。

2. 生活的路線圖——自己／家人／交錯點的風景。
3. 家族成員分佈圖——教育程度、職業、居住處所。
4. 家族遷徙圖表——先世的足跡、唐山到台灣遷徙的路徑、族群居住、遷移地點與時間。

外公老家在江西，跟著蔣中正的軍隊來台灣，在台中落腳後，遇見外婆，並生下媽媽。爺爺奶奶則是澳門人，爸爸十九歲來台灣求學，讀政大新聞系，認識了媽媽，於是天南地北的這兩家就這麼在台灣紮根繁衍。（溫筠）

我們的祖先從福建省永定縣，移遷到彰化附近的田尾，最後輾轉到嘉義縣的梅山鄉，就此定居。（江佳蓉）

爺爺雖來自山東省，但他的後半輩子是在台灣度過。爺爺在世時非常不願意談到他的過去或他的未來，彷彿一切都不存在。甚至對他擁有的兩個家庭，他也選擇沉默，一直到他嚥下最後一絲氣息。因此家族的過去像謎，長輩並沒留下任何族譜或是家訓……所以只能介紹我家三代，從爺爺在台灣娶了「二房」我奶奶之後……。（周穎若）

時空座標間流動的路線是一段段庶民史，有著穎若所敘滄桑無奈的低迴，也有如佳蓉所記為生存而奮鬥的痕跡。

三、祖譜中的故事——小人物，庶民史

歷史可以寫出事實，但寫不出真實，然而我們卻往往被大人物、大事件所吸引，是否應該回過頭來看「小歷史」，給小人物一些能見度？如果把個人家族歷史，鋪展在放大鏡下來看，那沒入時間長河裡的名氏、隱然被提及的故事，在記得與遺忘之間，幽幽發出的聲音與姿勢應如樂府般生動而真實。

 寫作方向：家族大事，名人豐功偉業

排行輩份間名字寓含的是家族期許使命，堂號流動的是時代背景，經由這種種事件或繫年簡編，可以來建立前輩在家族中的位置。

請寫下時空交錯間，家族中的長老、發跡與承傳的故事、在歷史上的地位，或歷史上同地籍同姓的名人、家鄉地域特殊性與物產風俗。

四、照片顯影——我的家族照片

克勞德·西蒙於 1958 年的小說《草》中，藉兩張家庭老照片探查歷史與時間，描述看兩者如何烙印在照片裡的人物身上。男性家族史中，「照片」展現出權力關係變動所引發的族群遷移，或是「成為父親」的旅程，揉雜重現因生命成長而得以實現的抗拒反叛。卡桑母親是生命的源頭，也是陪伴走過人生各階段，其間不斷被重新認識、重新整理的對象。照片構築不同的母女關係，其中有被理解與寬恕，也有傷痛的救贖等種種生命中的

波瀾。

在這世界上大多數人都活在瑣碎和平凡中，但這卻不是人生的全部。人生其實充滿了傳奇，在「喀嚓」一聲凝結的鏡頭底下，鎖住的不僅是表情，更是時間；不單是人事，更是空間。

寫作方向：實與虛，照片與故事

　　每張照片背後都有一個神奇的故事，請找出一張家族大合照，歷數成員的身份關係，敘說這難得聚首的因緣深情，描述看照片時的翻騰感懷，或者由照片小故事延展出時代的大歷史。

照片是陪伴走過人生各階段，不斷被咀嚼回味、重溫懷想的對象。每一幅充滿故事性而色澤飽滿、意象豐富的圖像，如同一個喪失的浪漫時代，帶領我們到另一時空的天堂樂園，享受煙火似的華麗幸福。一張刻劃歲月的底片上，幾張熟悉的容顏自記憶的箱底隱隱浮現，餘味深長的在鏡頭底下，訴說家庭曾有的動人故事。如紀陵所選具有獨特意義家族照片，所書寫這畫面背後的歷史：

　　那年，我十二歲。在這張照片裡的三十個人，都是我的家人。別懷疑！他們真的都是。再告訴你一個令你更驚訝的小秘密——還有一些人，沒有在這張照片裡面呢！由此可見，我們家族有多龐大！

　　每年寒暑假，家族裡「老爸、老媽們」都會為我們精心設計一趟難忘的外國之旅。這一次，我們這一群號稱「史上陣容最堅

強的小孩團」搭乘著飛機，從台灣出發，前往馬來西亞。

　　導遊姊姊特地安排了一趟海盜之旅，一上船，樂歪了的我們趕緊衝向裝備，挑選最符合自己的武器。不只如此，臉上、手上、紅色絲帶上、肚皮上，寫的不是個「殺」字，就是畫個海盜的標誌，儼然就像是海盜家族重出江湖。除此之外，還有烤乳豬及生猛海鮮任憑我們放縱口慾與豪氣，導遊姊姊還教我們跳當地的「燕子舞」，跳起來輕飄飄的，很好玩！一路上，我們大家又唱又跳，個個都表現出最熱情奔放的一面。海盜，不就該是如此嗎？

（陳紀陵）

　　在顯影劑的還原下，時間是不存在的東西，感情也簡單得只剩互相依偎，這些最深最平和的快樂。乍看也許平淡無奇，事實上，它深遠而悠長，讓歲月裡注滿著生命的美好。

五、家庭檔案——歷數糾纏關係

　　家人是最親密的關係，血脈相傳流動的牽繫中有著生命裡最深的情，然而最親近的人也常是最易被傷害的，最熟悉的人也總是最陌生的。就像有句話說：「世界上最遠的距離是我站在你前面，你卻不知道我愛你。」父母子女之間該是最深愛的彼此，卻因代溝而遠如天涯。

　　再者，青少年總埋怨父母不了解他，但為人子女又豈曾靜心認識父母、了解家人？一個家的氣氛與相處模式、形成關係是家裡每個人在若隱若顯的互動中所決定的，試以另一個欣賞的眼

光、一個旁觀者的冷靜、一個報導者的角度，重新認識並記下家人的特質，做為一個改變關係的開始。

先讓同學就「家庭幸福」寫下自己家的幸福二三事，並為自己家標出幸福指數、繼而寫出希望的幸福畫面。

其次，請幸福指數最高的同學分享家人相處情況，家人角色、分工與相處狀態。接著請各自依下列要點畫下簡圖，並以創意性方式書寫，如佈告欄上的張貼、尋求人才的徵文、星座式的分析……，以期製造一種輕鬆幽默的方向，一個新的角度重新看待家人。

寫作方向：私家調查，角色地位
請以文宣、履歷表、說明單、書卡……等各種方式勾勒家人檔案：
1. 藉其在家的地位的隱喻（如像紅綠燈、像警察與官兵、是幕僚軍師）、角色位置（如總管內務、經營外交、財政會計、交通部長……）書寫家人的個性
2. 藉家人在家中常駐足的地方（如書房、廚房、電視機前……等），敘寫其專長、興趣、職業
3. 藉相處的畫面、彼此間互動的接觸，書寫這一世的親緣

那是一首驚愕交響曲的變奏曲，是秋天的一場雷陣雨。

打從他出生以來，在我眼中就不曾是個懂事的小孩。他是一場西北雨，一場不斷上演的大雷雨。

一開始，是寧靜的、安祥的，接著，鼓聲緩緩地從遠方升

起，咚、咚、咚、咚，咚咚、咚咚、咚咚、咚咚咚，越來越快，越來越響；越來越響，越來越急促。忽然間，迸出來了——那閃電。夾雜著風聲、雨聲、雷聲、人們的驚呼聲，又再爆發⋯⋯。（邱孟瑄〈我的弟弟——火爆猴〉）

　　頭靠在他的背上，靜靜的呼吸，靜靜的看著周圍流過的事物、人情，我懂了父愛，也懂了父親。他就是我的父親，平凡而偉大的父親。

　　父親的背很寬，很結實，很溫暖，包含我很多童年往事。小時候的我，常常在他的背上踩來踩去，那對他而言叫做按摩，對我來說，只不過是個遊戲，一個能夠讓他很舒服的遊戲，我們常常那樣做。

　　小時候，人長得矮，又喜歡湊熱鬧，這時，父親會把我放到他的肩膀上，讓我能夠看到又高又遠，我喜歡那種感覺，一望無際的感覺。

　　長大後，靠在他的背上，不管颱風下雨，總是我最好的屏障。不管我當時遇到什麼狀況，什麼壓力，在那段路中，我什麼都不必憂心，不必煩憂，那張背就是一切。（陳怡錚）

　　眼眸的交會，千言萬語，一切盡在不言之中。

　　不需隻字片語，也不需肢體語言；只需默默的，放一個眼神，所有的意思、知識、情感、思緒，就那麼輕易的飛入我心。

　　她的雙眸，是那麼的清澈，黑白分明，明亮有神。她的眼睛不是汪汪大眼，卻小而巧，是雙幹練的眼睛。她的眼神溫柔摻著嚴厲兇猛得能看穿一切，能在不知不覺中，像個磁鐵將你吸住。

她的眼眸是世上最美的一幅畫，是一幅最富意義、情感、靈性的畫。

看她的眼睛，就像看默劇，雖無聲無息，卻完整地表達情意。這齣默劇，我看了十幾年，從相信、感動、順從、憤怒、悔恨、誤解、忽視、溫暖……中，隨著不同的解讀，我的反應也不同。有時像看完悲劇的觀眾，悲傷、難過、流淚；有時像看完喜劇，滿臉笑容，春風滿面；有時像不滿意的觀眾，批評、怒罵；有時像看了哲理性、教育性的默劇，領悟、滿足……。在這十幾年歲月裡，不論我是怎樣的一個觀眾，她的眼睛依然盡責地演出，不求回報的演出。

我曾如脫韁野馬，桀驁不馴的四處狂奔，但她的雙眼從未離開過我。不斷的用教誨，嚴厲卻也溫柔的眼神注視著我，最後，她的雙眼，馴服了我，並用堅信的眼神重新溫和地拴上韁繩。

她的眼睛會像神父，傾聽我的告解，並給予我指引；她的眼睛是我的專屬醫生，專門治療我的病痛。一旦我寄出我的喜悅、榮耀給她的雙眼時，她的眼神也必定會迅速的回寄我鼓勵、認同、信任。（陳怡如〈雙眼〉）

孟瑄以繽紛迸裂的聲音扣緊弟弟的火爆脾氣而發，漸次而發的天雷地動以及人們走避之姿，從旁凸顯震撼，全文未見其人，而其神情狀貌已躍然紙上。怡錚以交付一切的背寫父愛，怡如則聚焦於媽媽的雙眼，鋪陳交會時不言而喻的對話，母女以眼傳情、以眼表意。其間雖曾因一目了然的眼神而心虛閃避游移，曾在那如讀默劇般的對眼相望裡，誤解、叛離，但媽媽的雙眼永遠無聲地卻又清楚堅定如燈塔，以愛與信任、等待與包容回望。二

者均能以創意的方式呈現家人及相處的場景、情味。

六、交織的風景——親屬抒情誌

探訪家族間倫理關係的過程中，長輩說故事的方式、追尋祖先的足跡所造成兩代互動的氛圍、生活形式與價值觀間流動的家族精神文化承傳，讓彼此在交會時有著深沉濃厚的感情風景。

寫作方向：眷戀依歸，生命情結

1. 請以親戚間漫開來的聚散糾結、家人間或濃或淡的歡喜擁抱……等作為特寫鏡頭的聚焦點，記敘相歡相離之情思。
2. 家族大事記——生死婚慶、佳節相聚、登榜登科、升官發財……等的圖影大事記錄。

握著阿公的手，是我至今覺得最幸福的時刻。

猶記從前，阿公會帶著我看書或看電視的指導做勞作，但他從不會幫我做，而是跟我一起完成。從飛機到紙鶴，竹蜻蜓到竹槍，風箏到花燈，阿公的成品就是比我多了幾分成熟，但這些漂亮的作品最後都歸我，因為他愛看我開心的樣子！至今房間裡還留著某一年聖誕節和阿公用鋁薄紙、棉花、紅紙做成的聖誕老公公。有一年阿嬤生日，阿公和我偷偷製作很別緻的立體卡片，上面還貼了一隻親手折的紙鶴，當晚阿嬤眼裡閃動是幸福的亮光。

（簡珣）

　　父親個性很溫和，總是細心地呵護著我，就像月光般柔和。他很疼愛我，以雅典式的管教方式，口頭勸導，希望我能夠自己領悟人生中許多的道理。母親個性很拘謹，以斯巴達式教導我，並盡力地栽培我。我雖然比較敬畏母親，但是有什麼煩惱還是會向她傾訴，她就像太陽般明亮，給我一切所需要的養分。

　　世事總是難料，即使像太陽一般看似永恆的事物，也有一天會在生命消逝前散發出最強烈的光芒，而後靜靜隨著其餘星雲慢慢消失在宇宙黑洞中。我生命中的太陽，也在某一個時刻悄然離去了，但那樣的離去並非自然力而是人為。

　　那時候我忽然間領悟，自己已不再是那個可以照著父母鋪好路上行走的孩子了，我的未來一定要靠著我自己的雙手去開創，就算我會跌倒或是受傷流血，就算我想要流淚，也依然必須堅持自己的理想，決定自己的人生。（蔡瓊琦）

　　在中國，家族責任、家族脈絡一直是深刻的烙印，隨著台灣史書寫熱潮、新歷史主義回歸庶民史的觀念，使得家族史的追尋與探索也逐漸加溫，於是結合家譜、傳記，以家族展開最貼切自身的記錄中，歷史不再是權貴名人專屬，不再是帝王名將的千秋之銘。透過這一連串追本溯源的子題，將恍然發現歷史就在你家，在最真實的生活與人情之間。而每一個人都是創造歷史、成就社會文化的因子，藉家族流域的追尋探索使我們得以更親近的方式接觸歷史，以親密的觸角認識血脈間織就的家族關係，進而珍念這代代相傳的記憶與光影，彼此交歡提挈的緣份與福氣。

七、時空倒流——和那個與我同齡的父母相遇

　　闊越《人間伊甸園》寫道:「曾題詩於壁上,隨時間悄悄的剝蝕,壁落詩消,連同走過的痕跡。無論是泣血長唳,還是黯然低嘆,歲月把一切化作梵音,燃後的灰燼,已沒有了追尋的意義。其實一切都在,詩在,痕在,壁也在,因為,泥土在,只是幻變了形態……」回首過往,就像空氣裡的風,感覺得到卻抓不到也看不見,總在不知不覺中告別童年與青春,總在忙忙碌碌間生兒育女。曾經年少的輕狂、曾經為賦新詞強說的愁,像那黃過綠過的枝條蔓藤,散落一地的落葉。如果走進時空轉換門,與「曾經」的情節或心靈相遇,會是什麼樣的畫面?會看見什麼樣的「父母」?那或許是虛幻,卻絕對真實!

寫作方向:還原青春,解讀父母密碼

　　透過照片訪問曾是少女的爸媽,閱讀他們曾有的夢想癡狂與體悟,寫出他們在紅塵交會片刻化為永恆的情事。

　　以樹枝框成的圓鏡,看盡了她的一生。

　　小時候極愛搶鏡頭的她,為了一嚐花團擁簇的滋味,為了在群芳中獨領風騷,硬是踮著短短的小蘿蔔腿,拉長了脖子,只望把自己的臉印在白雪公主的魔鏡中。還不夠高,踮腳、拉長,拉長、踮腳。還不夠高,她使盡了力氣,努力揮動小蘿蔔,跳高、跳高、再跳高。終於,魔鏡把世界上最美的人兒浮印出來了,但畢竟只有幾秒的時間。美好的時光總是短暫的,也許就因為它的

短暫更加顯出它的珍貴吧？誰說美好的時光總是短暫的？我的青春還等著我呢！她不滿足，奢求永久的美。對母親撒嬌，只要一下，拍完照就好。照片才是永久的，青春只會隨著照片的不變而加速老去。

三十年後，她的女兒也同樣地要求她。透過圓鏡，想起泛黃的照片，想起三十年前的自己。照片依舊年輕，而小女孩已不在。她開始明白，美好的時光，總是短暫的。她後悔曾虛度的光陰，希望再回到照片中的歲月。一旁的女兒卻還沉迷於眼前的美，也許，真要等到失去，才懂得珍惜吧！（溫筠）

讀母親、寫昔日少女，其實也是敘述那交疊的青春。想像中還原的現場裡，那個踮起腳跟與花爭美的心思，那個樹枝框成魔鏡裡的女孩，與今日被女兒閱讀的母親透過照片對話。當下與往日、小女孩與女兒、母親與小女孩，在陳述裡被開啟⋯⋯

八、緣繫一生——與母體交會的胎音

「我做爸爸了！」是新婚夫婦最得意的宣告，為人父母的雀躍正是子女被祝福被期待的擁抱手勢，透過這樣泅泳回溯，將時光倒帶回到最初，對於親子關係這一生的情義，是行向未來之路時，信心與支持的源頭。

有道是「龍生龍，鳳生鳳，老鼠生的會打洞。」這雖是句俗話，卻反映出基因隱顯間的烙印。在我們身上或流動或凸顯的血型、皮膚、腳趾形狀、遺傳體質⋯⋯所承載家族中身體上的特徵、個性、生活與思考習慣，都是正字標記的故事。

像鮭魚回溯源頭，我們將明瞭這一切是多麼宿命的承諾，累世修得的福報：

寫作方向：臍帶滋育，最初的幸福
1. 請與爸媽同回生命的源頭，聆聽胎音裡的期待與祝福，迎接你的樂歌，踏出第一步時為人父母的驕傲。
2. 容貌、身材、生肖、血型在代代間傳遞著似與不似間的聲音，請在遺傳胎記、基因密碼間解讀家人的烙印，族群的標誌。

許多希望，從此刻開始萌發，背負著期盼的羽翼，濕潤而怯怯地在深藍琉璃瓦六角筒狀建築前雪白石階前伸展。人生奮鬥拼圖的第一塊，以中正紀念堂的廣場為基準背景，放上。亮紅連身褲、頂上胎毛未褪、臉上薄薄粉嫩色澤的十月女嬰，由爬行轉向直立的身體重心，踏出第一步——

二十四分之一秒的相機快門和嬰童跌倒的速率爭著，比賽看看是誰先完成自己的目標？

——「喀嚓！」還是光圈緊緊搶下先機。一連三張女娃站著、邁步的生澀模樣映入底片後，幼軟無力，肥嫩皙白的小腿晃了幾下，……。一對溫暖卻粗糙的掌輕輕托住不穩的身軀，那是穩固地掌著相機，胎之初源，母親的手以外的，另一雙有力而穩固的手。

基於初為人父的喜悅和對於這般幼小、看來脆弱的生物產生的憐愛，他把女兒牽起，毫不費力地，卻又害怕摔傷她吧？挪移到就算跌上也不至於太痛的茵綠草坪。對於男子來說，這該是他

目前為止收過最特別的一份禮物：出生差二個月週歲的女兒在自己生日這天，學會了站並走了好幾步路。一九八八年十月二十三日，台北天空綻著柔和溫暖的朗朗笑意。迴盪在廣場上的嬉鬧聲不斷，一對新婚一年多一點的夫妻耳中所聞，只有剛會走步而在草地上興奮得亂打滾的紅衣女嬰，沾染著奶味、黏黏的童音……。
（翁宜嘉）

　　無論是回首悵然的低語、側寫家人的性格與行事，或如宜嘉以全知敘述角度想像拍攝照片的畫面與心情，以及歷數一家人長大後各奔東西的難得相聚，每一次凝視照片上留駐的圖景，每一回細數曾經的故事，都是再次建構與再次重返。就這樣，我們以為可以永遠，這個以為使我們安心，因為翻出照片，所有變異與不存在都在現場證明中被消解，所有想念都因而被釋放。

九、源遠流長——汩汩傳遞中的祝福與癡愛

　　浮世擾攘，生滅榮枯，華麗泡影轉眼即逝。昔日「鎖麟囊」曾伴著新嫁娘走夫家，在思親的時候倚在夢裡溫存，在飄搖的時局變賣求活；今天金鎖片鎖住嬰兒的幸福長壽、手環繫起娘家的牽掛。後花園裡也曾有一雙巧手不停地繡嫁妝，繡出一雙雙託夢的鞋，裁出一套套圈心的衫，那傳下來的愛被附著在物之上，物之間。

　　封塵於物的情愛隨著揭啟的手一一盪開，於是曾經失去的被找回，殘破的被珍惜：

寫作方向：繫情物語，傳家的故事

透過物敘寫所傳遞的家族親情，如你家的傳家寶是什麼？誰的東西？傳給誰？繫於物的意義與價值？傳承中代表的文化意涵？其間流轉的故事？

棗橘色的光暈在暗木牆上縫了一個身影，那是一個女人的身影。緊偎著油燈，一針一線，密密的衲出一個鞋底。月娘輕輕的撫著紅紅的臉頰，今夜，女人納著一個玫瑰般的心事，足夠她夢上香香甜甜的一晚。

再過幾天，女人就要穿上親手繡的鞋，上花轎。

〈腳的記憶，一代一代一代，口耳傳下〉

「我嫁給你阿爸的時候，腳上穿著的是一雙很漂亮的皮鞋。」

外婆跟媽媽說當年她嫁給外公時，腳上穿的那雙鞋，是買來的。

「是一雙棗紅色的皮鞋，很漂亮呢！師傅拿給我看時，我一眼就喜歡上了，好美好美的顏色，我好喜歡好喜歡。」

那雙棗紅皮鞋的重量剛好秤上好幾十車的白米，你說神不神？

外婆濕黑的眼珠子，一眨一眨的說：「每天一大早，外頭像塗滿了煤焦油。父親穿上了黑外套，帶上一牛車的米往市場走去。父親黑竹竿般的背影，一步一步融入煤焦油。慢慢的，外頭一片模糊，所有的東西都消失在父親的背影後。」

　　究竟走了多少個塗滿煤焦油的天？究竟帶上了多少車的白米？

〈媽媽的記憶，穿著一雙雙女人的鞋〉

　　「賣了好幾十車的白米後，外祖父終於賺夠了買鞋子的錢，讓女兒挑了一雙很體面的皮鞋。」

　　媽媽說外婆嫁入莊家時，穿著杜鵑粉的裁身旗袍，頭髮燙捲了挽著大紅花，手拿把扇子，腳，就穿著那雙棗紅色的皮鞋，據說，那雙棗紅鞋不但是全村人的焦點，更羨煞了村子的少女、少婦。

　　艷陽隔著花轎頂，竟將外婆的臉，曬出兩酡醉紅頰，柔雲飄啊飄，帶著潔白的幸福，綴著藍天。

　　那天，外婆穿著那雙棗紅色的皮鞋，踏入莊家大門。

　　旋著酒窩的媽媽說她小時候也有一雙皮鞋，是雙黑色的學生鞋。

　　媽媽平常是捨不得穿黑皮鞋的，只有上學時才會穿，而且是快走到學校時才興高采烈的穿上。媽媽還有一雙白布鞋，也是非常寶貝，只要有一點點髒，她馬上就清洗，洗完了還會替它鋪上一層白白的粉，「這樣鞋子如果髒了的話，拍一拍就乾淨了。」媽媽還說「大半的時間，我們都是打赤腳的。」

　　小時候看著阿嬤的小鞋，覺得好美麗，再看看自己的大腳後，覺得阿嬤的腳真的好輕巧，好特別。阿嬤是不打赤腳的，她的腳永遠都藏在小小繡花鞋內，像藏了個秘密，藏了個夢。

是藏了怎樣的一個夢？怎樣的一個秘密？是情，是愛，還是風華和滄桑？

媽媽說阿祖的腳是三寸金蓮，非常巧小的。小小的腳窩在美麗的繡花鞋內，像極了一朵怒放的花。

我想那朵小花，應該算是和弓的玉井蓮吧！雖不是神品，但稱得上是妙品。正因為這像極了「出殼乳鴿」的小腳給人「足下躡絲履，輕輕作細步」的美感，阿祖年輕時不知有多迷人，有多少人醉心那步步動人的孅孅婷婷之姿。

媽媽還神秘地說阿祖有一只皮箱，跟了她一輩子。裡面放著所有她親手縫製的繡花鞋，從黃花大閨女到髮蒼齒搖的老婦，那只皮箱收盡了阿祖的風華。水藍牙子、石榴花、青紫、草綠、湖水綠、桃花紅、杏黃、芙蓉粉、銀珠白、天青、紫紅……，雙雙五彩繽紛的繡花鞋，好似阿祖藏了一群群的蝴蝶在她的皮箱內，一群群想飛，卻又飛不起來的彩蝶。

飛？該怎麼飛呢？

成蛹到破繭，那些蝶兒就一直躲在暗暗的皮箱內，吮著青春愛夢，等待開箱。可開箱後，那雙雙又大又黑的手，在意的是那「瘦小香軟尖，輕巧正貼彎」，被遺忘了的是一顆顆心懷的情。

但那些又大又黑的手，狠狠地抓住了小蝶兒的翅膀，叫它們怎樣努力的飛，也飛不起來。小蝶兒的一生只能活在那雙囚住它的手內，一輩子給「掌上看」了。

但是，那雙雙眼睛欣賞的是什麼啊？

會細細的欣賞它們是水藍的蓮鞋繡著一對鴛鴦，還是鵝黃的蓮鞋繡著朵紫梅，及那針針線線舔上多濃的纖細情意嗎？

不，那些眼睛看的是形狀、是大小。

「村尾的林家女兒是雙菱角的穿心蓮。」

「聽說張家女兒是竹萌的倒垂蓮哪！」

「昨天老王上四季樓，說有個名屬秋字的秋玉姑娘是新月式的呀！美呦！……」

「那算什麼！花寶樓的水仙姑娘才是極上品的香蓮呢！蓮瓣式的四照蓮，小巧的握不滿哩！就這麼一勾啊，魂都給她勾去囉！」

是啊！魂都給那雙極極瘦小的彎弓給勾去了。難怪會有人說：「大腳是婢，小腳是娘。」

一代一代接著一代，纏小腳成了女人間的傳統習俗，女人一生的宿命，纏在那雙繡花鞋內。

媽媽說阿祖平常除了做鞋，還是做鞋，每當她一做好鞋花鞋，馬上就穿上新鞋，走到鄰家聊天去，快樂地神情好似拿到糖的小孩，四處炫耀去。等到下雙新鞋做出時，才會小心翼翼地收入皮箱內。

「只有在端午節時，阿嬤才會把所有的鞋子全拿出來曬。」媽媽說那時才能看到阿祖全部的繡花鞋，也才能偷偷地摸一下繡花鞋。

啊！想想，端午時分，庭院的一角放滿了阿祖寶貝的繡花鞋，像極了彩蝶，是阿祖繡鞋子時偷縫上蝴蝶，還是蝴蝶悄悄地藏在繡花鞋內，也想當三寸金蓮？是一雙雙的彩蝶呢！此刻正卯足了勁，吸取光線帶來的暖和，好化開冰凍許久的寒翅，飛上天。

天，真的飛得上嗎？

空氣凝結了濕意，悄悄地貼在媽媽的眼角上。媽媽告訴我阿祖在死前都還不斷的衲著她的鞋底呢！是習慣了，是沒法子停下了，已經出發的列車，只有在進站時才能停下。但是那一路開來的心情、情意，是為了誰？為的無非是年輕時寫下的龍鳳帖，可那讓一個女子出整顆夢的男子，又會是以怎樣的眼睛來看阿祖的繡花鞋？

〈此刻，我將雙耳套上了那一代一代一代傳下的鞋憶〉

今晚的房間內點了盞鵝黃小燈，我和妹妹緊緊的黏在媽媽香香的身上，聽著媽媽軟軟的聲音：「阿嬤笑起來很美，就像她繡的花牡丹。而阿嬤的故事很好聽，也像她繡的黃鶯那般會唱歌。有些個夜晚，我和姊姊總會身連著身，一起依在阿嬤的身旁聽她說年輕的故事」

幾十年前的一個夜晚，在一間屋子內，有個發著微微橘黃光的小燈泡，亮著屋子內的三個身影。四雙黑溜溜的小眼，緊揪著一雙正在縫的繡花鞋；四對小小的順風耳緊聽著一個慈祥的聲音。

油燈打在木牆上，那色好美，棗紅色的片暈，一圈一圈的旋開，像是一朵盛開的牡丹花兒，花心上坐著一個女人。女人正繡著她的小鞋，那是一雙胭脂色的高筒繡花鞋，有著仙鶴長尖嘴的上彎鞋頭，鞋底架著一塊高高的木頭，鞋面則是一朵剛繡好的粉牡丹花，盛開著精巧的繡功、膩膩的心事。花蕊頭飄著又熱又香的花味兒呢！

女人微紅的頰面，釀了罈老酒，醉人的酒香，薰著整間屋

子。那令人著迷的香氣，讓月娘也忍不住地喝了一口。今晚的月夜，好醉人，漫天開著小牡丹，漫地流著瓊漿液。

女人抱著繡花鞋，睡著香香甜甜的夢，夢中的她，一身桃花紅的旗袍，髮髻插了朵大紅花，而那雙三寸金蓮，開了一朵粉牡丹。

明天，女人就要穿上親手繡的鞋，上花轎。（陳怡如）

一雙繡花鞋，看似不起眼，卻成為一把奇妙的鑰匙，打開記憶的門扉，貫串寄情的對象。怡如以一雙雙鞋寫女人的夢、愛情婚姻的想像。鞋裡曾經藏有少年深情相求的執著，一步步走入生命的另一扇門，走出一代代的風景。

十、結語——家族史投射的圖景

二十世紀初，多彩多姿的現實主義小說風潮走出家庭史的流行，如葡萄牙現實主義大師艾澤‧狄‧基羅斯《馬雅一家》，透過一個家族的變遷反映刻劃當時的社會、文化和歷史風貌。德國湯馬斯‧曼《布登普魯克家族》則探討頹廢、沉淪藝術家的孤寂。英國約翰‧高爾斯華綏《科爾賽特世家》以三代人的經歷，戲劇化地捕捉英國維多利亞時期工業革命所帶來的種種家庭變遷、社會變化。其後在各獨立的殖民地開枝展葉，如以阿拉伯文字所寫的《開羅三部曲》，藉一個中產階級的家庭興衰變遷，透視二十世紀埃及的歷史、社會文化上的重大流變、影集《根》帶起追溯歷史與自我本位的起點，在全世界燃燒起追本溯源的氣

息。

如果連橫的父親在他小時候，沒以重金買下史書，沒對他說：「汝為臺灣人，不可不知臺灣事。」或許不會有《臺灣通史》名山之業。中國向來重視國族家族，五胡亂華不得不南遷，人們於是在姓名上加上原籍地，在廳堂上掛著堂號的匾額。藉著課文所追尋的臺灣移民史、開闢史，透過每位同學追溯家族來臺的過程，一段段唐山過台灣的辛酸血淚，一點一滴開山安身的足跡建立起家族的版圖，也建構出傳承的脈絡。

歷史是由我們這些名不見經傳的小人物開始，每一件事都與個人息息相關，推擴出去，而後建立個人的生命觀、世界觀。時間的長流之中，我的位置在哪裡？世界的地圖上面，我的位置在哪裡？歷史不是故事，應該是和生命有關的，透過家族史的追尋與書寫，我們將更確知自己在時空軸上的位置與責任。

回首眼眸，流光甬道

坐在「現在」的車子裡，窗外逝去的景色是「過去」，所要前往的是茫茫的「未來」。

童年時，總愛躲在藍房子裡，偷偷窺探自己的十七歲。那是種漂流與等待的心情，漂流到哪裡去呢？在時間流逝之中，除了時間刻度改變之外，還有什麼也跟著改變了呢？一直到現在，這趟成長冒險倒變成推理小說似的，沿著各種線索：照片、對話錄、身體、臉、內在聲音，追根究柢，尋找不只一個真相。

一、概念圖繪製——時光的腳步

相對於帝王系譜的政治史觀，文化研究可以由斷裂面入手，從一種不同的座標研究如洋蔥史、胸罩史、服裝史、錢幣史……這便是從陳寅恪、章太炎，到劉師培、胡適的「新史學」——以文化史觀代替傳統史學，因為——歷史可以各種方式、各種座標書寫。如果我把這理論推展於個人生命，那麼構建生命史的座標便不一定是學業成績、比賽活動的光輝史，它可以往任何向度展開。

人是環境的存在，今天的我是諸多因果與周遭人事變動所塑造組合成的，因此每個階段的我，與不同的環境、人事，就像重

新洗牌。我的表現、做法、形象、成就、與人關係、心情⋯⋯隨之而異。請同學列出重要事件，組織為階段，以概念圖、塊狀圖、圖表、圖畫、歌曲或座標⋯⋯等數學、物理、化學、幾何圖形與公式呈現生涯經驗，並以文字稍加說明這些重大事件的影響與意義、分析自己為何當時會做那樣的選擇、回顧時的心情，將是一次貼近自我生命的建構之旅：

寫作方向：圖示過去，建構生命

概念圖製作原則：要能掌握自己的生命精神。如：

1. 編年體——事件的產生＝空間＋時間＋個體，則可依生命時間繪製生命圖。
2. 記傳體——生命中的改變是因為人而影響，則可以記傳體著墨關鍵人物。
3. 紀事本末體——生命的歷程＝事件＋事件＋事件⋯⋯，則可依生命事件主題繪製概念圖。
4. 主題史——描述不同的生命週期思想轉變、個性行為的改變繪製思想圖，或可以往來的空間地點繪製行旅圖，或是以生命中的轉捩點、榮辱功過所起伏的繪製生命漲跌圖。

我嘗試用座標來寫日記，時間是緯，空間是經，（1984.10.4，馬偕醫院）出生，（1991.6.31，薇閣）幼稚園畢業，（1997.5，中國語文學會）台灣區公私立小學學生寫作第二名，（1999.4，飯店旁）電子琴比賽，（2000.7.1，復興高中）高中聯考，（2003.18，社教館）「樂下旗景」景美樂旗成發。

　　時間不斷變長，空間不斷加廣，我的生活領域不再侷限於一個地方，就像我家在淡水，卻每天橫越一個台北市到景美唸書。我不斷的旅行著，不斷找尋下一個目標，在不同空間、不同時間，寫著一樣的自己，一樣的年表。

　　以前的我，像棵樹，放肆的成長；像徐志摩的詩文，穠麗熱烈又極其天真爛漫，我不斷的躲，假裝看不到我討厭的那一部分。但是，我的心無法像我的人一樣欺騙自己，我累了，我知道我終究還是個小孩。於是我開始學習自剖，我知道雖無法像樹的年輪，那麼真實的記錄自己，所以，我還在學習，希望有一天，我能正視自己而不害怕。（莊雅筑〈十八歲年輪〉）

　　概念圖

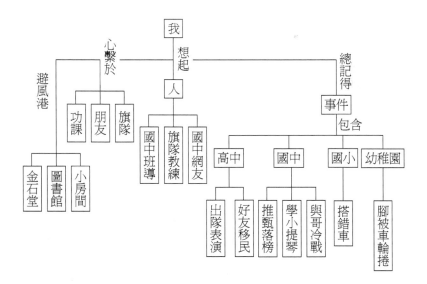

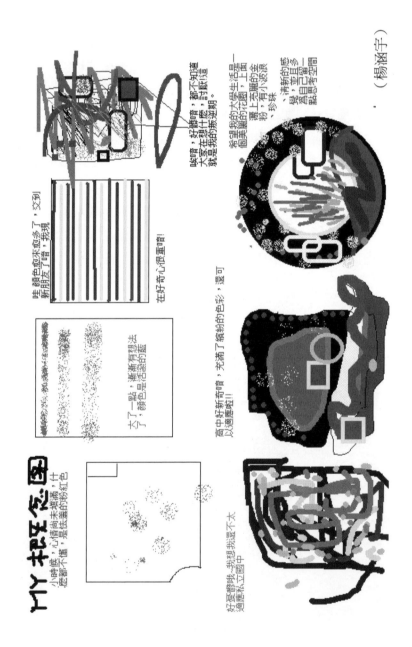

MY 栽旺怎圖

小時候，心情尚未填滿，什麼都不填，是法塗畫的粉紅色

好喜歡哦，我現在好像不太適應私立圖中

大了一點，漸漸有想法了，顏色是各色混的藍

哇顏色愈來愈多了，交到新朋友了嘓，我現在好奇心很重唷!

高中好新奇唷，充滿了繽紛的色彩，還可

唉唷，好轉唷，都不知道大家在組什麼，討厭這就是我的叛逆期

希望我的大學生活是一個美麗的花圃，上面灑上亮麗的金粉，點綴些許空間

清新的感覺，讓自己重新以適應啦!!

（楊涵宇）

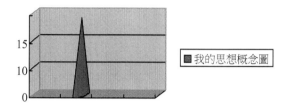

　　這是我的思想概念圖，很簡單，只有一個圓錐體。

　　從小我就是個愛幻想的人，如那圓錐體的底端，我的心奔馳在廣闊無際的天空！立下了許多志向，只等長大後來實現！那時的我奔放、自由，但隨著時間流逝，年齡增長讓我體會到：不是每件事都如想像那般美好，不是每個願望都能實現！

　　於是，我面對現實，縮小了做夢的範圍，不再如此的廣闊無際。認清了自己的能力，才知道圓夢的可貴！雖然圓錐頂端是尖的，所能容下夢想的範圍不多，但若這一生能圓一個最大夢，便不枉此生了！不是嗎？（余思佳）

心靈概念圖

在我的心裡有好多好的窗戶
有的時候我甚至也不知道
裡面到底裝了什麼

但是我想有一天
我一定會懂的

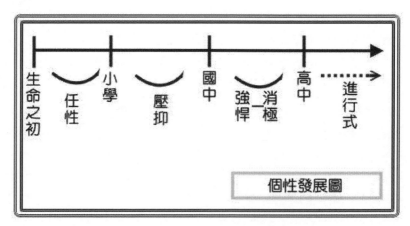

個性發展圖

　　寫自己的故事是解剖自己、思索及反省自己，同時也是自我
創造。在自我表述的行動裡，在以圖勾勒過去的整理過程中，無
論是以人事物所交織的網路、以各種圖景所表徵的符號或是編年
呈現的大事記，這些簡要的敘述話語以及綱要式的標誌、概念化
的鑰匙間承載著記憶間最鮮明的印象，而由此開展蔓延的情節，
由此開啟聯繫的意義……。

二、姓名的故事——宿命的符號

屈原〈離騷〉開篇第三句話便沾沾樂道：「父親仔細揣度我的生辰，賜給我的是美好名字，名正則，字靈均」。「名字」，不僅是用別以人稱「我」的代稱，不只在於它是相互區別的一種簡單符號，更標誌文化現象習俗制度。

依《禮記》所記，古代的習慣是「幼名，冠字」。人初生三個月取名，男子至二十歲弱冠成人、女子十五歲許嫁行笄禮時另於名外取字，故有「名字」之說。因而名字實蘊涵著社會、家庭及個人的文化背景和心理，主要表現為取名的出典、寓意和感情色彩，藉以賦予特定的寓意如胡適為子取名為祖望、思祖，分別是紀念去世不久的老祖母與老師杜威博士。

無論是乳名、別名、筆名、藝名乃至一世英名、美名、芳名、威名或是盛名、名譽，莫不以名字為稱號。張愛玲不是說過：「為人取名，是一種輕便的、小規模的創造？」這被呼喚一生的名字裡，濃縮了父母全部的、永遠的祝福。它像是銘記著家族期待的紅線穿的護身符，更是家族慎重地、綿密的挑選的第一件豐富的禮物。

寫作方向：設定終生的名字，浸染的深意

每一個被呼喚的名字都銘刻著父母的期望，上一代對下代的勉勵，這份初生的禮物裡有家族的輩份暗碼。

1. 請以六書說出名字文化的意義，對這如影的名號，你的眷戀、你的得意、你的抱怨，以及由此而生的綽號。

2. 以名字寫則對聯、探訪命名的初衷，還原取名的場
   景、解讀名字的重量……編織成唯我獨然的故事。

＊ 對聯嵌名

在運用所學所作的對聯與明察暗訪還原命名現場的轉播中，同學非但讓名字聯成的對句訴說自己的心志與性情，同時也從家族親朋命名琢磨的慎重其事裡看見自己的「偉大」！如：

才高氣毅東風絮　　品性霜潔西山菊（高毅潔）
悲慈感人間　　恩惠澤天下（橫批　普渡眾生）（王慈惠）
紫稜山緣銜天望　　芙蓉水岸斜地生（黃稜蓉）
劍繫環佩挾正義　　刀從俠君斬奸賊（謝佩君）
育德寬厚大雅量　　如玉溫潤好心腸（沈育如）

＊ 命名剪影

有同學則追溯世界各古老國間對名字的慎重其事，從而顯現中國人名、字、號承載的意義，由所敘述的命名場景、所詮釋的名字重量背後，看見一個個家庭對新生命、一代代家族對繼起者的深情濃意：

每個人都有名字，這是父母在孩子來到世上後，所給予的第一份禮物。仰觀天地，萬物都有其名，古希臘及埃及的奴隸沒有名字，因此遭遇生不如死的對待，甚至做為陪葬，只為讓地主在地下也能享有榮華富貴，犧牲了數以千計的奴隸，而且還是正值青壯年，身強體壯的年輕奴隸。由此可見「名字」的重要性。

　　漢人的習俗是在出生後三日命名，並祭拜祖先、床母。我名字的由來很簡單，因為我們這一輩是慧字輩，所以只需再增取一字。「雋」有增加、優美之意，是母親思考良久後為我取的。（余雋慧）

　　就在國慶日隔天的晚上，八點整，我的哭聲響遍空盪的醫院走廊……爸、媽、祖母、姑姑們圍坐在餐桌前，希望能琢磨出個名字來。祖父是傳統的山東人，講究生肖、生辰八字……，祖母一再提醒不可與已過世的祖先同名，包括字、號、別號等等不能違反的禁忌……媽媽說女孩名字好寫易記最重要、爸爸說要取個特別的名、姑姑們說女孩名取得溫柔婉約……最後希望我才智聰「穎」，並有著女孩柔「若」氣質的「周穎若」這三個字，就在大家的討論下誕生了！（周穎若）

　　我叫李宛珍，為什麼會取這個名字呢？其實是因為當時財政部長郭婉容很有名，本打算取名為婉容。可是媽媽基於末代皇后就叫婉容，命運坎坷而反對，最後在爸爸算筆劃下，把我取名為宛珍囉。（李宛珍）

　　陳玫君，只是我人生扮演過角色中的一個代號，他如梅子、黴菌、滷蛋……等都是如此。在每個名字下的我，戴著不同的面具，在人生這個無法彩排的舞台上活躍！（陳玫君）

　　名字，彷彿是預言，在每一個生命到來時，以集體意識、傳統文化塑造出的神話，使一生相隨的名字在每一聲呼喚間被肯

定，在未來的成就裡被證實。因此，取個好名、定個響亮的名稱，成了一場傳奇故事：雋慧的優美、穎若的聰慧、宛珍的部長隱喻……都上演著熱鬧而趣味的情節。至於星宇則透過名字寫自我的生命圖景：

一聽到我的名字，馬上就能令人聯想到宇宙。

星，乃指宇宙中發光或反射的天體；宇，天地四方的空間稱為宇。

我常在思索，我名字中心的意義應該在「星」這個字吧。宇給人的感覺太遼闊，隱約之中又含點霸氣。儘管媽媽說過，她很喜歡宇這個字，但是如果要在蒼茫的無邊無際和幽微的淡然流光中擇其一，我選擇後者。

我害怕沒有答案的問題，我更害怕沒有方向的生命。星球有她運轉的軌道，無論經過了多少年，她總是按照著一個方向、一個足跡在走。但同時，她與其他星球的軌道卻又不完全一樣，或許每隔幾光年可在宇宙中的某一端相遇，卻又在下一次運轉中分離。聚散離合，成為注定的常態，但仍然能坦然面對自己接下來要走的路。

在茫茫人群中，我不喜歡當領導者。走在最前面的人，自然有「先天下之憂而憂」之負擔，鑒於平日對自己的了解，我思索的問題，始終是關於自己。無論是在意義的追尋抑或價值的肯定，中心的主詞都是以我自己做為出發點。我從各方吸取來的知識中，拼貼出自己的形狀、分析出想走的未來，而對於這整個社會脈動的關注，自然也是建築在追尋自我的道路兩旁。所以我很清楚的知道，我是個利己主義者，雖然並不會為了自己的利益去

　　傷害他人，但所有思想的最後歸途，還是通往我自己。

　　因此，我只願當那遼闊的宇宙中一顆星子。按照自己的軌道，不與任何人同遊，全然專注於個人的未來。其間短暫的交會，就算會有絢爛的火花也好，就算會有磨擦後的傷痕也罷，我始終會回歸自己，將懂得孤獨的心，作為旅程中最大的收穫。（姜星宇）

三、顏面考、身體觀——蛻變間的自我

　　人生就像是一部電影，持續地在停格與停格之間前進。一個個照片的鏡頭，切割的不是只有當時的我們，而是我們的人生，正在切割那一張張的照片。張愛玲從舊照片探訪過去的生命故事，你也不妨找出從小到大最具代表性的兩三張照片，描述圖片中自己的臉，有什麼轉變？為什麼會有這樣的轉變？閱讀自己的臉或自己的身體，由中觀照身體所透露的感情、思想與話語，讀自己的身體記憶。

┌─────────────────────────────────
│ **寫作方向**：對照記——留著光影的我與現在的我對話
│ 　　我們的身體隱含著祖先幾萬年留下來的經驗和智慧，我們的文化卻常教我們摒棄身體，否定本能。（林懷民）
│ 　　身體可以傳達不可言喻的感情與訊息，如果身體是我的疆域，眼睛將是釋放情緒的靈魂之窗，所謂觀其眸子，人焉廋哉？面相由心而生的個性、處境同樣隱然顯現。
└─────────────────────────────────

> 身體與臉都負載著長久的記憶，那些記憶事件是什麼呢？臉與身體的過去現在有什麼改變，審視時我有什麼樣的感受呢？

我的眉毛很黑，而且有稜角分明，媽媽說這是女強人的眉毛！我的眉毛很有演戲的天份，同學都說我的眉毛是「驚訝眉」，因為只要有一些誇張的表情，我的眉毛就會跟著挑動，同學都覺得很有趣。（許佳蓉）

小時候由於身體健康、吸收力強，從不挑食，加上喜歡吃甜食，造就了我圓滾的身材。

我的眉毛顏色濃淡均勻，柳葉眉形遺傳自父親。右眉上有一道疤，是哥哥在我還在學走路時拿著玩具車的輪胎打到的，幸好疤痕看不太出來，不過也因此小小年紀就破相了！

我是標準的單眼皮，一直覺得自己的眼睛很小，所以沒事就努力撐雙眼皮，導致現在不單不雙！鼻子塌得眼鏡常常會滑下來，右翼有一顆痣，是常熬夜的證明。

至於嘴巴，就沒什麼變化了！我常利用它吹奏樂器和嘰哩呱啦的講話～真方便！

很多同學對於我的過去和現在持相反意見：有人覺得以前可愛，有人覺得現在漂亮，甚至有人覺得從小到大都沒變！但我覺得面孔是天生的，雖然希望自己是美麗，但唯有接受自己，才能更有自信！每個人都是美麗的～當她有自信的時候！

（余思佳）

在照片裡，流光片片斷斷地被底片與顯影劑鎖著，讓時間在此停住，空間在此永遠固定不易，等著有一天被翻起、被閱讀，就像那被困在神燈千年的巨人，等待那一次召喚。

四、訪問輯——別人眼中的我

在拉崗「我」的鏡像洋蔥式理論中，說明每個人在自我形塑期間都有重要他（她）者（other），那或許是老師、是父母、是朋友。透過鏡中看到我的（聰明、可愛、嫌惡……），並由中建立「我」，也就是一個人的發現有如剝洋蔥——由爺爺眼中的我、父母眼中的我……由許多瓣洋蔥、許多鏡中建構出「我」。再者，發現他者（the others），以他者做為參照面，由他者發現自我，也是認識自我、解讀自我的一種方式。

就如同照相，總是照出別人所安排的角度、光線與背景，於是當我們從照片中看到自己時，不過是別人眼中的自己。但也是因為從別人的眼中看，我們也才得以見另一個自己，另一個原來我們是這樣的自己！

眼中口中的印象乃至筆下的描繪就是一台攝影機，身旁的人對我們的印像，記錄了各個時候的我們。爸媽記錄小時候的我們、在家的我們，同學朋友記錄玩鬧的我們，老師記錄求學的我們，好多好多人都在記錄著不同時候的我們。

寫作方向：

1. 任意找幾個主題，如生活觀、友情觀、思想轉變等，依此訪問自己與別人，由此認識自己，豐富自傳內容。

a. 內在朗誦：自己訪問自己。

b. 應答唱和：訪問別人對於自己的看法（可找父母、
朋友、同學等）。

2. 書寫形式可以書信體或報章雜誌的訪問形式創作，也
可以第三者的態度以予批評或是註記。

她是個可愛的、愛笑的、樂觀的、喜感的、有個性的、聰穎
的、聯想力好的、領悟力高的、體貼的、怕寂寞的、不愛洗澡
的、挑食的、長舌的、愛臨時抱佛腳的、極端的、人緣好的包裝
小高手、運動小天才、公關小天后、自戀小白痴、服務小聖人、
快樂小天使……。（羅小三眼裡的胡詩唯）

自問自答題：從小到大，你認為有沒有什麼事情，是翊嘉這
個人性情改變的關鍵？

我覺得對我本身而言，性情改變最大的，大概是國中時期
吧！因為國中導師管得嚴，事事以成績至上，所以小時候那種要
求完美、自我風格強烈的個性幾乎被磨掉。……

訪問他人題：你認為翊嘉是一個什麼樣的人？

母親：自我矛盾，要求嚴格，強勢，不過很多時候我又會厭
惡自己的所作所為。

同學甲：悶騷

同學乙：不善與人相處

同學丙：一開始覺得她不通人情，熟了之後就覺得她像個小
孩子一樣單純。（李翊嘉）

評價：一堆星＾

說明：給人的第一眼感覺就像他的笑容一般，真誠而重朋友。

事實也的確如此，他對於朋友甚至是到了鞠躬盡瘁的程度，著實是一個值得交心的朋友。從言談之中，可知他很有自己想法並執著堅持，對於自己的理想，甚至只是一句賭氣或開玩笑的話，只要是他下定決心，便會全神投入。（朋友對嚴晨心的勾勒）

我們往往透過他人言談、眼光、審視角度所得到的凝視，進而引為自我的凝視，並藉以認同對自己的評價，肯定自我的價值。除此之外，人的價值與隱藏的個性也在人群與關係往來中顯現，因而，他人的評價觀照有時候可以看到自己未知見或未察覺的另一面相。個人在他人對自己的審視過程中，不但清醒自身處境，明白自己在人際關係中的位置和價值，亦能進而明白自己需要選擇什麼方式生存並全力以赴。

五、物悟回眸——從留戀的時空裡，重構生活場景

追憶中隱藏的斷層處處，有些事物一旦逝去，也許難再尋回，但卻記得「那天的陽光薄薄的，木棉花開得像一碗碗的油燈火焰。」（簡媜〈記誦舊景〉）……重構「曾經」存有，檢視某些留存的事物，無論是為逝去的生活拍照存證，或當做一場尋根儀式，藉那和線注於門扉上的殘針、那廊廡間的風鈴、那殘破黃沉的筆記本，讓它們召喚過去，猛然釋放出它們的意義。

寫作方向：戀物情懷——我食我衣我住我行我育我樂

　　翻箱倒櫃尋覓遺忘的過去，以小物件拼湊生活的味道，如郵票、車票、入場券、照片、詩集各式各樣的小東西。請擇幾項書寫背後的故事，探索自我特質：

1. 從飲食看我自己——從喜愛的食物寫心情、家庭菜（過年、拜拜、生日、特殊菜、拿手菜、私房菜——飲膳札記、吃的習慣、動作、速度、品味）。

2. 用衣服寫歷史——幾件常穿常用的衣物尺碼、顏色、款式、圖案　購買地、價錢、穿衣哲學、類型（運動型、淑女型、乖乖牌）以及大發奇想的打扮、變裝秀、別人的看法——由衣物裝飾品看自己個性與內心。

3. 我師我友我鄰我寵物——社團裡的死黨、花巷間的姐妹淘、街坊角的大嬸、膩寵的寶貝……與你一同書寫生活筆記，分享成長點滴，看著你發光也讀你的陰沉……

4. 我的財物——我擁有的東西、我能給的東西、我最想要的禮物、我的權利與勢力範圍，從擁有中發現自己在意什麼？追求什麼？想控制或佔有什麼？

　　有位朋友他教會我搖滾樂的來龍去脈、各個樂風歷史如：黑金屬的尖銳狂暴、死金屬的低沉獸吼、毀滅金屬的蒼涼無望，與歌德金屬的詭譎柔媚。他還讓我懂得搖滾樂的意義，是用來反抗不合時宜的體制，是對抗大人物，是能夠推翻一切的兇猛力量。

　　慢慢地，我從一個只會唱歌的主唱，成了體內流著搖滾精神的熱血少女！有了內涵後，自信隨之建立，表演時，天生的表現慾與對歌曲的理解，使我能圓融地詮釋意境，進而融入熱音社這個大家庭。經過這一整年在熱音社的打拼，搖滾樂已成為我生命中不可缺少的一部分，我也與同屆的朋友約好，將來一定要組織一個屬於我們的樂團，散佈我們的音樂理念。（桂尚琳）

　　這一條由黑、白、黃、綠的格子，配上紅色為底色的髮帶，是國小三年級運動會表演的頭飾。至今我仍然保留著那個運動會時的照片，依稀記得那天跳的是土風舞，以及跳舞時總是不敢看著男生的羞澀心情。（劉純萍）

　　這對紅色很可愛的蝴蝶結髮夾，是幼稚園時一個對我很好，我也很喜歡她的老師給的。畢業旅行回到幼稚園等待娃娃車時，老師說要幫我整理頭髮，輕柔的手把我的頭髮繫成馬尾，剛綁好娃娃車就來了。回到家媽媽問我怎麼頭上多了一對髮夾，我才知道老師悄悄的替我買了一個髮夾，並用那麼特別的方法將它送給我！真的很感動……。（張瑜軒）

　　小時候我可是靠這些閃亮亮的貼紙在班上稱霸的，累積數字少說也有千、百張吧！當然犧牲了不少零用錢在裡面，不過很多都是跟人「撈」過來的。不論是男生愛的七龍珠，還是女生喜歡的美少女戰士，我可是隨便抓都一把，大家都爭著要換。一開始收集時，數量有限，不過我發揮商人的潛在因子，用了些小技巧：我先收集一些珍貴的卡，或是熱門暢銷卡，引來同學拿更多

跟我換，我就越來越多、越來越多了，久而久之就成了班上的角頭，變成閃亮貼紙老大了，哈哈。（夏秉楓）

我們學校很漂亮，到處都是樹，校舍牆上爬了滿滿的爬牆虎。還記得開學第一天，老師說個不停的時候，我看見對面牆上整片的葉子被風吹動的樣子，突然覺得好可愛，而在心裡笑了。國中是生不如死的一段日子，王上境去英國的時候更甚。落葉的季節，寒冷的日子裡。對於國中的回憶，只要這片爬牆虎的葉子和王上境就好了，所以撿了它，足以代表國中三年的一切了。這樣最好了。這樣最美了。（朱立文）

李維斯陀說：「遺忘把記憶一波波的帶走，並不只是將之腐蝕，也不只是將之變成空無。遺忘把殘剩的片段記憶創造出種種繁複的結構，使我能達到較穩定的平衡，使我能看到較清晰的模式。一種秩序取代另外一種秩序。在兩個秩序的懸崖之間，保存了我的注視與被注視的對象之間的距離，時間這個大破壞者開始工作，形成一堆堆的殘物廢料。稜角被磨鈍，整個區域完全瓦解；不同的時期、不同的地點開始碰撞，交錯折疊或裡外翻反，好像一個逐漸老化的星球上面的地層被地震所震動換位。有些屬於遙遠過去的小細節，現在突聳如山峰，而我自己生命裡整層整層的過去卻消失無跡。」

生命中總有一些不隨時空而消失變質的東西，那或許是不起眼的貼紙，但在自己眼裡卻是不尋常的寶貝，因為那被繫在髮際的紅蝴蝶結已在心底化為永恆，銘刻最善意的疼愛，而入門票、樂團廣告……這些尋常枝葉，都因為綿密的深情與奔放的青春而

蘊藏足以抵擋時光的力量，在一遍又一遍被翻啟的記憶裡讀誦詠
歌唱。

空間鋪陳，人事風景

「我成為今天的我，是在十二歲那年，一九七五年冬季一個嚴寒陰鬱的日子我精確記得那一刻，我蹲伏在一堵崩塌的泥牆後面，偷偷望著結冰的小溪邊那條小巷。那已經是很久以前的事了，但是我已然明瞭，大家對於往事，對於一切皆可埋葬的說法，都是錯的。因為往事總會自己悄悄爬出來此刻回首，我領悟到過去的二十六年，我依然偷偷望著那條荒無人跡的小巷。……」（伊莎貝拉・阿言德《追風箏的孩子》）

空間把壓縮的時間，寄存於一處小小窩巢裡，這正是空間存在的理由。加斯東・巴舍拉（Gaston Bachelard）《空間詩學》中提到：「私密空間的場所定位，比日期的釐定更為重要。」「回憶並不記錄具體的時間綿延，我們無力重新活化已消逝的時間綿延，唯有透過空間，唯有在空間中才得以發現，回憶無所遷動，它們空間化得愈好，就愈穩固。」

無論是一方引人的櫥窗風景，攬月清談，或是收集的東西經巧思「剪輯」歸劃成一區區特別小景的特別演出，每一樣東西幾乎都是擔綱的角色。中景、近景、特景，靜謐的氛圍，那凝眸的角落，都是伸展台上的模特兒，使得屋內表情十足，壁面地面的瓷磚畫也在這場神情回憶的獻映中客串重要角色。

一、居室的獨白，行止的軌跡

我們藉由空間觀察世界，但空間也是我們自身的投射，尤其和過去的生活歲月、感情、悲傷結合在一起的記憶，更讓空間留存特殊的拓印：

寫作方向：空間的表情

從住處回顧生命：

1. 居家平面圖、住家周邊圖、行經的街景……請寫下這些在有形或無形間所築起生活的跡痕。
2. 每日移位的動線，生活軌道圖（家、商店、飯店、學校、補習班、同學家、阿媽家……），承載著記憶的印記，匯集存在的見證，在敘述間請思索形成規律背後的因緣、慣性之間的依戀。
3. 窗戶宛如雙瞳，牆壁天花板如庇護所，家具裝飾則為我們對著世界的想像，請為你的小窩畫一張素描。

不斷的搬家，讓我見識許多不同的環境，體驗許多不同的生活態度。在基隆礦坑老家的生活，讓我了解到揮汗求生存的艱辛和生命的韌度。在天母的那段時間裡，我見識到都市的富裕繁華以及人們匆忙緊張。而在素有「山好、水好、人情好」的宜蘭裡，我感受到鄉村的純樸、親切的人情味以及美麗悅人的青山綠水。這些經歷奠定了我開闊的目光，能以不同的角度觀看事物，並且在待人處世時能更加包容，能去了解每個人不同的成長背景；而不斷的環境變遷，也使我在進入新環境時能快速適應，在

需要調整自己時能快速的修正。（羅子為）

　　黃棕的書桌上僅放一盒筆筒，素白潔淨的床鋪和及肩的書櫃，我的房間就這樣孤單靜置這些基本配備。我喜歡空曠的感覺，雜亂只會增加我的煩躁；也不需要刻意裝飾，反正自然就是美。我的日常用品都是半新不舊，東西耐用即可，不必求新，但也不可老舊到不敷使用，我簡簡單單的生活哲學也反映在房間上。

　　我的房間是家裡的一座孤島，中間隔了個小海洋，關上門，就聽不見外頭的耳語，它是我處理私事的暫時棲所，也是我奮鬥課業的戰場。不過這並不意味著我和家人沒有感情上的連結，學業壓力儘管隨年齡成正比激增，但我會盡量移出空檔與家人互動。

　　這座孤島始終和大陸牽引著一條密不可分的感情線，因為這整個家才是完整的個體，散落的房間就像小島，終究會集結為島群，形成「國家」。（楊璨語）

　　我們家是樓中樓，在媽媽堅持舒適乾淨、DIY 佈置擺飾的原則下，家是一種享受！

　　我的房間很小，沒有任何的裝飾，完全是乾乾淨淨的一片白牆。我喜歡靜靜的在房間做自己的事，收音機裡溜出來的 ICRT 音樂，這就是我的小天地。睡覺時，我喜歡窩在角落的感覺，小房間正好符合我的需求，讓我睡得更安穩。

　　唯一的壞處就是——沒——有——隱——私！家家戶戶之間靠得實在太近了，與後棟只隔一小條防火巷；與對面的幾乎隔一面牆，每次大聲講話都會無限地後悔，深怕被鄰居聽到了，那可真

是丟臉無比。相對的是，如果哪一天良心被魔鬼佔據了，倒可以透過小窗戶偷窺別人在幹什麼？（邱孟瑄）

隨著個體與生命時間的演進，堆砌出的城市圖像就像萬花筒，反射出千變萬化的樣貌。而在不同時間軸線與不同空間座標的交錯間，也因經驗與感受交疊出迥然不同的光影，讓無論是生存空間變動間的成長，或是憩息居室的安然都基於融鑄生活肌理之中而顯得難忘。

二、凝視氛圍，書頁飛行

「清晨，頸部有陽光像圍巾一樣輕輕裹住，其中有春天的光塵，臂膀上是花粉的溫香，萬籟俱響。腿上一道銀色光痕，讓她（西蒙）回想起蒙帕拿斯墳場地清晨，蝸牛在石頭上留下的美麗淚痕。……窗戶開向沙特的『書桌』。那兒，沙特背靠樹幹，吸菸，膝上鼓起的筆記紙葉外溢，每天早上，沙特都要攀梯跨越，在顫巍巍的椴樹上，沙特都要停擱數個小時，那是他的綠色書房，也是吸菸的所在。就這樣以蒼穹為頂，沙特視之為『鄉間的花神咖啡館』，向來自任何方向的風開放。」（斐德里克‧柯雷孟著，林深靖譯《巴黎情人》）

一架架連壁的書城，圍起一座文化寶藏，走進書籍，就像走進漫長的歷史，鳥瞰遼闊的世界，悠遊於無數閃爍的智慧星之間，讓人突然變得渺小，又突然變偉大。書房，操持著生命的盈虧與縮漲，讓身在其中的人閱歷人間風景，嗅到人類群體才智結晶成的生命芬芳。

寫作方向：書軒的銘誌

羅曼‧羅蘭說：「任何作家都需要為自己築造一個心理的單間。」書房是精神的巢穴，生命的禪床。一個文人所處的生活環境、日用器物，都比不上書房更能傳達他的心理風貌。書房，正與這個心理單間相對應。

劉禹錫〈陋室銘〉、歸有光〈項脊軒志〉，對於其所處書房中的心志多所著墨，你日夜居留的書房裡又是什麼樣的光景？屬於你的書房伸展出的視野與格局是什麼樣的風景？寫下俯仰其間的風景，它可以是書桌的一角，可以是想像中的書室，也可以是現實的素描。

這裡，是我的書房。

我見過秦始皇，那樣霸氣，那樣不可一世，甚至是統一六國當下，揚在唇邊的笑；我見過名震江東的西楚霸王，那樣的雄心壯志，那樣的柔情，還有烏江邊刎頸時，眼角淌不出的憾……。

在我的書房中，我都曾慷慨激昂的經歷過。

屈原投江的仰天長嘯，辛棄疾驀然回首的輕嘆，蘇東坡扁舟逐流的慨然，文天祥正氣凜然的顏色……都已逝去，無論是怎樣的光芒萬丈，都已逝去了。我的書房還有，還有他們曾經的血汗和骨氣。

在我的書房中，靜靜輪轉。

三、城市表情，傳奇溫度

寫作方向：行旅的足跡

　　建築是在空間裡凍結的音樂，空間是融化的建築，透過穿梭於其中步履，我們得以欣賞自然享受人文，從旅行中看自己對於地、人、事、物、景……新奇與熟悉的震撼。請以旅遊筆記敘述映生心底的激動、路上的風光、印象最好的畫面……種種寫實的鏡頭、超現實的感覺、虛幻的想像。

　　高一暑假，在父母的安排下，我參加了為期四週的紐西蘭遊學。一個人住在寄宿家庭不僅讓我變得更為成熟、獨立，也讓我更了解如何適應不同國家的文化。在那所見的美景，有滿山片野的牛羊、高聳入雲的山峰、白銀鎧鎧的山壁、氣勢壯美的冰河，使我心胸視野為之一闊。

　　最難忘的是在一座魁偉的山谷吊橋上，嘗試了此生第一次高空彈跳。從十八公尺的高度往下跳，那種刺激、那種快感，若非親身嘗試，實在難以想像。這次突破性的嘗試，帶給我前所未有的震撼，過程中在內心翻滾的掙扎、恐懼與跳躍後的成就感，使我深深體會人生便是在一次又一次的向自我挑戰中成長。沒有突破的勇氣，便無法享受新經驗的喜悅；習慣原有的生活模式或態度讓人有安全感，但它同時讓人喪失蛻變的可能。這次刻骨銘心的經驗讓我往後面對事情時變得更有信心，更有勇氣。（余敦和）

　　2002 年冬天，我和一位朋友有了「探訪咖啡館之旅」的想

法。我其實不懂咖啡，倒是知道一些好地方，便想和朋友一起去「約會」，過過幾天奢侈的生活，喝喝下午茶。於是，我們在臺大新生南路上的小巷子鑽啊鑽的，找到了幾間夢想中的店。

挪威森林

淺綠色招牌，木製的地板，這是一間有玄關的咖啡館。規模不太大，但是店裡的擺設讓人覺得很舒服。小小的方桌上，放置著一盞散發油燈般光芒的小圓燈，落地窗外種滿了花草，讓都市的一隅也能綠意盎然。沿著吧台，是一排靠窗的單人座，你若心情不好，大可和老闆聊聊天，或者，看著窗外的風景，鮮少人行經的小巷子，可以替你帶來一些些的平靜。整體來說，房子帶著一點中國古風，但卻能巧妙的與西方最具代表性的咖啡結合，這裡，是一個忙裡偷閒的好地方。

葉子

記得秋天那種落葉滿地的感慨嗎？葉子，是一間帶有秋天氣息的咖啡館。它倒沒有蕭瑟的感覺，反而利用舒服的暖燈、明亮的掛畫，小心翼翼的營造出秋天那種微弱的味道，美麗高雅的色彩。我很愛這家店的燈光，很柔和，很亮，但不會讓人覺得刺眼，好像可以照出人的心靈一樣明透……。這兒的服務生很有氣質，說話的語氣也很溫柔，若是想要品嘗被秋天的味道感動的浪漫，可以和朋友在葉子相約。

PARADISO

知道英文中的 PARADISE 是什麼意思嗎？沒錯，就是所謂的天堂。PARADISO 是義大利文，也是天堂的意思。進入這家咖

啡館，的確有天堂的感覺，室內的暖光與老式電影的掛畫讓人有一種重回 50 年代的電影氣息。桌上所使用的餐具清一色的使用古銀色系的餐具，好像帶領顧客走入時光隧道，一種錯覺感來襲，彷彿自己置身於中古世紀的歐洲……。點一杯魔幻冰咖啡（Magic Ice Cream），坐在露天的木椅上，享受著一個悠閒的下午，PARADISO 帶領人們進入天堂。

BARISTA 西雅圖極致咖啡

柔軟的地毯，黑色的牆壁建築，讓 BARISTA 看起來有一種高雅的感覺。貼心的一道玻璃門，隔離了白煙裊裊，加了酒的咖啡，讓這一個下午有點茫茫的感覺。一切是那麼清楚、真實，卻又帶了點迷幻的感覺。濃郁的 cheese cake 使人沉浸在牛奶與派的相遇中，留戀不去……。BARISTA 讓人體驗到像西雅圖般都市的時代緊湊感，攪拌著咖啡的悠閒感。

小義大利

感受過地中海那種白色的溫暖與感動嗎？不用去希臘，不用去義大利，也不用去西班牙，就在這家咖啡館，小義大利可以給你這樣的味道。將窗台油漆成全白，地板用磚紅色的方塊鋪成，加上一點綠色植物、復古的掛畫，造就了一間南歐風的咖啡館，讓顧客能盡情享受羅曼蒂克的風情。服務生適時的送上一杯熱水，為有點冷的天氣增添了一份暖意；加了巧克力米的冰淇淋咖啡，讓你能回味夏天時陽光灑滿沙灘的那種南洋風情。小義大利，是一個讓人酣醉浪漫的地方。

SARA HOUSE 莎諾

像家一樣的咖啡館？怎麼可能！？不要懷疑，莎諾就是這樣一個地方。木製地板，柔軟的繡花歐風坐墊，家用的歐式小暖燈，還有可愛的掛畫、童年的玩偶、布娃娃，就這樣拼湊成一個家。坐在那裡，來杯摩卡，和朋友聊著天，我們頓時好像變成愛回味往事的老奶奶。別出心裁的巧克力甜點入口即化，讓人捨不得吃下去……。什麼叫做賓至如歸，我想，我已經深刻的感受到了。

我發現，咖啡館特別愛用暖燈。也許是因為，暖燈給人的感覺懶洋洋的，很適合讓人擺個舒服的姿勢，好好的休息，享受這個只屬於自己和朋友的時刻吧！咖啡館自古以來似乎就是文人的場所，也許也是因為咖啡店裡瀰漫的香味，和這溫暖的燈光，特別能激發人的想像力吧！

我愛咖啡館，愛那份神秘又悠閒的感覺，刺激你的嗅覺、味覺、視覺……誰能抗拒這樣的邀約？（黃喜蓉）

台北文化護照地圖曾標出許多特色街道：松山路五分埔自搭品牌、長安西路手工藝品專賣店、大稻埕是茶商集中區、愛國東路婚紗街、和平西路三段的專業鳥街、武昌街二段的電影街挽住一段段青春回憶、華陰街宛如台灣百貨批發史縮影、開封街一段是永遠的電子商城……。行旅的腳步其實可以在身邊展開，從熟悉卻又未並詳讀的巷弄開始，一如喜蓉所描繪的咖啡與人文空間裡，處處可品的何止是浪漫的香氣，更有經營者的體貼。

至於縱橫天下，閱覽日本橫濱以綠與藍組合的都市、古典與

現代交織的美國波士頓，或日本古川町用心營造的山城傳奇、乳牛故鄉的紐西蘭，行萬里路的思考、高空彈跳的刺激，讓現代人有更多生動的經驗，這一切在余敦平的筆下可以見及。

四、學習地圖，成長物語

做為學習者，徜徉在美麗的校園中學習，是記錄成長的另一種角度；禮讚生活的歡笑聲，是青春夢想的深刻寫照。深深淺淺的足跡，映證那曾經走過的春秋情事，這燃燒熱情的躍動不只在記憶裡定影，更流動在每一瞬思維裡。

寫作方向：**置身的學習環境**

從小學到現在，細數在每一個里程碑間，你留駐夢想的學校，它的環境、師資、軟硬體設備，你所受的教育方式，所得的智能，人格或學習上的收穫。

日趨炎熱的台北南區，椰子樹影寂寂，卻發揮不了遮陽的功能。高一高二時，兩層樓的校舍直接吸收熱度，教室內，空氣凝重地壓著腦袋，老師的講課聲在課桌間昇華，由耳膜到腦門而傳達天聽。

我喜歡日式校舍，低矮的建築物，長長地蜿蜒排列在廣大的校地。填補其中空地的是頎長的大王椰子，不似其名般雄偉高壯的亞歷山大椰子，夏日樹葉婆娑的新語聲，是我消暑清心的良方。常常，一恍神，便溜進海邊外婆家後，樹林中那無憂的童年。

新大樓與自強樓間的那條小路，是我最愛之處。小高一時的

體育課，總愛在排球場的樹蔭下做操。偶爾陪同學去的健康中心，是獨立一棟的白色建築，在裡頭的護士阿姨是個嬌小、熱心、人緣好、手藝佳的時髦婦女。而它也是我許多回憶的必經之處，在工程尚未開始前，搬著各式樂器——叮叮噹噹和著行人的嘈雜聲與嘹亮的鳥叫聲，開啟了我一天的行程。

下午傾盆大雨後，和同學在雨中漫步，甚至在操場邊看到一條好小好小的蛇。還曾經，在這條路上，在喜歡的學姊面前，重重的跌了個狗吃屎。我永遠忘不了過去的它是如此充滿活力、擁有朝氣，是太陽神最眷顧之處。而今被五層大樓佔去了鳥語花香，擋住了和煦朝陽，雖然，那是觀賞樂儀旗表演視野絕佳之處，但對它的回憶，卻是 0 字頭以後的學妹永遠不能理解的。（羅廷丰）

空間把壓縮的時間，寄存於一處小小窩巢裡，這正是空間存在的理由。「較傳記更深刻的詮釋學，必須剔除與歷史相連，卻並未與我們命運起作用的時間順序，以決定命運的重心。」（加斯東·巴舍拉《空間詩學》）氣氛使空間模糊不清地瀰漫著情感聲音，有如輕風、薄霧的光韻是時空造就的奇特編織物，抓住人的情感力量，是心情的空間載體，是以學習環境對人的塑造性往往並非硬體建築，而是那流動的空氣、說話的花影、響起跫音的磚道……所構成的空間氛圍。

捕捉自己，心靈地圖

　　法國詮釋大師波爾‧呂格爾說：「當人開始敘說自己的故事的時候，他顯示了他自己，並使他開始能從生活經驗中理解自己。」而當我們開始說自己的故事時，我們才開始發現自己的存在，也是面對自己最深刻的時候。

　　羅智成在《肖像畫‧ㄅ——〈釋義〉》中描寫司掌百貨和薄荷的神祇道：「ㄅ有一種淘氣、揶揄的表情，像堅實的枴杖，結實地敲擊別人自信的罅隙。但這完全來自不修飾的誠實，並無惡意。ㄅ的眼睛善於發令，像無聲之笛，催動別人遵循起舞，如茫然的眼鏡蛇，又在別人發言時，不時滑向別的地方，而令人耿耿於懷，也相形地讓你愈加珍惜被注視的時刻。ㄅ喜歡也習慣於佔上風，如果不能，便有禮地撤退。ㄅ是脆弱的，但不可思議的，別人更脆弱。」《亞熱帶習作》

　　儘管羅蘭巴特說：「自傳中的我，事實上只是帶著戲劇臉譜的舞台面具，在那背後甚至是沒有『人』的。」但無論那是潛意識浮現的浮光掠影，或是有意識地想像的誇張、極度主觀帶著強烈宣示性的敘述、惶惶然不安的質問追尋，那都是「我」。正因為那是對自我的凝視，所以容許有種種期待塑造、種種意識形態動機交互穿梭、編織。

一、潛意識與意識間的我

 寫作方向：光稜鏡中的我

隨意寫出五十則「我」的句子，讓自我意識被引渡呈顯。

我也許是個矛盾的單細胞生物。

我希望能當個消遙的米蟲。

聽說我像個哈比人？

當我睜開眼睛 70%的時間在發呆＋吃喝拉撒聽音樂；20%的時間在講廢話和 10%的時間在唸書以及，其他。

我目前的目標：成為睜眼說瞎話臉不紅氣不喘說話不打結騙死人不償命、千嬌百媚國色天香沉魚落雁一代妖姬的，跆拳道教練。（吳彥蒔）

我是誰？誰是我？我想我是浩大宇宙中的一粒沙，幸運的風吹落地球上。我很渺小，你甚至不知道我——一個平凡人！但我只是微微一笑：「當有一天我羽翼漸豐的翅膀終能擁抱藍天時，我要守護著你們，只是靜靜的……靜靜的……」。這是我的理想，也是我存在的理由。

我的喜、怒、嗔、癡，皆緣「我」。也許有時我會迷惘於年輕的心為何如此善感、易怒，「衝動」是失敗的理由，更代表著修養不足，以及不夠「堅持」。但我心底的陣陣呼喚，伴隨著我穿過了時光隧道：在初生的無知之間，在幼時的懵懂之間，在年

少的迷惘之間……叫我別放棄最出的夢，也使我的存在多了一絲意義。

　　我是誰？說穿了我只不過是個過客，為了圓夢，一站又一站的旅行……。我可以幻化作遨翔天空的大鵬鳥，可以是黑夜中的星。無論是否成功，旅程的終站會有一道彩虹橋，當我走到了彼端，這一趟的絢爛抑或平淡都將歸於寂靜……，但不滅的是－我的靈魂！

　　於是我回歸了宇宙，再投入了下一次的旅程。一次又一次，直到心中……不再有遺憾！（李翌嘉）

　　我是我？我非我？誰是我？我是誰？這是存在主義企圖解的謎，是佛陀一生所要完成的圓滿，是儒家成人之前的準備，也是身為人一生命定的功課。彥蒔以關漢卿「我是個蒸不爛煮不熟捶不扁炒不爆響璫璫一粒銅豌豆」（〔南呂‧一枝花〕，〈不伏老〉）調侃自我未來，翌嘉則以道家參悟的通明解讀生命。做為學生當下生活裡的現實，又是如何？在雋慧與尚琳的文字間，讀到追尋自我時的種種心緒：

　　我曾生活在幻想的世界裡，聽著床邊故事，腦中編織著未來的夢，從海底美麗的人魚，到被繼母虐待的仙蒂瑞拉，徜徉於天地之間，我是童話故事的主角。

　　但，進入學校，正式成為這可怕的社會成長體系的一員後，我變得不再像我了。我是誰？無數問號向我襲來，我是考試機器，用功的學生，為了求得更高的答題正確率，我日復一日地和時間賽跑，答題正確率 97.6%……%＆＊※○……是的，我又更

向前踏進一步了，修正誤差值，Enter，啊！我又向成功邁進了
一大步。

「我是誰？」腦中響起小小的聲響。

嗯？奇怪，怎麼會有不協調的雜音？錯誤修正，不協調，
Delete，好！這下總該恢復正常了吧！

「別想逃避，我是誰？」

怎麼會這樣，好吧！再修正一次，不協調，Delete，這下總
成了吧！

「我是誰？我到底是誰？」

「我是誰？我是誰？我是誰？我是誰？我是誰？」

「我是誰？」……

當小錯誤累積成大錯誤，我已不再是我，我是誰，獨自審
問，混亂的思緒，拉著我跌進黑暗的深淵。掙扎了許久，自我體
系的崩潰，價值觀的崩落。

……混　亂……

我在黑暗中掙扎良久，問著相同的問題：我是誰？

再混亂的長夜終將有消去之日，陽光穿過雲層，照耀大地，
終於體會到那亙古不變的真理。是的，我是誰？我就是我，追尋
真實的自我，我是喜愛孤獨，卻又害怕寂寞的，何需隱藏？我用
堅強的外表偽裝內心的脆弱，用活潑的表皮包住怕生的自己。走
出牢籠，我不再被束縛，我就是我，最真的我。（余雋慧）

手裡抓著麥克風，耳邊充斥著吉他、貝斯以及鼓聲，我對著

團練室的牆壁狂野的唱著。臉頰上的汗水，是我熱情的象徵，我想，我就要化在這巨大的聲響中，隨著破滅的音符在空氣中載浮載沈。

鏡中的人影笑了，鏡中的人影哭了，鏡前的我無奈了。

（桂尚琳）

二、我的病歷卡

我，一直是最了解自己的人；我，也是形成當下我的主宰，只有誠實地面對自我，才能真正掌握自我，向最理想的方向改變自己。

每個人都有數不清的缺點，對自己的缺點，其實都心知肚明。每一個缺點，都有發生的原因，不同的缺點，應該尋求不同的方法對症下藥。何不自己當醫生，以真誠為 X 光，文字為底片，照出原始的自我？

寫作方向：自我診斷書

請你設計一張「我的病歷卡」，自己當自己的醫師，認真面對，誠懇坦白，逐項列出病名、致病原因、發病經過及治療處方……。

我　的　病　歷　卡	
病　　名	晝寢、上課打瞌睡。
致病原因	上網熬夜。
發病經過	自國二起，每晚八點上網至凌晨三點，以致在學校每堂必睡。

治療處方	一、早睡：每晚十二點前就寢。 二、限時上網：限週末、週日上網。 三、明訂打瞌睡處罰條款：本週若上課打瞌睡，就取消週末、 　　週日上網權利。

三、情緒的世界

　　活著，不只以呼吸。心的跳動固然是活的指標，更重要的是心念。心靈境界必須先給自我留白，內在的自我才會清醒。然而，每一天最先醒來的總是具體生活，達到目標的壓力使我們關心的總是現實生活中的事務，以致向外求的自我容易醒來。唯有內向探索自我，生命的目的在自我覺醒，使在人生中知道什麼是真正需要，該選擇的是什麼，唯有清明地面對自己起心動念的波動，才能自我覺察。

寫作方向：情緒告解書

1. 傾聽自己的心音：文字將像心電圖標示出心臟跳動，標誌出情緒世界，與心理的聲音。在每十分鐘的記錄裏寫下起心動念的內省、外緣中接觸的眼耳鼻舌身意過程裏，可依情緒性質分類，如高興的、難過的、憂鬱的……，用形象化的方式描述自己的情緒，並說明某種情緒通常由哪些事件所引發，情緒產生之後的想法是什麼？

2. 心情週期表──以星期一、二……或求學階段為橫座

標；興奮、高亢、愉悅、平靜、低落、憂鬱……等心
情指數為直座標，也可以百分比為橫座標。接著為這
張表寫註解：最關心的焦點？最影響心情浮動的因
素？心情對生活的影響？在情緒低落時，你通常如何
轉化它？

高興時的我像是漫畫中幸福的小女孩，四周有泡泡和玫瑰花
圍著，這種情緒通常是家人、朋友對我很好、吃到美食、達到自
己的目標時。難過的我像是寓言故事中的蝙蝠，受人排擠，內心
有如千萬針刺入心臟，無法呼吸快要窒息，這種情緒通常是沒人
關心我、讀書成績不好的時候。憂鬱的我像是關在密閉的空屋，
隱居在深山的老人，心裡一直胡思亂想，坐立不安，這種情緒通
常是對自己沒信心、遇到挫折的時候。（周佩潔）

總覺得記憶具有無數的形體與意象，可以美麗得像一幅畫，
深切得如一首歌，靈動得像一支舞，精彩得如一部電影的某個情
節或畫面，可以使人不自覺的微笑，也可以使人突然承受不住~~
眼中逐漸漲潮的沉重迷惘。

回首過往，彷彿看見那個幸福又單純的小小模糊身影，踩著
不穩的步伐，歡快的哼著不知名的破碎音符，飄忽的向我靠
近……。記憶中，這個女孩一直是快樂的，喜歡笑、喜歡幻想、
喜歡大聲唱歌……。然而，在時間與空間的轉換下，在課業與考
試層層堆砌而成的壓力中，只看見折翼的翅膀，和對生命的驚恐
失措。在小學三四年級時，曾有一段每個夜晚都無法成眠的可怕
經歷。一個人在寂靜的黑暗中，悄悄的惶惑、悄悄的害怕、因為

失眠而恐懼，因為恐懼而更加無法入睡。這樣荒謬的惡性循環，在母親帶著我去廟裡收驚後才慢慢宣告落幕。也許就在那個時候，那種奇異的孤寂之中，讓我比所有同齡孩子更早體驗到極類似死亡的感覺，提早承受那種無可名狀的寂寞，及無邊無際的絕境。

隨著季節的流轉，歲月的推移，儘管經歷了許多冷暖交錯、欲語無從的時刻與際遇。但我的世界裡似乎一直是冷色系的焦荒和孤清，在現實與殘忍虛偽與謊言間跌跌撞撞掙扎著成長。有苦、有淚、也受了傷，留下了烙印。疤痕也許會越來越淡越來越小，但心上的痛，卻會越鎖越緊越嵌越深。

進入景美之後，所有的過往與曾經，似乎都離我好遠好遠。畢竟已經失去了年幼時的稚嫩與純真，錯過了少女應有的許多綺幻的夢。曾經也有過夢，但總在尚未成形的時候胎死腹中。現在長大了、成熟了，索性不夢了。安安靜靜的躲回現實中，面對破碎的存在感，及那份完整的空虛。

到了是該懂得揮別過去的年紀了吧！與其回顧往日紛陳的清冷與慘白，不如迎向可能光明的未來。也許是人性的險惡與黑暗面造就了我血液中的悲涼成分，覺得自己越來越老了。時間投映於心底的勒痕，還在幽幽的痛著。那傷疤彷彿越來越顯而易見，越刻越深～～心老得動不了……似乎不再有感動，不再有激動，不再有顫動，也不再為誰默默的抽痛或悸動。而只是平靜的讓它在體內死著，為了學習堅強和勇氣，所以失去流淚的權利和能力。乾涸的雙眼似乎能感應到心漸漸枯了的訊號～～

偶爾聽見一首歌，擊中靈魂的某個部分，唯有那時，心才隱約的活了起來，因為音樂的澆灌。偶爾不經意的巧遇一幅畫，滲

入我的呼吸和脈搏，唯有此刻，悲傷才不需再流浪。只是慈藹而溫善的在心間緩緩流淌，因為梵谷的絕望~~。（洪毅芩）

　　自剖是為了貼近靈魂的心情，為了重塑最單純而真實的想法，那像殘酷的手術刀深深畫出殘敗與不堪，像照妖鏡逼得你無處可逃，但唯其置之死地而後才能生。

　　自剖，是為了救贖。佩潔以各種形容企圖描繪出受困於情緒之沉浮、毅芩則以細膩的觸感揣摩那份曾經如此詭異荒謬，熟悉卻又不忍回首的片段，繼而在面對的憐恤間抽離而出，無論是怎樣的情印戀傷，帶淚篇章，對於自我都將是認識自己的基點。

寫作方向：為情緒命名

1. 我最像什麼——以水果、動物、植物、食物或電影或小說人物為喻，並形容其顏色、形狀、氣味……以此概說自己的個性、興趣、能力、情緒、經歷、思想。
2. 每天晚上對鏡子看自己、讀自己，告訴自己是誰？對鏡問我是怎樣的人？
3. 依性質將自己的個性分成不同的二類，再各用一種動物或植物、食物……命名，由此透視自己外顯內斂的情緒。

　　將自我特質形象化的目的除了化抽象為具體，以貼近自己，同時藉著對自己幽默，以輕鬆而柔軟的態度面對情緒。如「我是愛整齊乾淨的人、生活簡單的人、有趣的人、愛動腦的人、有行動力的人、好奇的人、任勞任怨的人、自愛愛人的人……」由此

所分類出如

「海獅──疲倦、懶／鑽地鼠──吹毛求疵、不知休息、黑暗、沒有時間觀念」

「忠狗──生活忙碌、忠於職守、念舊、執著／蝌蚪──什麼都想要、不斷背負東西／烏龜──退縮、悲觀、堅持」

「浣熊──依賴、眼朦朧、裝可愛、裝笨／鳥──設定目標、好勝堅持、自我肯定／烏龜──慢／豬──貪吃」

「孔雀──怕孤獨、愛熱鬧、三分鐘熱度／蚊子──依賴性、不愛讀書、在耳邊吵、黏人、吸血、盡責」

「海豚──微笑、給別人快樂、對人說跟我來信任的眼神說一起玩／狼──追求成長、合作、挑戰自己」

「貓頭鷹──理性、閱讀、思考／鳥──旅行、眼睛充滿心情、應該是那個方向吧、蓄勢待發」

「獅子──情緒化、脾氣差、權威、在草原上審視領土、捕獵動物／海豚──求變化、裝神秘、耍心機、浮現微笑、給別人快樂、以信任的眼神對人說跟我來一起玩……」

在解讀自我，省思特質並以命名強化的過程裡，那如光稜鏡所折射出多角度、多切割面的自我於是清明。

為自己的情緒命名之後，也為它找出與生命相遇的時間點，更獨自與它對話寫出你的愛恨情仇。把自己當作舞台上的主角，或獨白或暗泣或嘲囂或怒罵，在這舞台上你是導演你是編劇你是演員，演出它的情、編出它的思、導出它的命運，藉以憑弔過去受傷的你，認識深藏於心靈疤痕的來源。

寫作方向：內在體察，為矛盾找內在衝突

為這個形容你的物象找出它駐留於你生命的日期：是誰把我貼上標籤的？與標籤的關係？

這些標籤何時出生於你的生命中？它們的座右銘是？請描繪它們的表情。

這個活動的目的在繼自我發現情緒特質後，追溯它何時何地何人何事而加諸於身的？雖然往事看似如煙而逝，但其實揮之不去漾於心頭，甚至成為血脈成為現在的我。在不斷挖掘之中，一層層桎梏鬆動剝離，我們方見是自己是如何陷於困頓之中，恍悟一直把自己消耗掉的不是別人，而是自己。

發現，是一個開始，也是改變的契機，了解自我的鏡子。

修正是長遠感覺，不停地與自己拔河，深深地把自己慢慢地帶向真實的自己。在不斷追問我是誰？我不是？以及命名與尋究之間，整合內心的聲音。

四、迷戀的座標

寫作方向：樂在其中，迷人的傳奇

1. **情之獨白**──現在的你做哪些事最樂？請寫出十個曾經有過的快樂，並以不同的色澤、味道、聲音、畫面或詩文來彰顯這份快樂。

2. **趣之疊唱**──感動的一句話、喜歡的詩詞、最愛的作

家、成長的一本書、沉醉的音樂、難忘的電影、座右銘……。做這些特別的事時，第一個最想告訴的人是？誰最高興？

　　每當我讀書累時，我會去彈彈琴，鬆弛緊繃的心情。在學習鋼琴的過程中，我發現音樂除反映作者個人情思之外，與其民風傳統也有密切關係。譬如在柴可夫斯基的 1812 序曲中，可感覺到俄國堅強的民風，是因為生長在北國，才造就了如此堅忍的民族性嗎？在馬修連恩的新世紀音樂裡，融合不同民族的音樂，有台灣原住民樸實的歌聲、加拿大狼群控訴的悲歌，也有高屏溪純粹的水聲，顯現世界風的企圖心。在電影「英雄本色」的配樂裡，我清楚感覺到蘇格蘭民族的悲哀。

　　不同的民族有風格迥異的音樂，聆聽欣賞這些音樂，並試圖思索在音樂背後的文化差異，即使不一定能找出問題的答案，這樣的思索，就是一種享受。（陳佳青）

　　素描的魅力，深深的吸引了我，幾枝鉛筆，甚至只需要一枝 2B，明暗變化、層次交替便井然有序的出現。但是這種種情事並非一蹴可幾，初學時的我，連一個圓都畫不好，經過長期的練習──從簡單的圖案，到實體描繪，再到整體的取景，漸漸地，越畫越有架勢，也漸漸能體會光影所表達的意象──凹凸、前後、明暗。素描也培養出我對空間的敏銳感，使得我在模擬立體圖形時能夠比別人更得心應手，在腦中虛擬的圖像也使我在處理三度空間的問題時能相當具體真實。

　　在素描之中，我嗅到了藝術與科學的結合。（羅子為）

　　運動，對我來說不只是健身，更是我生命中不或缺的一部分。我非常熱愛運動，運動後那種毛孔擴張呼吸空氣的舒暢感，絕不是在電視上看看 NBA 或是溫布敦網球公開賽就能體驗的。

　　籃球、跑步、棒球、登山、游泳都是我的興趣，其中棒球一直是我的最愛。棒球豐富的多變性深深地讓我著迷，上了高中參加棒球社後，更驚訝於棒球這種運動的細膩性，需要絕佳技巧及協調感，尤其是各式不同風格的投手、打者的戰術或陰柔，或剛猛……都讓我著迷。我想，人生和求學大概就像那棒球，要剛不失柔，柔中帶剛，這樣子才能順利的打好人生這場球。（余敦平）

　　生活之所以美好是因為發現與創造，生命之所以豐盛是基於投入熱情與夢想，這些洴濺感官，盪漾心底的歡喜在成長的旅途間轉成無限力量與深度。

五、為自己出征

　　羅伯費雪（Robert Fisher）著，王石珍譯的《為自己出征》，藉由一個躲在盔甲所標示的英雄形象裡的武士，試圖借助外力脫掉那一直牢套其身的盔甲時，才發現盔甲是他，他在哪？智慧法師梅林是擺渡者，引領他一步步走向自我，找到「我是誰？」這是一本喚醒心中曾擁有的自我的旅程，書中寫道：「在真理之道上打的仗是不一樣的——這個仗就是學習如何愛自己。」「從學習認識自己開始。」或許人生便是一條不斷追尋自我，探索與認識自我的路途。

> ## 寫作方向：看見自我，找到方向
>
> 　　有句話說：「距離不是問題，方向決定一切。」回首之際，正因為看見錯誤，才讓未來有修正的方向；前瞻之時，也因正視自我，而能打開格局，讓征服弱點變得有意義。請寫下成長間修整自我個性、態度的歷程，或待啟程的目標。

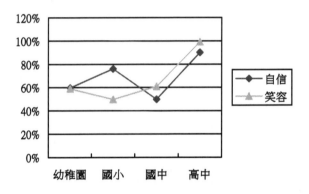

　　從小到大，我總是悲觀地在過生活，但卻不自知……。記得小學時曾有人喊我：「正經八百」，畢業冊上也有人希望我能笑口常開。但我不太在意，也不以為然……。

　　直到上了高中，遇到了一些人，才知道原來我的生活、我的面相是那麼陰暗和愁苦。

　　我想要改變自己、轉換心情，於是開始觀察別人，看他們在遇到事情的時候是怎麼去處理，怎麼去面對和思考。當我把不愉快告訴好友，才知道原來有些事情沒有必要過度煩惱，事情往好

的方向想，就會變好。

　　在高中以前，我從不敢在公開場合照鏡子，因為我對自己沒有信心。但不知道是什麼時候開始，什麼原因，我變得不怕照鏡子，甚至喜歡照鏡子。想想，也許是受到同學的影響：例如「王維」喜歡照鏡子，身上總是帶個小鏡子，以備「不時之需」；而「芝邑」和「娟娟」也喜歡照鏡子，更喜歡向別人說：「我長得很可愛、很美麗吧！」之類的話。不管此舉如何，都顯示她們對自己是充滿了自信心！

　　偶然，發現鏡子中的自己，兩眼無神、嘴唇下垂，一副沒精神的樣子。於是我開始告訴自己，要笑口常開，不要老是愁眉苦臉。起初覺得很不自在，漸漸地，我開始習慣笑。不知不覺中拉近與同學之間的距離，甚至自己的心情也變好了，碰到事情也覺得樂觀多了！（我覺得很喜歡，也很高興我有這樣的改變^_^）（蘇斐）

　　很多時候，太在意外在的事物，反而讓人忘了所謂的「最初」是什麼。每天考試讀書已成為一種常態，考卷拿了就寫，看到黑板上的筆記猛抄——一切的一切似乎都是這麼的理所當然——為了進入理想的大學。有的時候我已經搞不懂，這些到底是為了什麼，為了父母的期待，為了學校的升學率，為了將來的美好，為了找一份好工作，或者，是為了給自己一份肯定？我常常懷疑：我需要這麼多的「別人」來肯定自己嗎？

　　「如果真的是這樣，為什麼你還需要去證明呢？」——是呀！我到底在證明什麼，證明我理想中的自己是真實，不是虛幻？一個人的時候，其實也挺不錯，不需要對話，不需要證明。傾聽寂

寞難道就一定是拒人於千里之外？似乎不能劃上等號。我開始想找尋自我，那個「最初」，被我緊緊抓住的「已知」——我以為我是什麼樣子，以及那些我認為是對的（或是錯的）的事——埋沒的「最初」。

我今天的焦慮、不安，不就是來自「已知」嗎？我想找尋新的真諦，新的已知，從現在開始。（李翊嘉）

聆聽心聲，唱獨特歌

在生命中我們所做每一種種的抉擇都繫之於心，是某種理由、某種價值所做出的選擇，也因選擇動機深淺而展現出不同的風貌和作為。在抉擇中有人看到理想，有人只見到世俗誘惑，有些選擇所要考慮的線索複雜而深刻，但這具體的選擇後面都與個人的價值觀有關，所以最重要的抉擇是價值觀，這又聯繫著個人的人生觀。人生觀是主觀的，人性普遍的價值內涵，卻必有其客觀內涵，以形成秩序。

不妨一個後見之明的「你」來解析為什麼自己會活成這樣子？這個「你」可能運用理性式的評價分析、欣賞般的追憶詠嘆，或是充滿情緒的悔恨、委屈、憤怒乃至遺憾來敘述自我、觀想自我。

一、價值觀與人格特質

（1）生命中的「不」

十件不願做的事	絕對不願	平常不願，但壓力或特殊情況	背後道德內涵

（2）**人格特質**——樂觀？悲觀？檢驗自己的人生觀？舉些對話、
思考方式、解決問題的方式來說明或歸納。以顏色、線條、
樂曲……表現出與人相處之道與相處模式？

（3）**人生觀**

我覺得自己是異類。小學時當大家迷愛情小說時，我在看歷
史故事；國中，大家追逐歌星偶像，我卻認為偶像應該要有力量
影響社會，而且是正面的。那時硬要我選個偶像，我選了推動白
話運動的胡適。

這世界上有一個和我很像的人——我的雙胞妹妹。我們時常
一起討論身旁發生的事，一起思考問題和表達觀點。我的目標在
教育，她的目標在社會正義，默契十足的我們，都希望能讓世界
更好。也許我們都是異類吧，相較於其他人追求流行，我們花很
多時間分析或討論不同的事。

一個人的生命何其短暫，我相信一生中總能找到什麼值得為
它犧牲奉獻的事。

我不是那種一時心血來潮就去做的人，我喜歡有計畫的做
事，喜歡好謀而成，一步一腳印慢慢來。我從不認為有什麼事可
以一蹴可幾，也不希冀非分的夢，我寧可靠自己的力量一步步達
成。我認為在過程中不只是向目標前進而已，同時也慢慢提升自
己的精神而有更深刻的體會，因而我堅持以自己的感覺擁抱人
間，以自己的眼睛體會這世界。（胡詩唯）

醉還醉醉還醒，一笑人間今古。

寓身此世一塵沙，笑看潮來潮去了生涯。

南畝耕，東山臥，世態人情經歷多。閒將往事思量過，閒的是他，愚的是我，爭什麼。不知什麼時候開始喜歡悠閒的過日子，與世無爭，清心寡欲，世人的爭執干我何事，我只願獨善其身，冷眼旁觀。

接觸世事就能了解人類的可怕——路西弗的驕傲、瑪門的貪婪、撒旦的憤怒、阿斯莫德的慾望、別西卜的暴食、利未安森的嫉妒以及巴力毗珥的怠惰，所謂的惡魔就是人類自己創造的邪念，所有污穢的慾望讓人類變質。我並不想變成自己討厭的那種人，但那卻是一種生存手段！（陳佳青）

（4）友情觀

我很喜歡交朋友，只要他們有困難一定會盡全力幫忙。我很在意朋友，高興的原因通常是發現自己被很多人關心時會很開心，這時我會買一堆零食來吃、狂看電視、一直笑著轉手。相對的，友情也是唯一讓我傷心的原因，這時雖在別人面前強顏歡笑，但回家便躲在房間哭，聽很悲傷的情歌弄得自己變得更悲傷。（吳佩璇）

（5）金錢觀

我的金錢觀只有四個字——「及時行樂」。當我有錢的時候我會盡情的花錢，絕對不想沒錢時該怎麼辦，我只注重當下。當我沒錢的時候會有兩種做法：不是跟我弟弟借錢，毫無尊嚴地低聲下氣借，然後等到領壓歲錢的那天一次還清；就是忍，忍著不要買 CD，忍著不要買漫畫，忍著花錢，強迫自己節吃省用，但通常忍到最後都是有第一條路，所以我弟弟是非常可憐的。（周小宇）

二、心情加油站

　　儘管野本獸生在《星的歷史——殺人衝突》裡說：「每個人都是浩瀚宇宙中的一顆星。」但自我，終究是最難面對的，誰願意正視赤裸裸的不完美、殘酷的空虛？《星鑑迷航記》裡的史巴克喃喃自語道：「這就是我了嗎？再沒有更多了嗎？」

　　那曾經低迴翻騰的傷痛、過往卻深刻於形的自卑、喜怒駐足的日常情感以及那不斷被謀殺的美夢，該如何自處？

　　聽說《濃情巧克力》能呼喚醒來的慾望，就讓筆所流洩的浪漫隨性地聽任情緒傾吐，無悔地默默接受澎湃於心的非理性⋯⋯，當然也可以第三人稱自我觀照，一個有智慧的「我」，以他的口氣給自己一些建言，一些未來的指引和方向。

（1）讀一本心理學、輔導學的書，藉由它的話語引導妳省視自己。

> **寫作方向**：假書之語，道己之心
>
> 　　說故事的過程裡，其實是敘述者不斷解構、建構的歷程，也是重新看問題的機會。讓問題帶領自己回到情緒地的起點，這個傷痛是何時？何人？何事所引發？這個加諸於你的標籤是誰的看法？其價值觀是？自己如何被內化而深信不移？
>
> 　　透過閱讀心理學書籍，或可由他人經歷看見自我，並找出癥結。

最近讀了羅勃‧傅剛著《生命中不可錯過的智慧——平凡事物的不凡思想》一書，以生活實例點破人的盲點，如九十五街兩旁各豎立一幅又大又醒目的黃黑色標誌，兩幅標誌一模一樣：「此路不通」。在巷子底也是豎立了一幅「此路不通」的標誌，不過還是有很多駕駛者把車開了進來，有幾次開進來的是警車，甚至還有消防車。這些車並不因為路旁的標誌而死心，非得一直開下去，直到看到巷底的那塊告示牌才停下來。

告示牌上的警語就像人生迷途中的勸告，如果硬要我行我素，只會給自己帶來不必要的麻煩，更會因為你的執著影響的生活週遭的人。這是從小在耳邊叮嚀不已的聲音，然而正因為許許多多警語假借傳統、迷信、教條、規範附身，因為「不聽老人言，吃虧在眼前」的經驗談，而錯失嘗試、挑戰困境的勇氣，而讓我畏首畏尾，動輒得咎。

其實，就是最後落得「此路不通」，但也因此觀覽小巷風光，不是嗎？很多小小的奇蹟降臨在平凡人身上，偶爾享受那種驚險後的欣喜，那發現與証實的安然，不也是收穫？（楊燦語）

（2）寫一封情書給過去任何一個階段的妳自己

以書信體書寫的奧妙在於一個人對另一個人私密傾訴，在一種封閉且對內的形式中，進行回顧與冥想。那或許是多年前那個需要溫柔、需要歸屬感而今尚在我們心裡的小女孩，或者飛揚的得意時光，耀眼得可以閉起眼睛而聞到它的氣味，或者是暗淡寂寞的低潮，請詮釋她、解讀她、批判她、鼓勵她乃至安慰、歌頌她。

寫作方向：寫信給過去的自己

1. 怎樣的過去，讓現在的你覺得滿足愉快？

2. 在個性行事、情緒與人際關係、活動態度上，過去與現在的你有什麼不同？

3. 有哪些寶貴的特質能幫助你面對現在，或度過未來阻礙？

4. 哪些特質形成你對人生以及自我的看法？會使你走向你想要的人生？

5. 給過去的我一個擁抱與讚美，記得並感謝過去。

　　現在的我幾乎快忘了妳當時的模樣，妳和現在的我的生活簡直是天壤之別，我只能憑著回憶去搜尋那時的你和現在的我之間的那一絲情意。

　　還記得妳那時決定要加入儀隊，有一部分也是為了我，希望在磨練後能比別人有更好的體力來保護我，有更堅持到底的耐力以支持我。現在，我終於體會到妳的用心，而且正享受著妳努力過後的成果。

　　當初妳真的嚐盡了責罵、操勞等身心上的苦頭，但妳總是一個人默默地承擔下來，也因為如此，才能留給我永久美好的回憶以及快樂的時光。我翻開課本，想試著把所有對妳的思念暫時完全拋開，甚至抹滅，好好專心唸書，不想讓妳的身影在我的腦海中徘徊。但我怎麼能呢？當我聽到學妹們充滿活力與朝氣的答數聲；當我看到學妹們精神抖擻和迅速熟練的槍法時，我聽見妳自信、自得的心聲，陽光照在妳漫步在校園的身影，就像太陽女神一般。

　　小巧的個子，拎著一把長長的黑槍，站在眾目睽睽的舞台上，妳笑出最燦爛的笑容，舞出最有自信的槍法，一拋一接中找到了快樂，一踢一踏中發現了驚喜。我聽見妳自信、自得的心聲，陽光照在妳漫步在校園的身影，就像太陽女神一般。轉動的時光，讓你認識了很多人，也學會了很多事。我為妳感到高興，我也要感謝妳在決定或從事一件事時都常會想到我，讓我現在過得一點也不後悔，我要感激妳，更要大聲對妳說：我愛妳！

（蘇絹斐〈給一年前遇見的妳的一封情書〉）

（3）我的秘密花園

　　陶淵明以遊仙為基型結構，並將其異化和深化，使彼岸的樂園落實於世，創造出人間淨土「桃花源」。《簡愛》裡描繪道：「讓自己的心隨著狂喜的跳動而起伏，在困頓時膨脹，生動時舒張；尤其是，讓自己內心的耳朵傾聽一個永無終結的故事──這個故事是我的想像力所創造，且不斷講述著的；充滿著我一心渴望而在我實際經歷中不存在的事件、生活、激情的感受。」

　　童年的秘密基地、隱藏於心中的幻境，總是收留舒緩的香氣撫慰傷痛，鋪著一席柔軟等著傾聽。如果上帝給你一畝地，想想，你會「種」什麼？為自己量身定做一個天堂吧！由在一畝地上種的「夢想」，你是否發現自己流著道家的血液，自己是陶淵明再現!!於是，我們應證了「自然」是最後的歸宿。

寫作方向：勾勒私密情境

　　以圖示、彩繪、文字、符號⋯⋯敘述出心中秘密花園的樣貌。

　　我的秘密花園座落在一個沒人知道的小島上，外面有玻璃罩著，就像溫室一樣，裡面儼然就是一個小型的熱帶雨林，種著高大的、板根的、藤蔓的、奇形怪狀的、有迷人味道的、有特殊功能的（ex：食蟲植物……）植物，還要有人造的河流在樹叢間穿流，而且定期會下人造大雨，就像真正的雨林一樣。當然還要有一個似金銀島的湖，我可以乘著小木筏在黃昏與初朝迎接陽光，樹林是各色鳥類、猴子等熱帶動物的家。（張瑜軒）

　　說真的，我有很多個秘密花園，但他們都存在於我的腦中。如果可以的話，每晚睡覺前我都會進去逛一逛，也許是編個故事，假裝自己是裡面的人，或是聽音樂，假裝自己身在某處。比如說：聽聽帶有海潮聲的音樂，就彷彿置身在海邊，吹著海風，踩在沙灘上。最近看的小說、漫畫或連續劇，甚至是夢，都會給我靈感，在腦中想著我所希望的結局……算是有點冥想吧！有的時候還會有多版本的結局唷！所以我的秘密花園，是靠著靈感建構，可能今天想的是這樣，明天又是另外一個，場景隨時在變。（李翊嘉）

　　「我們不能決定生命的長度，卻能決定生命的寬度與深度」。我的能力？我能……我會……這些預測成就的指標，內在自我力求延續的努力像羅盤引領自我走向目標。了解「我是誰」固然重要，但是什麼使自己成為現在的我？以及未來想成為什麼樣的我，理想生活型態是什麼？我要過怎樣的生活，走出一片天，……這是社會期待，也是存在的主題。

　　人是生活意義的詮釋者，了解有哪些故事，哪些主題塑造一

個人的生命，尋找看不見的故事線和增強這些故事線，讓我們發現到底一個人的生活中有什麼是最有意義的，確立形塑建構自我的基點。

建構自我，人生腳本

蔡源煌〈錯誤〉寫道：「飛逝的車身，是俗世的時光歲月；車內日光燈所照亮的部份，幾乎一伸手就可以觸及；在黑暗中，一定有著什麼我所看不到的什麼東西冥冥之中在你裡存活著。」「顯在」與「非在」，就像一扇門內兩個存在者，一扇門喚醒了我們一個兩層面的夢，並讓門知道它是雙重象徵的門。

《華嚴經》裡一段寓言的意象是這樣的：在因陀羅天堂，據說一張珍珠做成的網絡，它的排列方式使得你在看著其中一顆珍珠時，同時也可看到所有其他映在它上面的珍珠。同樣的，這世界上的每一個部體都不只是自己而已，而是關乎其他每一物體，事實上就是其它每一物體。正如每一個細胞都包含了我們的整個存在，每一縷思維、每一個夢也都包含我們整個自我。

這說明我們的夢想若非已存在我們內心，我們根本無法夢到它們。無論那顯現或非在者，那被確知或不以為意者……其實都反射著我們諸多面目之一，標示著昔與今、當下與夢想的位置。

一、拿手本領金字塔

任何的存在都可以化為金字塔，它是累積而生的頂端，是底層的起步；它也是比較後的漸層，是遞變淘汰的證書。但在人間

標準所畫設所矚目的金字塔外，最重要的是你自己所架起的金字塔，它讓你在不斷反省，發覺自己的長處，明瞭自己的興趣以建立自信，定出人生方向。

（1）能力標記圖

　　盤點自己的能力如熟悉漫畫、某類音樂、球賽、專長整理房間、室內佈置、記電話號碼、對人名過目不忘、方位感特佳、對流行嗅覺敏銳、公關打得行……及自我評鑑所學的科目中，有哪些條件比別人佔優勢？過去經驗是否可否可轉化為有利因素？所會的才藝在同學間的位置？在這樣本領中你最佩服的人是？ 再舉金字塔最頂端的本領說明學習過程、狀態、心理、所遇人事與時空、苦與樂，並畫一張未來想擁有能力或學問的金字塔圖──未來讀書計劃。

　　寫作方向：

　　說文解字上「比」的解釋是密也，二人為從，反從為比，凡比之屬皆從比。比，通常是與他人相比，它或許是刺激進步的殺手鐧，但往往也是打擊信心的致命傷。這次，不與任何人相比，也不因任何事相較，而是與自己所有的能力相比較。

　　請列出你所專長大大小小的能力，無論多麼微不足道，多麼不起眼，多麼平凡，多麼尋常，只要屬於能力，來者不拒。

　　接著將這些能力依擅長程度置於金字塔中，並寫出最高點最棒的能力是如何達成的？妳想提升那些能力的

位置？在你成就的經驗中有什麼可以轉換的方法？你曾
以什麼樣的嘗試或心情面對這些能力？

　　在這個宇宙裡，每個人都是一個發光體，或吸收日月光華，
或折射夜空星輝，或迸發自我成為一束光源。佳嬿在拿手本領金
字塔裡，逐一解讀自我於文字間穿梭所煥生的光彩，設定未來的
方向，同時檢視鴕鳥心態的低迷與期勉：

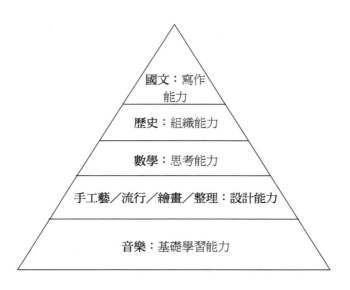

國文：寫作能力

歷史：組織能力

數學：思考能力

手工藝／流行／繪畫／整理：設計能力

音樂：基礎學習能力

　　當在金字塔最上方填上國文的寫作時，其實心裡出現了很多
質疑的聲音：這很了不起嗎？這應該算是專長，還是興趣？

　　但還是很高興自己在心血來潮，用文字繪出美麗風景，很多
文字會自動在我眼前飛舞，像一把一把鑰匙長了翅膀，它們能夠
開啟我的心中那些永遠無法打開的門。也唯有沉溺在創作那沒有

盡頭的大洋，我才能找到那隱藏在單純面貌下的真實自我，這才知道原來自己也有冰冷淡漠的一面，原來自己也有那些不想面對的……只是自己選擇遺忘。原來小時候天馬行空的想像力，那早已被現實淹沒的幽思……我以為再也找不回來的渴望，都能在一字一句間實現。

仔細想想，自己從沒有很認真的想要使它「發揚光大」，寫作之於我最初似乎只為了一些孩子氣的任性妄為，覺得那些作家們好像用了魔法，在書中施了一個個咒語……。我想，選擇進語文資優班，也許有一部分的潛意識是希望自己的筆可以繼續存在自己的生命吧！現在我想要讓它變成專長。

未來很想讓自己的數理好一點，因為我的數理真的是……慘絕人寰到了一種極致的地步，尤其是物理，根本是從翻開課本的那一刻起，一路神遊到最後，看到牛頓開始產生怨念，看到愛因斯坦開始咒罵……打從國二接觸理化以後，分數就只能用「慘」來形容，只要遇到理化課就想裝病請假，跟鴕鳥相比有過之而無不及啊！從今以後，我不會再逃避了，我決定要面對它！這就是金牛要命的固執吧。（李佳嬑）

（2）學習風格檢視表

一般而言學習風格可分四種：感官——思考是精熟型（mastery）、感官—感受是注重人際型（under personal）、直覺——思考為理解型（understanding）、直覺——感受則是自我表達型（self-expressive）此四風格沒有排他性，只有排序性，每個人不指一型學習風格，而是四種的混合，生命不同時期的學習風格亦不同。

寫作方向：發現亮點

請分析自我學習歷程中在各科表現上的特性，由此可知缺口而補強——了解自我的發展潛能。

學習的方式分為許多種，每個人的學習方式不盡相同，只有找到最適合自己的一種，才能激發自己最大的潛能。

在理科方面，我注重思考，除非經過驗證和周密的思考過程，否則我不會隨隨便便的接受一個新觀念。因為不經思考所獲得的知識便不能稱做「自己的智慧」，如果只是囫圇吞棗不經消化的記憶所有書上提到的知識，這些知識將如過眼雲煙，要不了多久便完全從腦海中消失。

在語文方面，我注重閱讀和表現自我的風格。語文是一種藝術，除卻廣泛閱讀於提升文學素養，還要有自己的聲音，自己的文字。閱讀是傾聽，而寫作就是發表，學習語文要雙管齊下，才能提升、充實自己的靈魂。

在社會科方面，涵蓋的範圍相對廣泛和瑣碎，而且也有許多「特例」。因此如果不斷的鑽研細節而忽略主題，很容易因小失大，小學大遺。融會貫通相當重要，無論是歷史、地理、公民都是記憶性的科目，如果沒有整體性的探討，很難將瑣碎的學說、觀念靈活運用。（曾馨儀）

反省是面對自我的必要，是突破過去的前奏，提供嶄新姿態的可能。無論是另闢蹊徑，或新視角的追尋，都代表一種勇氣，馨儀在入高中的第一篇筆記裡敘寫個人學習風格，正見其追求成

長的企圖。

（3）滿意度與期望值

自我的重要成功經驗能累積成為正向功能，使你覺得非常樂在其中，因而簡述成功經驗的過程中，看見自己以主角的身分做了什麼？如何面對問題？解決什麼問題？

寫作方向：自信指數

以數據表、曲線圖……勾勒出對自己的滿意度，並說明對自己最滿意的地方是？對自己的期望值？以此帶出希望的目標，以集中力量，引發潛能，培養自性自信。

俗話說天才就是擺對地方的人才，了解自己才能百戰百勝，事半功倍。

我最有自信的是領導能力，而最大的缺點大概就是專心度不夠和不能持之以恆，往往是興致一來就可以花整個下午在同一件事上，但如果沒有心情，可能該做的卻拖上老半天。

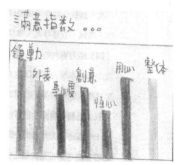

對我的未來，也許現在定下目標有點早，畢竟人生還有許多選擇的道路和時機，目前是希望可以成為律師或老師，這和我的自信及領導力密不可分。除了工作以外，我希望有機會能夠去體驗許多不同的事務，學習不同的

事務，畢竟學習是很幸福的事呀！（王馳萱）

二、未盡的追尋旅程

（1）已然的學習實況──整理學習檔案成為一本私房書

 寫作方向：

1. 請選出這一學期作業中最滿意數件，添上圖片或裝飾、後記置於講義夾，並寫下重讀與收拾的心情，給自己一個天花亂墜的贊美──加上書名、目錄、序跋。
2. 建議到書店中尋找靈感、撿拾落葉花瓣做為裝飾、鈕扣撕畫貼紙色線當目錄指引……為這本世界上獨一無二的書標誌個性與美感。

血蛹期──羽蝶之前的過程，不是最美的，但，卻是最珍貴的悸動。

革命的一生：一生的四個階段，代表著四種不同的蛻變……

目錄

蛹夢的痕跡一、序──毛毛蟲的自白書；二、摧毀依戀的蛹──尋找我是誰、我是誰／小畢的故事／詩朗、雙重逆向的血革──雙刀：殺夫／牛車、蟄伏的沉思──我思故我在：左忠毅公逸事／天下第一棋手／齊桓公與管仲／演說辯論之路。

序──毛毛蟲的自白書

從孩提時代純真的童言童語，到初中的為賦新詞強說愁，我曾寫下千千萬萬的心緒思緒，有初春繁花的喜悅，也有深灰與淡藍交合的憂鬱，至今，我仍然不停寫下，寫下那些還滯留在真偽情緒中徬徨的符號。

文字，總是帶給我深深的神秘，總是讓我在碰到它時，從簡單變得複雜，也因為這樣，我的課本從國語變成國文，從白話文變成古文，而我的思路也從一個簡單的字變成一首詩，從一句平凡的話變成了一篇文章。有時，這樣的文字鋪陳，不禁讓我想：這真的是我嗎？是我想說的嗎？是我想表達的心情嗎？

一連串的問號竄入思索著文辭的腦袋，翻騰又翻騰，然後，沉澱在思考線的最底層，就像深海的泥沙一樣，終至不再流動。然而總是在我卸下回憶心情，準備將它裱起來時，那些天花亂墜的裝飾，就會闖入裱框，佔走空間，俗稱搶鏡頭。然而這樣的紀念，是情溢乎辭？還是辭溢乎情呢？一邊讚嘆它的華麗，一邊想著它的真偽。我這段時期的創作，就是在這樣複雜的情緒中誕生的。

起初，我不太喜歡這種感覺，每次都要肝腸寸斷，欲拒還迎才寫得出話來，有些假，有點累。但若不動我的腦，寫下的就是單純的快樂、喜悅、高興、開心，活生生的簡單，血淋淋的淺白，幾乎沒有情緒的深度、思想的起伏，感覺很小孩！然而，漸漸的，我對這種文字另一種看法。

從小時候，只懂得說喜歡跟討厭的自己，在了解更多中國文學的博大精深之後，知道喜歡可以是用紅絲線緊緊纏住的迷戀、可以是用枷鎖禁錮的苦戀；而討厭可以是勢不兩立的恨，也可以

是由癡迷等待而生的愁怨。

　　這才知道，用文字表達心情，沒有絕對的準確、沒有絕對的用法，就像人的心一樣，瞬息萬變，快到你用一分鐘 120 字的打字速度，也絕對跟不上，遑論用手寫的了！我想說的是，其實那些裝飾，不僅僅是裝飾，那可是我心中那些珍貴的聲音啊！亡佚的那些，有的是太難以表達、有的是在我所理解的範圍之外、有的是在我不知不覺中散落到我腦袋的某處……。原來，這才是我進步、成長的展現，在我越能了解我心中想法的同時，也正意味著，我更能用文字，去描繪勾勒出自己心中的想法了！

　　蛻變的成長，總有無情的逆向衝擊。從毛毛蟲蛻化成蛹，這種莫名的停滯與蟄伏，著實讓匍伏的蟲兒露出凍結的驚恐，然而，明白了在羽化新生的時空齒輪間，幻化的形體與詭譎的面貌之必然，殘酷而深沉的毀滅與等待就成了振翼重生的前哨戰，眼淚也化成養分，在蛹夢的軀殼裡不斷的破碎，成長。（陳玟瑾）

（2）待續的學習空間

　　就像卡爾維諾在《如果在冬夜，一個旅人》所說：「你未讀過的書，你打開前已讀過的書。如果你的命不只一條，必定會讀的書。目前太貴必須等到清倉拋售才讀的書。可以向人家借閱的書。人人都讀過所以彷彿你也讀過的書。好久以前讀過現在應該重讀的書，你一直假裝讀過而現在該坐下來實際讀的書……」

寫作方向：

　　請為自己設計一個幸運福袋，裡面裝著想讀、想學、想說、想寫的書與 CD、才藝與專長，藉此為自己

> 許下一個好大喜功的夢想、一個不知天高地厚的方向、
> 一個不負痴狂年少的理由……。

我是個貪心的讀者，每次逛書店總是手很癢，眼睛很癢，看到好看的書，就克制不住地想抓住身邊任何一個人分享內心的狂喜。逛圖書館時，總是想把每一本都借回家狠狠的讀一讀，但是礙於時間限制，從來沒有付諸行動。

從一年級開始，我一直想好好的讀一讀普魯斯特的《追憶似水年華》。想像自己拿著這本書，走進 starbucks，挑一張面對落地窗最體面的高腳椅，燈光是很有氣氛的灰灰暗暗，有點輕鬆柔軟的橘，冷氣近乎秋水般涼，穿著薰染學術氣息的小薄外套，店裡放著 Stevie Wonder 或是 Norah Jones 的 CD。JAZZ 輕輕柔柔的漫步在空氣中，是舒服到有點快要睡著的那樣，很輕很輕，像羽毛般的音符，隨著歌手隨意的調調漂浮著忽上忽下，追憶似水年華的步調也是慢慢的。

回憶、現在、回憶不斷的交錯航行在主人翁內心的意識流的河，隨意而至，不急不徐，我可以在空閒的片段輕酌一口榛果焦糖瑪奇朵，哇!! 整個把閱讀的氣氛滿足的烘托出來。

哪一天，能這樣幸福的讀書呢？（潘禹涵）

我一直都很喜歡「書」!! 不只是「看」書，我還喜歡「聞」書。聞那淡淡的紙漿味上特有的氣息，欣賞那各式各樣的封面，或是用大拇指滑過一頁頁的紙邊，放在耳朵旁做虛擬的海浪聲。

我認字認得很晚，也很慢，第一本接觸的書是一本無字的

「圖畫書」，那是外公外婆在我出生的時候就買下的賀禮。那書，早已不知去向，但故事內容及豐富的色彩卻仍在腦中徘徊，甚至是印在心版上‼

開始上學後，家中出現了一個大大的書櫃。一層一層地堆起了我的知識，一套套的百科、成功名人傳、世界歷史、自然文庫、童話列車……。從簡短的散文到冗長引人的小說，從細膩繁雜的古典至亮眼創新的現代，從散發著古樸茶香的中國邁向如濃郁咖啡般的世界，疊起我的想法及思考模式。

最喜歡的閱讀環境，是夏日的客廳窗旁，倚著窗台沐浴在耀眼卻柔和的陽光之中，耳邊聽著的是抒情西洋歌曲，這時若能再為自己泡上一杯香濃的可可，配上瀰漫香氣的花草餅乾，那麼雖在小小斗室，卻彷彿置身田園景致，悠然樂章的浪漫裡。

現在我最想閱讀的是各式充滿異國風味的小說——西班牙的熱情、普羅旺斯的香氣、法國的浪漫、埃及的神秘、北海道的初雪……藉由小說家的筆，塑造我的幻想‼抑或是有著特殊情境的內容，像那帶著陰暗灰藍的色調，恐怖神秘又刺激忍不住想窺視的吸血鬼故事。最近吸引我的是深雪的《愛經述異》，在一間名為 Mystery，一處讓女人實現愛情夢想的內衣店中。凡光顧，就能得到必贏的愛情。一位叫做 Amulet 迷樣的女子，一塊美麗的護身符。光顧 Mystery，尋求那魔幻般的愛情法力。她愛上了吸血僵屍，將他看作是世上最溫柔的男人，但那吸血僵屍，卻深深愛著他的睡公主，於是她徬徨了……啊……現在就等考完試，好好大飽眼福‼（陳均旻）

三、存在的位置——我在哪裡？

觀察並分析我們「現在的景觀」，提供我們一種了解過去的視野。如果在新的現實經驗中，取得新的了解過去的基礎，重新理解過去，或許會呈現一個新的景觀。因此給自己一個解讀的空間，面對當下的存在位置，將有助於塑造理想的自我。

（1）花的解語

以花畫出今日的我／昔日的我／明日的我，你可以同一種花不同姿態表示不同階段的心境、成就；或以不同的花所蘊含的語言來說彼時與現在的特質。

（2）看看別人，想想自己

對照別人座位的號碼，尋找自己座位的號碼：由臺海兩岸同年齡的學生看自己、由同校學生看自己、同家中姐弟看自己、由過去看現在的自己——在方格中標出你在班上／同學／家庭的位置，為現在的自己定位。

（3）潛意識中的我

假想地板上是一個大巨人，你會站在巨人的手掌手臂或是手腕？你選擇右腳左足？還是大腦？心臟？它冥冥中訴說著你的位置與想望。

提起腳尖，抬起脖子，想看得更未來的眼神，發光地直視世界。

玻璃透的晶亮，漆黑星空的閃爍，珍珠白的清明，纖長濃密

的線條，一眨，輕靈話語；一瞟，嗔癡怒罵；一轉，懸著交換，掛著靈魂。

轉動著萬花筒般的圓球，360 度毫無拘束的展開視野，好奇拉開更高更遠的角度，竄動欲望，橫越五大洲三大洋，飛上天空、潛下水底，直奔更古宇宙！（張繼尹）

我選擇站在巨人的肩膀，只因為牛頓的千古名句：「站在巨人的肩膀上，所以看得更高更遠。」雖說位於最高處的頭頂也能往遼闊高遠的地方望去，但做為首腦人物，成敗繫之一身的責任太沈重了。

我喜歡舒服地坐在肩膀上，那裡的風景不一定有頭頂的壯闊，但也不必擔心摔下來時難以忍受的疼痛。肩膀離耳朵最近，象徵最方便領導者納諫。我不一定要當乾坤在握的總司令，但我可以當幕後的推手、智囊團。我的位階不是最高，成功時得到的光芒雖不是最多，但我喜歡幕後推手默默支持的隱密，無需擔心失敗時眾人的怪罪，肩上是輕鬆而沒什麼負擔的。（吳昱嫻）

我選擇的是——肚子，原因有五：一、肚子裡含有許多器官，予人寬容大度的意味，有句老話：「宰相肚裡能撐船」，正是這個寫照。二、肚子是臟腑的保護層，柔軟、有彈性，令人感到被呵護的安全感，同時也象徵能屈能伸。三、肚子謙和內斂，不喜張揚，不爭功要賞，就像是君子不顯露自己的鋒芒，把滿腹的學問涵蘊在腹內。四、肚子看似柔嫩，實則有承載物體的能力，我希望像肚子般替他人分憂解勞。五、肚子具有消化、儲存的功能，知識是需要消化而後轉換儲存為澆灌的養分，在一次次

的實作運用中、使智慧的種子萌芽，直至茁壯為一棵頂天立地的
大樹。面對生活的各種問題，以紮實的根基抵抗一切。老子曾
說：「要守柔弱，戒剛強」，這大概是肯定肚子最貼切的一句話
了！（林郁馨）

　　巨人暗喻未來的社會地位、成就位階。下意識選擇的位置顯
現內心渴望，身體的每一個器官、位置則投射出個性、行事風
格。有的人獨愛耳朵貼近人的內心深處的交談，或愛「怦怦—怦
怦」心臟交響曲簡單節奏帶來的掌聲與勇氣。有的則從生物科學
觀想腦垂腺是人體的中樞，控制著整身的運作，指揮各部位的內
分泌系統，而與頭腦並肩作戰，凸顯領導者的風範。繼尹以眼觀
八方、昱嫻於肩膀上得其安然、郁馨暢談肚之能容與柔軟謙和，
各反映處世態度與自我期許。

四、雕塑未來——我將在哪裡？

　　黑格爾在《精神現學》中認為人的意識統轄著分裂為二的兩
種存在形式，其一為有超越性的或「在看的」自我，另一則為固
定的（無自我超越能力的）自我或稱「被看的」自我。前者如同
一個觀看者，具有主體性，能行超越自我的行動；後者如同物體
或被物化的人，是被觀看的客體，所以僵化不變，不可能超越自
我。

　　沙特將黑格爾這套觀者與被觀者的觀察稱之為「自覺存在」
與「自體存在」。自覺存在始終在尋求自我實現，人類的自由或
解放就來自不斷變動、形成中自我創造的潛力。自由正來自「無

有」——無本質，它驅使人類創造自我，其特色就在不斷更新其重塑自我的義務。（顧燕翎主編《女性主義理論與流派》，女書出版，1996.9.20 初版一刷，頁 78－81）

我們因自覺存在而不斷設計自己是怎麼的人，這過程端賴如何選擇自己的人生，與堅持想法的決心。對鏡的時候，我們總想像一個可能的自己，「他」修正了某些殘缺、填補上某些美麗，「他」是躲在內心想成為事實的自己。現在為「他」刻劃一張以文字為線條的畫幅，期許未來在你的雕塑下，引渡來世。

（1）想像

前生、未來、來生的我，在熟悉的微妙的邂逅或際遇間串聯起因果。

《命若琴弦》的老琴師和《牧羊少年奇幻之旅》裡的少年都有一個目標，那或許以目前來看是夢幻目標，但我們需要一個目標，以帶出希望，把力量集中到同一個方向，好安身立命。

寫作方向：句勤願景

有道是距離不是問題，方向與格局決定未來的發展與成就，再者人不痴狂枉年，大膽地前瞻，小心地觀察，精細地規劃，堅持地經營這一生的夢想！請寫下這狂飆的願望，燃燒這熾盛的願力！

幻想是一面第三度空間的鏡子，它可能成真，也可能就這樣盤旋消失。我時常幻想未來的自己，她會是怎樣的一個人？她會走向怎樣的道路？我總是獨自猜測這個未解的謎。

少女的幻想總帶著風花雪月，「未來的我」或許是個溫柔嫻靜、柔情似水的女子，有嫵媚的氣息，女人的馨香，最好還能文擅畫，才思敏捷，書法蒼勁，丹青一流。至於外在，我希望變成一個處世圓潤、處處討喜的人，而且交遊廣闊，達到「四海之內皆知己」的境界。

我想當平凡人，但想過不平凡的生活，每天都充滿驚奇冒險，工作內容變化多端，日子的推移都在挑戰創意的極限，小成本做大建設。下班後，與摯友暢談生活訣竅及工作點滴，當明日的生活智慧王，就這樣有點普通又不會太普通地過完一生。

這個未來的自己是潛藏於內心的藍圖，似實非真，如夢似幻，和現在的我有相似，卻又不盡相同。她是我幾近完美的雕像，彌補了短處，加強了長處，祈求在我的努力奮鬥下，在不久的將來，她會捨棄背影的身分，轉換成真自我。（楊璨語）

「遠方沒有名字，只有存在

　遠方沒有地圖，只有方向

　我將去遠方走走，心是唯一一個行李」

——鍾文音・帶著心的行李

十八歲，也許不該是想這麼多的年紀，但是，我追尋過，迷失過，到現在，我還不敢肯定的說：我正走在正確的方向。或許，沒有一個人敢這麼說吧！

人類學家一直在追溯人類的歷史，越逼近源頭，越發現不可置信的事實，原來人類的祖先是來自於現在被我們歧視的非洲。生物學家以另一種方式探索人類的本質，基因解碼，把所有DNA序列排出來，一方面可以解決很多遺傳性的疾病，一方面

人類的自大讓他們開始想當上帝。現在是 2003 年，離人類滅亡的路不知還有多久，地球自轉的速度沒有變快，可是我們卻好像一直在追趕著什麼。物理學家說如果我們可以追上光速，甚至超越光速，我們就可以回到過去。愛因斯坦的相對論，讓整個宇宙不再巨大，也不再美麗，我們和整個大自然——不只是地球上的自然——開始失去了平衡。

我無法預測未來，能掌握的只有自己，我對我的心誠實，我的心有無限的力量，無限的空間，沒有時間限制，沒有黑洞侵蝕。我可以是不平凡的，所以我記錄所有想法，讓這些浪漫，這些迷惑，這些單純，不會消失在未來，在成年，讓我的心隨時可以查閱過去的我想了什麼事情，順便把一些累贅從我的心清出。

沒有什麼是永恆的，但是，有心人會讓很多事情變得永恆。

（莊雅筑　十八歲〈未完待續〉）

以分段式的組曲所形成的多角度面相來呈現自傳，除了有回憶錄的敘事，還帶著詩一般的跳躍以及小說的對話與情節，使得文章在形式與內容上表現繁複的顏色，深深淺淺的聲音。

雅筑善營造各種意象，如點滴瑣碎的資料、刻鏤於樹林生命裡的弧線，單純而生動的神話結合改編的魯賓遜標誌出夢想的執著、以歌名作為曾經癡迷的座標、鮭魚寫溯源的宿命、基因光速追趕出相對的無解……襯托出生命創造的變與記憶存檔的不變。

一如這篇文章止於「未完待續」，個人乃至人類的歷史就這麼在「方向」與「追尋」間，讓「年輪」與「流行」齊奏出飛揚的戲碼。

（2）願像

閱讀社會、市場、個人能力、性向、大學科系──找自己志願群。

「願」的心理學意指人的本性或潛能。「願」是原來，如從所來；是如此，如現在，如當下。從另一個角度來看，不能如願就會有怨，怨是願的替身，因此從抱怨透觀心願，往往更清楚的聽見自己追求的方向。找到願才能成為一個自性充滿的人，有自性才會有自信，因此，知道你是誰，才會知道你要去哪裡！

寫作方向：

請參考性向測驗對能力的解讀，透過自省及師長朋友的敘述認識自己的才情，以各種方式關心未來社會的發展，勾勒出你之所以選擇某科系的原因。

在大學甄選時教授們在口試中，最常問的問題便是為什麼選本系？你對本系的認知是？你想從中得到什麼？佳青是這樣深刻的打動師心：

我選擇民族系還有另一個理由：不管是蒙古帝國還是滿清的康雍盛世，都是以異族統治中原卻能將中國治理得井井有條。我時常思考一句話：「非我族類，其心必異」，「姬漢舊邦，無取雜種」是站在什麼樣的角度所作的批判？

在以漢族為本位的古中國，少數民族被視為蠻夷，這除了反映霸權宰制，也顯現民族間壁壘分明的對立。然而隨著優勝劣敗的演進，有些民族被同化了，有些早已被埋於時光洪流中。事實

上，每個民族都有其無可取代的獨立歷史文化，沒有任何國家有權銷毀之，況且一旦文化消失了，便再也聽不見他們的聲音，這不僅是民族的損失，也是世界的遺憾，特別是當在「大一統」下所有獨特文化都被弄得面目模糊時。因此，我認為在現代社會，不同的民族更需要尊重彼此文化，民族的融合要以「不剝奪他族的原始文化」為前提。

如何讓世人看到各民族燦爛的色彩？如何讓世人尊重文化間的差異？如何讓世人欣賞各地風情以豐富自己的生命？這，將是我希望藉由民族系的引領，尋找的答案。（陳佳青〈當一隻鯨魚遇上海洋──我在學術之海的航行〉）

（3）偶像

柴可夫斯基在第一次見到托爾斯泰後，激動地寫了以下的文字：

「1886 年 7 月 1 日，我第一次去見托爾斯泰，心裡惶惑不安，覺得十分害怕。我想，他只要瞧我一眼，就會把我心靈深處的秘密看透。在他面前，人絕不可能把自己心底的邪念藏起來瞞過他。他會像一個醫生檢查病人的傷口那樣，知道哪些部位最敏感。如果他仁慈（他該是仁慈的），便不去觸摸這些部位，只用神情表示他什麼都知道了；如果他無情呢，他就會要用手指頭從最痛楚的地方戳進去。總之不管哪種情況，我都覺得可怕。──不過他沒有這樣做。

這位最會透視人生的作家跟人相處的時候，顯得單純、直率而誠懇，一點也沒那種我原先害怕的『洞悉一切』的樣子。無需『提防』傷人，因為他壓跟兒不傷人。很明顯：他不是要把我當

做『標本』來研究，而是只想跟我談談音樂。他對音樂極感興趣。

......托爾斯泰坐在我旁邊，聽我彈奏我的第一部四重奏中的行板。我看見，眼淚從他臉頰上流下來。在我此生中，作為一個作家，我的奢望也許是再也得不到比這更大的滿足了。」

放眼當今社會最想成為什麼人？原因？其特點？這可能成為妳行為的動機或方向嗎？如果是，請列出達到彼岸的路徑，如果不是，請分析原因，並進一步為想要的自己方向找出方法。

寫作方向：

「偶像」可以是「仰慕的對象」，也可以是「學習的典範」等等。你可以針對這個文化現象，提出理性的思辨；也可以敘述你模仿、追逐歷史人物、身邊長輩、各行各業精英或故事中角色的經驗；敘議兼具，也未嘗不可；但務必建立屬於自己的、首尾連貫的脈絡。（93指考）

偶像是每個人作為行為準則，或是檢視自己的一個指標，但若盲目跟從，反喪失自我價值，迷失在茫茫人海當中。

我的偶像是家喻戶曉的當紅日本歌后——濱崎步，大膽配色的衣著、與眾不同的打扮，嘗試新風格的勇氣、不斷更新創意的舞藝，是每個藝人值得學習的。但萬人演唱會、銷售一空的專輯發售成就、歡聲雷動的掌聲卻讓人們忽略他背後的汗水——從一個清新小歌手變成世紀性流行歌后，需要時間，更需要不斷要求完美的努力與堅持。

　　我也要為夢想努力，更新自己，檢視自己。為理想而奮鬥，比任何事情都值得驕傲，不是嗎？（林之安）

（4）遺像

　　英國大詩人雪萊，三十歲那年不幸覆舟溺亡中，人們為他在墓碑上刻著莎士比亞〈暴風雨〉名句：「他沒有消失什麼，不過感受一次海水的變幻，化成了富麗而珍奇的瑰寶。」十九世紀的現實主義法詩人司湯達，1872 年 3 月 23 日突然中風死去，他的墓碑上刻著他生前用義大利文自撰的墓誌銘：「米蘭人亨利・貝爾安眠於此，他曾經活過、寫過、愛過。」

　　你呢？在離去時，希望世人如何形容你？銘鏤你？你自己又是如何看待這一世？

寫作方向：

　　以遺囑、墓誌銘總結這一生的收獲，低語歲月裡迭宕綿唱的人事情思。

　　親愛的，別為我哭泣，我不在這裡。我是星星夜裡閃爍的溫柔，我是春天溪畔盛開的水仙，我的肉體雖然腐朽，但我的靈魂得以飛翔。（王湘瓊）

　　「OH！別阻攔我，愛冒險的人，是以探險為生命！
　　OH！別擔心我，關心你的人只是在為你探路。」
　　「一場戲匆匆地落幕了！我將沉睡一陣子，等待下一場戲的開演。」（賴欣欣）

又是一個萬籟俱寂的夜晚，你在想我嗎？又是一個難以下筆的時刻，你在想我嗎？

或許不該問你，或許我該問我自己，我是否值得想念呢？其實我真的不知道，不過我希望答案是肯定的。人生於世，大部份都是孤單且寂寞的，但也有些幸運的人，可以帶著美好的回憶離開——而我就是那個幸運者。因為你，在我的人生留下一段美好的旋律！當我走到人生的盡頭，我閉上眼，嚥下那一口氣時，我的嘴角掛著一抹因你而起的微笑，我的髮稍、臉龐都留有你的觸覺和味道。

今夜，你在想我嗎？我希望答案是肯定的。（賴嘉威）

五、結　語

胡適先生說過，不論你出身怎麼樣，你都可以寫傳記。如果認為活得夠精彩 就可能為自己經歷的生命片段寫傳。但寫自傳不僅需要能力，更要勇氣，勇於面對從前的自己。

人是一個大記憶庫，所以時間不可能是去而不往的線性，而是現在與過去同時存在。生存方式中時間都是折疊起來的，如《追憶似水年華》、拉丁美洲的「魔幻寫實」記述過去的筆法。記憶的有趣不是追憶的內容，而在以現在的邏輯、現在的眼光注解過去、拼貼過記憶；重要的書寫的深度、重視的眼光與記憶的感受。

自傳是歷史學對文學的影響，透過破碎、零散、模糊、遙遠的記憶，透過有意無意地重新拼貼過去，在文字娓娓流瀉中，自我逐漸清明。正如席慕蓉所言：「那時候妳就會明白生命中所有

殘缺的部分，原是一本完整的自傳裡不可或缺的內容」。

　　書寫自我生命風景更意味著以發聲來說明存在，以所選擇的方式再現過去，回溯自己的生命史，並詮釋生命時間的意義，當然也可以將自傳視為省思，是自我再現的反省。所建構的圖像或許不是真相，或許參雜著小說式的虛構，也或許有點虛榮的整形，甚至還有一些是塑造出來的面貌。但真實與否並非重點，重要的是藉由書寫的機緣，筆在紙上說話的聲音，我們重新活了一回，我們以新的眼光看待自己，以憐惜的溫暖呼喚那曾經無知、曾經受傷、曾經幸福的生命。在回顧中，走出時間流沙，重新整理自己，看見世界中的自己以及別人生命裡的自己。

　　藉由設計過的步驟為誘發書寫的引線，筆深呼吸著，筆回憶起，筆開始記述，筆耐心提及未來，文字因此被釋放出來。就在說故事給自己聽的同時，曾經擦身而過的人事物景於是被聯繫、被展開來著墨；許多特別的因緣、心態與想法被記錄與歸納，淡出的背景被凸顯觀照，反覆迴旋的重要現象被解讀。

　　藉文字觀照生命，這樣的自傳是深刻勾勒的歷史。

季節流光萬花筒

繽紛的輪迴——創新出場秀
妝飾的花邊——速記寫生帖
感官的凝視——個性化季節
歲月的版圖——風景形塑畫
情思的紋路——渲染人情書
獨特的觀照——匯通拓印箋
奇異的櫥窗——搞怪耍酷章

繽紛的輪迴──創新出場秀

　　時間在洗臉時由指尖流過，季節在行事曆的忙碌間滾逝，生命在如夢的警悟中惘然。活在時間的生命，隨著季節而跌宕生姿；活在季節的時間，也隨著時間而翻飛變異，是以藉由書寫鋪陳季節的容貌，其實也檢視了流過的歲月。

　　歷史的年表記錄帝王將相的功過得失，庶民的季節則展示四時人事的戲碼，傳唱著耕收的樂府。張曉風〈魔季〉一文裡說：「春天我們該到另一所學校去唸書的。去唸一冊冊的山、一行行的水、去速記風的演講，又數驟雲的變化。」於是師生同台，成就出一絪絪素描季節的寫生圖，一疊疊斑斕而新穎的設計稿，一卷卷為季節寫的經傳箋註⋯⋯。

　　設計概念上其一是觀摩前人之作：牛頓曾說：「如果我能看得比別人遠的話，那是因為我站在巨人肩上的緣故。」閱讀經典與欣賞名家便是讓自己站在巨人肩上的方式，因此除老師選文、指定閱讀書籍，讓學生自己尋章覓句，爬梳探索前人作法也是引發自動學習，儲存能量的管道。

　　其二是打破前人之思：哥登說：「後天習得的習慣是一個沒有窗戶的城堡，它把看外界的新方式隔絕了。」這說明知識所造成的固定效應、既有想法，有時會讓心思陷入泥淖。所以鼓勵學生由立而破，繼而建築出自己獨特的視角；建議學生尋找別人沒

有看到的東西，以別人不會使用的方式重新看世界。

　　基於以上觀點，活動設計分刺激創新的動動腦、基礎的入門功夫、獨特觀照的大顯身手以及搞怪變化的創意篇章等四階段。

刺激創新的動動腦

動動腦活動一：春天在哪裡？

　　皮亞傑的教育理論強調孩子是主動建構知識，而不是吸收老師所解說、所陳述的資料。而美國心理學家布魯納（J.S. Bruner）則認為，實有的心靈是建構客觀世界的來源，以心靈創造出可能的世界，強調知識及概念的建構，是在不斷的探索及討論中，優化及改變已有概念及經驗而獲取的。因此以「春天在那裡？」這問題像召魂般的尋覓，像天問似的追思，像高亢的嗩吶伸向四際，只為引出書寫的主角……。其實這問題早有人想過、找過，你看作家們尋春、寫春的詩話：

　　楊喚〈春天在哪兒呀？〉以動物間的對話，串出春之所在：「春天在哪兒呀？／海鷗說：春天坐著船在海上旅行，／難道你還沒聽見水手們迎接春天的歌聲？／燕子說：春天在天空裡休息，／難道你還沒有看見忙來忙去的雲彩，／仔細地把天空擦得那麼藍又那麼亮／麻雀說：春天在田野裡沿著小河散步，／難道你還沒有看見大地從冬眠裡醒來，／梳過了森林的頭髮，又給原野換上新裳？」

　　翔翎〈春訊〉是短而巧的小詩，帶著點童話的趣味：「燕歸是春／花朝是春／偶而落雨是春／一個玩沙小孩的面頰是春。一天晚上／寒氣盡去／那株柳在矮牆邊迅速抽芽／把自己站成一個

春。」

蔣勳〈寫給春天〉著重於「醒」字，鋪陳解凍的溫度，翻身的地氣：「春天是從地下來的／你聽／把耳朵俯在大地的胸口／聽那呼吸／像是大海的俯起那心跳／是萬千雷動的馬蹄／那脈搏／是長河／是解凍的血液／在復活的體內奔走狂驅／春天是醒過來的身體／是要翻動的大地／在最深最暗的地底／開始了心悸／開始了呼吸／開始了醒來前巨大的顫慄／……春天在最深的心底／是真正復活的訊息／是努力要醒過來的身體／是要翻動的大地」

瘂弦〈春日〉以禱告的喃喃祝詞低吟著對春的期盼：「主啊，嗩吶已經響了／冬天像斷臂人的衣袖／空虛，黑暗而冗長，主啊／讓我們在日晷儀上／看見你的袍影／在草葉尖，在地丁花的初蕊／尋找到你帶血的足印／並且希望聽到你的新歌／從柳笛的十二個圓孔／從風與海的談話……嗩吶響起來了，主啊／放你的聲音在我們的聲帶裡／當我們掀開／那花轎前的流蘇／發現春日坐在裡面的時候。」

前人之作是個藥引，為的是引發想法，帶出活動的表情，收集觸發想法與創意的訊息。於是「春天在哪裡？」此起彼落的回應如炮竹響起，黑板上也因此起彼落的應聲而佈滿春之足跡，原來春天在：

風景、日記、舞蹈、繪本、髮型、服裝、化粧、指甲彩繪、雕刻、音樂、新詩、歌曲、小品文、小說、情書、日曆、打油詩、廣告、笑話、數來寶、香氣、短劇、俳句、顏色、動物、兒歌、手語、家具、相片、春聯、建築、裝置藝術、卡片、床單、相聲、書法、舞台劇、植物、漫畫、心情、天氣、溫度，店鋪、

櫥窗、百貨公司、商品、行道樹、表情、人的性格外貌、動作聲音……

你發現了嗎？在它們身上藏著顯著季節的存在，唱著奔放著季節的聲音！

動動腦活動二：四季之歌傳統版

找到季節漫天漫地的出現場合，接著便是歸納前人著墨的焦點中，有多少種取材途徑，經驗迴響間冒出：

風景、天氣、花草植物、人物階級（如清・鄭燮〈四時農家樂〉、元翁森〈四時讀書樂〉）、詩歌裡的四季、音樂裡的四季

動動腦活動三：四季之歌創意版

有道是：文貴新、意貴奇。《鏡花緣》裡楊貴妃命百花同時開放、張曉風為春作經傳箋註、簡媜〈夏之絕句〉著眼於蟬聲……都是獨特、彈性、變調的另一種方式書寫季節。新新人類在表現形式上更可以耍酷！你瞧，黑板上集思廣益下所冒出的點子一個比一個炫呢！

表現形式：判決書、病歷表、診斷書、處方箋、經文箋註、傳記行狀、書帖旌表、章奏表議、尋春梅啟事、徵夏雨啟事、警告溽夏啟事、罰單、記功碑、追捕令、追緝令、拘捕令、召集令、動植物生命能量評量表、溫度計、四季對話錄、廣告文案、送秋序、召冬魂、下逐客令、毛遂自薦文、菜單、訪問稿、劇本、歌曲、通訊錄，招牌、書信、便條、條碼、書籤……

取材內容：水果、歷史現場、典故、農民曆、節氣、料理、飲食、氣味、樂曲、戲劇、流行櫥窗……

動動腦活動四：四季的運用轉嫁

　　風雨的四季、成住壞空的四季、氣溫與心情指數、文學作品中的季節性、藝術建築舞蹈的時間、騷人墨客風格的生命感

動動腦活動五：季節聯聯看

　　一連串腦筋急轉彎目的在打破慣常處理訊息的模式，如想到春天，概念投射出的畫面不外乎「花紅柳綠」、「蝶亂鶯飛」、「青山綠水」……等視覺性的指陳符號。在 Richard Dawkins《自私的基因》裡說道：「科學最大的貢獻，與其說是提出理論或揭開新事實，不如說是發現以新的方法看舊理論或事實。」這意味著改變眼光可能可以達到比理論更高的境界，它可以推向全然的思考狀態中，獨特的觀照眼光。

　　於是有下列具有創造性的新奇類比：

春 鳥鳴、花、徐志摩、新詩、王羲之、唐寅、啦啦隊、蝴蝶、小草、秧田、驚蟄、七分袖、笛、余光中、園遊會、春煙、玫瑰花茶、小夜曲、冒芽尖的樹梢、大地的交響樂、無限供應的電風扇、風情萬種的女人、婀娜的少女、百花的樂團、春雷是大地的絕響、蝶亂蜂喧的樂府、茉莉花香絲巾、林清玄菩提系列的偈語

夏 青草、迷你裙、嗩吶、蒙古包、銅鑼、H_2、O_2、梵谷、蔣中正、兒歌、陽光、夏至、交響樂、向日葵、香蕉船、宮體詩、圓、奶茶、菊花茶、汽球、驪歌、木棉、鳳凰花、化學的催化劑、蟬的盛會、冰淇淋的墳墓、冷氣的情人、椰子汁、戀愛的捷徑、比基尼辣妹、海灘、椰風、景美、裙子的季節、虯髯客、項

羽、蘇軾、顏真卿、成吉思汗、朱天文華麗世紀末的色彩

秋 白露、死刑、安眠曲、咖啡、貝多芬、邊塞詩、大漠、暗紅色、離別、提拉米蘇、楓葉、苦澀、燭光晚餐、癌症、腳踏車、漁人碼頭、莫內的色彩、身在異鄉的旅人、胃的吶喊、瑟縮的老人、蕭的代言人、掃把的舞台、張繼、帕德嫩神殿、李清照、大提琴、荊軻、佛羅多、麥克阿瑟、低音號、鍾怡雯私語的長髮、周芬伶低泣的衣櫃

冬 冬至、湯圓、古文、喪禮、墳墓、簫、小調、睡眠、冷凍庫、十大酷刑、吸血鬼、圍巾、鞭炮、悲慘世界、長篇小說、恐怖片、低音號、玉樹銀花、琦君的紅紗燈、林海音爸爸的燈花落、普洱茶、棉花、辛棄疾、野性的嘶吼、一曲輓歌、為了救贖而存在的靈魂、垂死的青鳥、歸零、休止符、孤傲的銀狼、生命之轉捩點、一位執著而無悔的旅者、銜玉而生的賈寶玉、林沖夜奔的惶恐、魯迅吶喊的風箏

　　有人說：「沒蘋果樹就沒有牛頓，沒有萬有引力定律。」但這棵在英劍橋大學三一學院的蘋果樹，在牛頓前已有幾十億人見過，因此不是蘋果樹成就了牛頓，而是牛頓打破模式思考。作文教學中，如果能突破過去經驗、習慣決定的例行公式，而觸動創意，發現獨特的關聯與互動，將讓筆下靈思躍動，時有新意。這一系列藉由描繪季節這麼熟悉題材的書寫歷程，企圖透過活動與激發訓練，讓學生從定型的想法中脫離，改造固定的形式，架構出新的表現向度。

妝飾的花邊──速記寫生帖

　　繼前階段打開學生既定觀見與思考模式之後，每個人心裡湧出躍躍欲試的音符，光怪陸離的點子。然而在著手寫作時，如何把新方向落實，將新構想化為被認同的文章，仍必須由基礎功架構漸進，才能有組織有層次地表現出自我風格，將富有想像性的創意精緻而完整地呈現出來。同時，讓語文能力並不突出的學生，藉以補強寫作技巧；讓語文能力高的學生可以在基礎練習上，加上變通而展現新奇。

入門功夫一：各種修辭妝點出的季節形貌

　　張默將夏譬喻為「就是航向大少女們，成群結對在戲水／恍若一扇扇川流不息，摺疊風景的窗子」。春則被轉化成：「一絲絲浮雲般的嫩芽／從老樹軀幹的根部，緩緩探出頭來」（《落葉滿階・俳句小集・四季》），足見簡單而生動的修辭有點石成金之效，也是最基礎最實用的造句技巧，自然在描繪季節時不可避免地以其為一種強化方式。

　　寫作方向：整齊中求變

　　讓各種修辭成為風火輪，妝點四季之樣貌，打造季節的個性。

　　如果春天是前往阿里山的小火車，夏天是飛往藍天的飛機，那麼秋天將是海的輪船，落日自地平線消失，彩霞飄蕩在迷人的空氣中。（劉悅如）

　　春天是彩色筆的舞台，夏天是原子筆的搖滾，秋天是素描筆的獨白，冬天是奇異筆的蕭颯。（林君穗）

　　四季，是美麗的傳說。春是粉雕玉琢的小女孩，嬌俏可愛又古靈精怪。夏是充滿活力的少女，開朗樂觀，勇往直前。秋是高貴美麗的女人，典雅有禮，莊重自持，處處展現嫻靜的氣質高貴的風度。冬是堅忍卓絕的女性，以一身傲骨向世人證明她的堅毅。（吳美琪）

　　春天來這戀愛，是小碎步滑來的，優雅一般的舞步；夏天來這戲水，是跑來的，迫—不—及—待，小孩一般。然後，秋天來這小憩，是散步來的，悠哉，悠哉，大手一揮，掌就紅了！這時，冬天來這交際，是奔來的，雪白的舞姿，在呼嘯，風後浪又繼前浪，轟然而下。（陳怡錚）

　　春天是小提琴的舞台，高亢熱鬧的音色喚醒沉睡的大地；夏

天是中提琴的舞台，溫暖熱情的音色籠罩整片大地；秋天是大提琴的舞台，低沉蕭條的音色襯著淒涼的大地；冬天是低音提琴的舞台，柔軟安祥的音色催眠了整片大地。（楊珮絹）

悅如以交通工具結合季節，君穗則以各式筆擬寫，展現新穎想像。踏著「小碎步滑來」輕盈步履的春，像「素描筆」淡雅的秋，飛向藍天的夏以及來交際的冬，因著轉化比擬的調子、排比的陣勢而別開新樣。

入門功夫二：亦步亦趨的仿作

模擬行家句型也是使文句濃密的一種方式，它提供類似寫作線索的情境、條件或資料，營造出寫作環境，能由中刺激學生思考，或開拓新的視野並從其間的線索延伸拓展，同時更可以此做為媒介來觸發靈感，整合舊經驗撞擊出新點子。它也有點像範文，讓學生在仿造中熟悉各種表達形式，消除陌生恐懼，不知所措的心理，而在由換字中感覺到潛在的創新能力和慾望。

故除前述觀摩名家之作以學習技巧外，段落式與篇章間的仿作，皆使學習者能輕鬆下筆，並於變與不變間穿梭自我的見識。

寫作方向：依樣畫葫蘆

名家之作像剪貼簿裡收藏的圖片，湧現企圖比肩的碑誌，不妨依其形式和其想像、乘其意念來段模擬飛行，為自己壯膽，為自己找到靈感與書寫方向。

（1）結構性的仿作：

張曉風〈春之懷古〉以「必然曾經是這樣的」夾帶著說書講古與推測的語氣，從遠而近地剝顯春之足痕：「春天必然曾經是這樣的：從綠色內斂的山頭，一把雪再也撐不住了，噗嗤的一聲，將冷臉笑成花面，一首漸漸然的歌便從雲端唱到山麓，從山麓唱到低低的荒村，唱入籬落，唱入一只小鴨的黃蹼，唱入軟溶溶的春泥——軟如一床新翻的棉絨的春泥。」

詩唯在仿作張曉風〈春之懷古〉間寫秋，跌宕出自我的觀照：

秋天必然曾經是這樣的：一層橘紅色的薄紗，緩緩降落在山頭，籠罩住整個山丘，一叢叢綠葉唰一聲變紅。簫聲圍繞，由山頂傳到山腳，再傳入鄉鎮與荒村，傳進思鄉人孤寂的心裡。秋天，是寂寞的季節。

那樣癡，那樣靜，卻又無法停止的思念。一陣風刮起地面的塵，枝頭紅葉極力掙脫束縛飛往自由，剎時間，山頭紅紗掀起，就連最後一點顏色也不留下，反正秋天就是這麼霸氣，這麼不講理。

秋天必然曾經是這樣的：一位少女的愛情由繁盛、凋落、結束。回憶的文字，刻在片片楓上隨著風，隨著雨，隨著河流，飄向遙遠的另一端。

幽靜秋山暢飲清風的快意。文人彈奏古琴，在古松下、懸崖邊、瀑布旁迎著秋風，激滅寂寞，也彈奏詩意。秋天，是舒適的季節。

風依舊在吹，紅紗縹緲，山影搖曳，一切似乎都太過於安

靜，就像是歸巢的鳥兒，在飛了數千里後，停下來休息。那紅，
就如夕陽西下時的餘暉，釋出最後的光芒，然後結束。

　　秋天必然曾經是這樣，或者，在什麼地方，它仍然是這樣的
吧？穿越過時間的潮流與空間變換，我想走訪那幻象的秋天。
（胡詩唯）

（2）形式上的仿作
　　仿羅智成〈春天〉

噹晨昏的鐘噹噹噹噹噹
噹寧靜的鐘聲噹噹噹噹
噹滿天的落葉噹噹噹噹
噹遊子沉重的腳步噹噹
噹橙紅的馬車噹噹噹噹
噹由遠而近噹噹噹噹噹
噹由遠而近噹噹噹噹噹
噹漸漸走遠噹噹噹噹噹
噹慈母的擔憂噹噹噹噹
噹妻子的盼望噹噹噹噹
噹越走越快噹噹噹噹噹
噹越走越快噹噹噹噹噹
噹不遠的家鄉噹噹噹噹
噹寂寞的西風噹噹噹噹
噹吹拂著寂寞的心噹噹
噹噹噹噹噹噹噹噹噹

噹拖著沉重的步伐噹噹
噹趕路噹噹噹噹噹噹噹
噹馬車噹噹噹噹噹噹噹
噹不遠的家鄉噹噹噹噹
噹寂寞噹噹噹噹噹噹噹　　　　　　　　許佳蓉（秋天）

　　從亦步亦趨的仿作到加添創意的架構自我經驗，這個歷程是小小的跨步，卻逼得同學必須自作家篇章間尋找喜歡的、心動的佳詞美意，無形中也藉閱讀豐富用詞遣句。而這種現買現賣，即讀即用的實用，證實閱讀與寫作間密不可分的影響，同時在意念上、技巧間、佈局中的種種仿傚，讓筆下自然文思汩汩流瀉而出。

感官的凝視──個性化季節

　　羅智成在《亞熱帶習作‧春天》一詩裡細寫春到人間的不動聲色，而又處處可察：「春天靜靜回到街上。一種透明、初生的、尚未鍍上綠色的綠色，正由陽光推廣到遠處掉光了牙齒的老樹上。而寂靜的幼芽在數量上是喧嘩的，它們有著另一種柔軟如玉的綠色，陽光必須深深地照進它們半透明的肌膚裡（如投進熱帶的淺水灣），才能被反射出來。春天靜靜回到樹上。幼芽是轉動的這些青淺的瓷瓶鑲在木質的座上，緩緩地旋開了──不久就將舒展裹緊的綠蔭，像潮濕的，甫成熟的羽翼。」

　　詩人精緻的語言總亮人眼目，如辛鬱〈關於三月〉以色彩觸摸季節：「話題一轉入春天／酒後的紅臉膛被染上／一些些溫柔的藍」。林亨泰〈四月〉一詩中，夏日的天空是：「有胖的玫瑰和胖的太陽，／有女人們在唱著胖的歌，／也有貓睡在那裡的胖的空氣，／還有凝視著我的胖胖的碧空。」「胖」字神氣而誇張地狀寫出夏的豐碩，擬人化的想像與「胖」字疊出夏天旺盛的熱、雄性的光、熾烈的空氣以及如劍拔弩張的猛然英姿。

　　配合作家以感官方式所勾勒的季節風光，除深烙以此方向表現的普遍性與特殊性，也讓學生由觀摩之餘，閱讀同以感官展衍出的多樣寫作風格，從而推演出觀察與書寫的新思維。

一、四季之舞色

令孤楚的〈遊春詞〉從一花之開而知春的到來：「高樓曉見一花開，便覺春風四面來。暖日晴雲知次第，東風不用更相催。」王涯〈遊春詞〉寫出仲春時節桃紅柳綠鳥語花香的艷麗春光：「經過柳陌與桃蹊，尋逐春光著處迷。鳥度時時沖絮起，花繁滾滾壓枝低。」杜甫的〈江畔獨步尋花〉名為尋花實乃尋春，詩中一片鳥語花香：「黃四娘家花滿蹊，千朵萬朵壓枝低。留連戲蝶時時舞，自在嬌鶯恰恰啼。」至於葉紹翁的〈遊園不值〉雖因園主不在而憾，但仰首而見「滿園春色關不住，一枝紅杏出牆來」頓時充滿欣喜。朱熹的〈春日〉詩：「等閒識得東風面，萬紫千紅總是春」，一派天真淳實，他如蘇軾「外桃花三二枝，春江水暖鴨先知」、范成大「土膏欲動雨頻催，萬草千花一晌開」……各以花飛蝶舞生動地春之爛漫。

寫作方向：渲染風箏的顏色

五顏六色讓我們的世界豐富而炫耀，燦爛而喜悅。當我們把視覺印象以文字呈現時，色彩不僅讓每一樣東西有迷人的外表，更鮮活了構圖與內心的交感，而達到渲染的效果。

請以視覺圖景鋪陳季節風光，無論是色彩線條譜成的抽象畫派、點抹渲染的隨意筆記、光影流動的季節印象……捕捉任何侵佔視界，掠過眼角，留駐瞳間的畫面。

　　瑜軒、佳青細繪花葉之姿寫季節之性，蕙瑜、彥蒔眺望的視景色彩，靖容以詩勾勒出金碧輝煌的秋天，以色澤凸顯景物特質，強化情緒波動，各自營造獨特的氣氛：

　　春天藏在含苞待放的百合花裡：沁涼純白的花瓣、粉嫩可愛的花蕊、挺直而不失柔軟的莖幹、修長如舞的葉片和醉人的香氣，就是春天的居所。（張瑜軒）

　　迎面而來的春風輕拂我的臉，從我的指尖溜走。春風，是美麗仙子的秀髮，閃亮成一片迷人的夢境。（詹蕙瑜）

　　天空中飄下淡淡的小雪，晶瑩的雪花像舞倦的蝴蝶，憩息在梅花枝頭，冷艷而純潔，眩目而迷人。（陳佳青）

　　金棕的，純粹的斑爛輝映，是沉甸甸的麥穗在微笑
　　金黃的，憧憬的纏綿陶醉，從閃耀耀的向日葵誕生
　　金紅的，熾熱的騷動飽漲，在血艷艷的赤柿上燃燒
　　蕭蕭枯黃風乾高粱穗桿
　　颯颯淡金雨落叢菊瑩淚

　　昏黃光暈一如莫內的巴黎
　　鮮豔灼熱的輝煌金燒如梵谷的麥田

　　從地平線融和　赭紅鵝黃織成的壁毯
　　包裹著　紅著金色臉頰的

秋（林靖容）

被賦予個性情思與觀照的季節，煥發出來的光彩，何止因為顏色，更因外在情境與內心情思交映。曾經記憶的鏡頭與當下觸動的景致相繫，而萌生出情緒化、個性化季節情懷：

天是這樣藍，日光是這樣明媚。

秋雨催著樹枝上的葉兒，一天天變顏換色，風瑟瑟地夾著寒意，吹落了一些還不十分枯黃的樹葉。惟獨楓葉好似被空氣中的靜謐給醺醉了，火紅耀眼。誰道秋風就非得是：草拂之而色變，木遭之而葉脫？

到街上隨意一轉，路邊攤上擺的，小卡車上堆的，目中所及盡是鮮蔬美果。飽滿圓實的葡萄，有些晶瑩透明，如玉石精雕出來似的；有些渾圓細膩，紫中帶亮活像紫水晶石。黃澄澄的哈密瓜，金光閃閃地逗人喜愛、水蜜桃淡淡的丹紅色，似是姑娘家薄施胭脂般的嬌豔可愛，美得不可方物。

空氣中瀰漫著撲鼻的桂花香，風過處香飄萬里。秋意陣陣濃厚，白日漸漸短，不到六點鐘，夕陽已在西方漸漸地往下沉。山黯淡，雲黯淡，桂花也黯淡，沉暮淒涼之色隨著月夜低吟。

秋，吐露出的是成熟，葉多黃，其色淡，盡是古色之感，蒼籠之慨，卻又不乏繽紛多色之彩。

秋，蘊藏著生命交替滋長的痕跡，一種和諧感謝的美。
（詹蕙瑜〈秋日情懷〉）

二、四季之韻味

 寫作方向：散播時節的氣味

　　揮之不去，飄然而逝的氣味，總在無意間召喚記憶深處的情感，讓逐漸淡去的背影──還原、浮顯。

　　請以個人的符號來定義季節氣味，為穿梭於鼻尖的空氣加眉批，那或許是遠近香氣、深薄氣味，抑或是濃淡花精所勾勒的季節味道，寫下鼻息感覺的箋註。

　　朱自清〈香〉裡問道：「聞著梅花香麼？……／徜徉在山光水色中的我們，／陡然都默契著了。」例文也藉詢問引出春的方位，祐慈靈敏的鼻子聞到花粉說悄悄話，而楓紅甜膩味的溫度，高掛夏之旗幟：

　　春天在哪裡？在普羅旺斯的薰衣草田裡，一片紫色迷霧夾雜著淡淡的香味裡，在暖溼的土黃裡，在法國蔚藍海岸的海邊。……春天，在那裡！（王俐文）

　　春天來了！花粉在空中飄揚，我的鼻子又在癢了！哈啾！不是有人在說壞話，而是花粉在作怪，哈啾！哈啾！哈啾！春天真的來了！（林祐慈）

　　柏油路上冒著煙，那蒸騰的熱氣，讓馬路都扭曲了起來，載著一車車趕著避暑的人，遲緩得像老牛拉車，忍不住不耐煩起

來。夏天或許就是這像這樣，悶熱的溫度把濃郁的花蒸得透出甜膩的味，和在空氣裡，分不出這究竟是股香？還是難忍的燥?!（龍楓紅）

三、四季之菜單

> 寫作方向：拼貼季節的滋味
>
> 　　流轉於唇間齒際的滋味是最煽惑的構圖，迴盪於心魂的感動、激濺腹胃裡出的聲響、唇舌鼻端靈巧的色香，是誘人的盤餐。
>
> 　　無論是酸甜苦辣、糕餅餐飲、宴酌點心端出的季節菜，或者是夏陽麻辣、春雨酸甜、秋風苦澀，或是秋水滑溜、春風甘潤、冬花乾爽、夏蟲腥騷，抑是春雷春雨四季的綜合口味，甚至是季節餐廳——以四季蔬果寫就的菜單食譜、四季花木排列出的餐具，打著季節感覺的餐館類型，如泰式的夏天風情、法式春色光華、中式秋天詩意韻律、北極冬至沉靜光暈……，只要炒出季節浪漫滋味，來者不拒！

　　周夢蝶〈落櫻後‧遊陽明山〉中化陽光為酒：「戒了一冬一春的酒的陽光／偷偷地從屋頂上窺下來／只一眼就觸嗅到／掛在石壁上那尊芳香四溢的空杯。」鄭愁予〈神曲〉則以糕、酒、乳、水果甜蜜蜜的滋味凸顯春之迷人：「春神是一等諂媚的神／她取悅你以聲音　以彩色／以香噴噴的空氣／與暖暖的溫度／泥

土軟得像糕　誘你　等著你／草地像水果盤子／小溪像酒　像乳像愛你的人叫名字」。或許食之味是最家常而又深刻的經驗，在學生作品不乏佳作，有的以蛋糕為擬，法國餐擺出陣勢，或藉棉花糖的形貌狀寫春的口味：

　　四季是綜合口味的蛋糕，春是裝飾其上的水果和巧克力片、夏是華麗多姿的奶油、秋是中間的海綿蛋糕，嚐起來軟軟綿綿、冬是底層的芋泥，淡淡的甜味細細的口感，滑潤如絲，為蛋糕劃下完美句點。（李韋霖）

　　春天就像吃棉花糖，鬆鬆綿綿的、軟軟細細的、粉粉嫩嫩的、摸起來若即若離。（林佳慧）

　　春天最愛喝香檳，以詩意為杯，細啜低迴。痛快飲下一桶黑啤酒豪情的則是夏天，秋天偷偷醞釀香醇麥酒，好跟冬天交換芬芳可口，清爽入沁的加拿大冰酒。（吳佩珊）

　　春季，是完整的法國餐。前菜沙拉是滿眼新鮮的綠意，帶著南歐陽光味道的橄欖油提醒你春天的獨特清新香氣。濃湯，是一道暖流，體溫正隨著之上升……。序曲，就是這樣開始的。接著，主菜便出來啦！有別於沙拉的清爽，主菜一上來便熱情地渲染你的視覺及嗅覺，大片大片恣肆開放的花，萬紫千紅，美麗萬分。就連 sauce 都大有來頭，薄荷醬、黑胡椒醬……不論怎樣搭配都恰到好處，這是春妙不可言的特色。春季，是一個豐富的季節，也是注重口味的季節。

甜點終於出來了，牛毛的春雨精緻地點綴你的心情，讓你快樂而銷魂。（顏廷芝）

如果四季咖啡廳是旅人，那麼行走路途間的驛站，會聽見什麼樣的傳奇？觀見什麼樣的情節？旅人會說什麼樣的故事？在胡詩唯〈有多久沒有看見春天〉一文裡，四季飄蕩出一段段聲情：

你喝過咖啡嗎？歡迎來四季咖啡館。喂！旅人！別急著往前走，何妨坐坐，縱使是匆匆走了，你也無法逃離這裡，四季。

你聞到濃郁的咖啡香了？四季在這裡製造。你累了，旅人，你為追逐時光在額上留下刻痕。暗色系原木裝潢的咖啡館，每一片針葉木中都薰著咖啡香，來一杯黑咖啡吧！我知道你的苦悶，無需奶精或糖粉的紛擾，靜靜的黑沉的是冬天，聽說，芬蘭的冬天就像黑咖啡，靜默間縈繞著思考。快點趁熱喝了它吧！涼了，只會顯得更加苦澀。

三十歲的單身女子，美麗又充滿風情。四季咖啡館是明亮的楓木框窗子，飄著白雲般的垂紗，妳的美麗帶著淺淺的哀愁，不經意的一笑，掩飾妳在長髮中。來杯卡布奇諾吧!?香醇的咖啡加上濃稠泡泡，浪漫又富變化的秋天。當妳喝下泡泡，時間也吞噬妳的青春，不要難過，夏天雖然過了，秋天依舊美麗。到加拿大去走走吧！我在妳的咖啡盤上放了一片豔紅的楓葉，想去的話，我可以請西風送妳一程。

海浪撫弄著沙灘，咖啡館有片巨大的落地玻璃窗，是用來吸收陽光展示樹影的。你赤著雙腳，拿著沙灘排球，一身古銅色帶著陽光般的笑容，是你，正值盛夏的年輕小伙子。你問我有什麼

可以解渴？我替你弄了一杯冰咖啡，冰涼，痛快，浮在咖啡上的冰塊嘻嘻哈哈地撞成一團是夏天。你看到我的價目表了？你大叫好貴，笑容中帶著後悔，是的，夏天是冰咖啡，原本就是難得而珍貴的，快點享用吧！不然，冰塊溶化了，這樣的咖啡就不再快樂。這裡是盛夏的夏威夷，年輕的你，力壯的你。

　　花開了，妳的微笑。我在花叢微風中煮咖啡，妳在花叢中工作，十七歲的姑娘，妳的微笑像柳條一樣。這裡是咖啡館，草青色地板上灑落薄黃的陽光。小女孩，來杯咖啡，來杯特意為妳調配的拿鐵，濃濃的鮮奶和著現煮的咖啡，香醇卻不苦澀是春天。牛奶是早上剛擠的，青春正是新鮮。討厭苦苦的咖啡滋味，卻又等不及想品嚐咖啡，我只好加上鮮奶，再滴入甜甜蜜蜜的蜂漿，是拿鐵是春天的花香，四季咖啡座落在荷蘭的鬱金香田裡。

　　想喝咖啡嗎？到四季來吧！我會一直等你。（胡詩唯）

　　咖啡的浪漫在於濃醇的香氣，在由此蕩開的回甘餘韻間，有喝這味咖啡的感覺，空間流散的心情、燈光、場景甚至可能發生的情節。如果把季節比之於酒，品嚐的將是什麼樣的氣氛？季節的脈動在澄澈的觀照下會呈現什麼樣的溫度？宜嘉以色香點燃秋之明朗，以春夏富麗釀就秋之氣息：

　　秋天，是一罈色極，味美的醇酒。

　　夏蟬沉了，秋蟲眠了，秋之聲寂寂隱隱地，安靜得每叫人忽視。漸弱的三拍子圓舞曲適合步調閒適悠然的秋，豐饒而飽滿的色彩以及蜘蛛絲般黏著果實的氣味，悠悠訴說春夏間所釀成的故事。

　　再也沒有一個季節的顏色比秋更純粹乾淨！艷麗繁複的春夏，總是霸道而強烈地佔領視線。秋天的色彩，是經過春浪漫的渲染和夏蒸溽的過濾，滌洗後保留下來不染凡塵的潔淨。

　　無論是金黃燦爛的稻香，酒紅漫溢的楓香，抑或平淡樸實的枯葉秋草香，全都屬於讓心情沉澱的暖金色調。淡雅的菊，小家碧玉的丹桂亦不遑多讓地釋出甜美柔和的氣息，融入溫婉的秋水中，調和成勝於明艷春花的馨香。

　　倘若，秋盈盈的漫步所帶來的最終結果必定是一幅寂冷的拼圖，我願意用這罈美酒徒求一醉，在燦爛的舞楓，明淨的秋月中走向昇華。（翁宜嘉）

四、四季之疊奏

寫作方向：引吭時序的聲歌

　　聲音在時間中具有的動態美感，如同舞蹈、書法，在秩序與結構之中。行走坐臥、蹲跳奔跑，自有其本身具足的活潑特質與精神面貌。季節猶如一首帶勁的獨唱曲，譜寫出一段又一段流傳於街弄巷道、吟誦於歲月季節裡的故事，請以樂器、聲音、旋律、曲調、韻律……等聽覺形容季節。

　　聲音的節奏、音質、聲調最能響人心情，而那無聲之聲則留給富有想像力與敏銳感知者，如筱曉〈廟會〉裡春鑼響：「望不斷的春天／迴旋／久／久／咚咚的鑼鼓／低低／的禱詞」、夏菁

〈在四月的籬圍──另一個世界〉則是一片鳥鳴咕咕：「在四月的籬圍／　林蔭深處／一種自早到晚／熟悉的鳴聲／　咕咕──咕咕……／在四月的溫床／如花的另一種型態／　以音樂來繁衍／世世代代……／就像那個鞦韆架／在空中搖晃／一種無聲的韻律／　載頑皮的風／　或鄰家的女娃／這般快活的迴盪／若時間的脈搏／總要繼續／　時時刻刻／世世代代」。

　　阿盛筆下的西北雨以繁管急弦般的聲音帶動氣勢與氛圍：「得得得得夾帶著絲絲絲絲，聽聲音，你判斷西北雨在兩甲四方田以外；達達達達夾帶沙沙沙沙，不急，在這五分四方田外；豆豆豆豆夾帶嘩嘩嘩嘩，你坐不住了，拔腿就跑。」（《綠袖紅塵・西北雨》）

　　簡媜〈秋聲〉則以抓狂的風，襲捲世景：「暴風雨甫自海面誕生，一些破了的風，勾在樹枝間，聲音似流浪的倦貓。尋你的路上，槭樹開變臉，枯瘦的三爪葉鋪在紅磚上，像雞爪子，風一撩，彷彿一群驚走的雞。故意踩死幾隻，手中提著今春的翠玉茶，心裡愉悅起來，以一種遊戲的興味觀賞破風、貓嚎以及路旁等車婦人被雞爪扒亂的髮，早來的秋天，真像奸細。」這段聚焦於破了的風聲、貓嚎及風吹亂頭髮畫面、聲響的敘寫，以看似遊戲的興味姿態觀賞秋的威力，卻聲溢其中。

　　季節裡獨唱的歌調、時間流動的樂府、空間傳頌的心情，在蟲鳴鳥叫、花聲草喧、光影疊吟之中詠嘆季節。詩唯捕捉這樣的鮮活聲音，燦語書寫單一中繁複的鏡頭：

　　該是春天了，有人聽見枝頭新綠的旋律嗎？
　　花開了！「波波波」的冒了出頭來，戴著露水珍珠髮箍！什

麼叫「花團錦簇」，我終於見識到了，突然間覺得一切形容都是
如此貼切，因為它就在眼前，特別是吸收莘莘學子朗朗讀書聲的
杜鵑花，因為一群女孩的心美，而更美。（胡詩唯）

　　冬天冷峻孤高，寒霜是傲氣，飛雪是堅毅，昂首千里，一片
艷白盡收眼底，好似一首安魂曲。沒有高亢的分貝，反璞歸真的
樂曲，只剩簡陋的節拍在敲打。枯乾的枝條反射寂寞的優雅，是
懷才不遇的鋼琴師在彈奏失落的浪漫，寒風狂捲巨浪扭曲成絕
冷，形成哀怨的幻境。（楊燦語）

　　春天是一曲千古絕唱的情歌，華麗瑰奇。吹彈欲破的琴聲，
柔情的慢板，似有若無的眷戀，令人陶醉其中。回過神時方覺星
光滿天，清風徐來。（劉懿萱）

　　從教室向外望去，突然察覺那框窗景似乎換了一幅似的。整
個暗灰陰沉的天空，像在路邊被汽車濺起的積水淋濕的大狗，終
於被主人洗乾淨，還原本來白白膨膨的毛色，鬆軟得令人想徜徉
其上。墨綠色的榕樹也抽出新芽，春風拂過之處，似乎都上了
蠟，釉綠地引頸高歌。（吳彥蒔）

五、四季之觸探

寫作方向：撫摸溫度的質地
　　你可曾耽溺於溫暖被窩裡的冬日幸福？可曾室烤於
毒辣兇狠的夏季豔陽？或是戀戀憶起回到嬰兒時溫柔的

春日懷抱？請以觸覺貼近季節的溫度、濕度，藉舔、
唁、拍、揉、捏、擦、搔、擠、壓、磨、撫摸的質感，
相遇時所撥動刺痛、輕觸、瘀傷、重擊、輕推、摸
索……乃至細品季節的觸動，冷熱所跌宕的感覺、麻、
涼、軟、滑、刺、黏、軟、硬、鬆……的震盪。

張愛玲〈第一爐香〉裡形容觸感的濕度、溫度是這樣描繪
的：「叢林中潮氣未收，又濕又熱，蟲類唧唧地叫著，再加上蛙
聲閣閣，整個的山窪子像一隻大鍋，那月亮便是一團藍陰陰的
火，緩緩的煮著它，鍋裡水沸了，噗嘟噗嘟的響。」濕熱的潮氣
與鍋聯繫，讓那不斷漲起的溫度與蛙聲、鍋裡沸騰的聲音形成膨
脹開來的畫面。

同學們或以四季溫度來當座標，寫下或深或淺、似近似遠的
觸動印記，有的則藉躍出面飛魚寫季節清晰的線條與活力，各展
巧思：

春天的觸感是花苞的觸感，嫩的、柔的、溫暖的、細緻的，
而又飽含堅韌的生命。（吳彥蒔）

飛魚從寒冷的海中躍出，水滴在魚鱗上閃閃發光，那一瞬
間，傾訴所有的春意。（李嘉容）

風，透著沁心的冰涼；翠綠的小草，輕快地抖落一身水珠；
花光爛漫、人群沸騰。當金燦燦的陽光灑落身上，當冬眠的觸感
甦醒過來時，當大地的線條活了起來時，我知道：春，已經輕盈

飛舞，降臨人間。（龍楓紅）

夏日午時，燠熱燥人。陽光透過光澤黯淡的窗戶，大剌剌地照進狹小的室內，注視著空氣中的灰塵緩緩舞動的姿態。（姜星宇）

伸出發顫的手握住冰冷的筆桿，不太能靈活地隨意轉動，只能僵硬地像在刻木板一般慢慢地移動。已凍得沒有知覺的手，摸什麼都沒有感覺，這還是我的手嗎？真懷疑感覺神經是不是都被凍僵了？留在手上的只剩麻痺與痛覺。在這裡，所有美好的記憶都變成刺痛的辛辣感，上帝在冬天大概度假去了……（鄭雅云）

夏是我的敵人，炙熱的烈陽澆灑在身上，蒸起一地又一地的汗珠，流出一股又一股黏膩。炎燒的灼燙在空氣中盤旋，皮膚焦黑地起泡，刺痛著末梢神經。海洋的潮濕乘著風而來，在燒灼的黏液中又加了一道悶。

冬天是我的情人，寒風刺骨是我倆最刻骨銘心的觸感；呼嘯撞擊耳膜，是最美的吶喊。北風過海卻不帶來水氣，乾爽，是最舒服的國度。（周芝宇）

歲月的版圖──風景形塑畫

　　季節一方面以其風姿獨特、身影婀娜的景色於天地間形成絕妙文章，其所標誌的鮮明時間，亦承載人存在生老病死的行履、人事生發悲喜聚散的嘆息、歷史盛衰的圖錄。第三階段練習中除擴張四季的象徵時，並著墨於其與文學藝術領域所交錯的風景致，讓人見及時間的有情與殘酷、季節的迭次與輪迴。

　　季節，以各種方式拓印自己的足跡，人們則因各自感受而框架出獨特的鏡頭。

一、集中於變異的圖像

　　屬於季節各自專有的五顏六色，讓抽象的歲月變得豐富而炫麗，飄飛的時間充滿燦爛而喜悅，更鮮活了構圖與內心的交感，而達到渲染的效果。

　　無論是大幅風景畫的潑墨或著眼於一方角落的筆觸，如凝視於夏日陽光的書寫：「形塑夏日陽光中大自然最璀璨的痕跡──綿綿密密的竹編幻作翻飛於空中的美麗雲朵，光線穿過竹雲的網孔，在地面灑成晶瑩幻炫的光點，一股渾厚而騷動的力量就這樣悠然瀰漫在空間的每一角落。」（《文化快遞》38 期展覽文宣）「幾條晨光，像蠶絲撚的繩，自東方拋來，捆收紗帳般的

霧，霧太活，收不攏；千棵松的短針勾了霧角，萬隻蟬的小嘴咬了霧幔，雄壯的山巒忽然翻個身，又壓去了半匹。你看到陽光一個大巴掌推傾山壁。把霧收清楚了。金黃的手印子留在山的臉上，半邊醒半邊睡。」（簡媜〈陽光手印〉）

寫作方向：構圖想像

隨著光線溫度變換，四季交送：春時花紅柳綠、夏來濃林碧草、秋至楓橘葉黃、冬際梅白雪清，……層層光澤，景景畫幅成為最搶眼的焦點，生動靈活地凸顯季節的特質。

請捕捉季節間變動的線條與色塊、躍然的節奏與情趣、繁殖的美感與心情……。

東風夾著春的信息，隨報春的燕子往來穿梭。溫暖的和風在空氣裡瀰漫開，融化了冰雪、抽長了樹芽。鵝黃嫩綠、老紫嬌紅的花燃燒成畫，笑咪咪來註冊報到的新生小草低著頭與蒲公英綿綿情話。橄欖樹的枝頭蘊藏綠意，杏仁樹開滿了白花，火燄般的罌粟欣欣向榮，黃澄澄的葵花隨風搖曳。春，華麗而熱鬧地隆重登場！

椰子樹是夏天的音符，灑落一地陽光，炙熱的紫外線曬得人皮膚發痛，空氣中蒸騰的熱氣，烤得人頭昏目眩。熱魔持續發威，汗，淙淙流如河，火，轟轟烈如爐。（詹蕙瑜）

春天是 50℃ 的溫水，極圈的春天是保溫箱，弱小的生命可以在它的保護下成長；迴歸線的春天，是交換顏色的季，由灰白

變青綠。

夏天是 100℃的滾開水，火不停地在壺底燒，似乎要將人蒸發。極圈的夏是遊樂場，衝浪的陽光旋轉出發酵的笑語；迴歸線的夏天，是變成木炭和熟肉的季節，只能呆在屋子裡冷藏。

秋天，是煮沸後冷靜了六小時的水，回到正常的 25℃，感覺涼爽，不冷不熱。極圈的秋是浮光掠影，倏忽即逝；迴歸線的秋天，是秋葉風吹偶像劇中最浪漫的情景，楓葉蕭蕭落下一如離人淚。

冬天，是 0℃以下結冰的水，將大地冰封，保存。極圈的冬是水晶王國，生物沉沉睡去；迴歸線的冬則是考驗生命力的大考。（劉純萍）

蕙瑜以浪漫之姿色繪寫春花，以誇張之比擬凸顯夏陽、純萍則脫出窠臼，將四季與水結合，分敘極圈、迴歸線的場景，狀敘季節裡人事間形塑的畫面，文筆活潑靈動，如「衝浪的陽光旋轉出發酵的笑語」、「極圈的秋是浮光掠影，倏忽即逝」……等，頗具獨特觀照與文字美感。

二、集中於遊樂的光景

寫作方向：動感戲碼

如果春天是天地開門時，踏青賞花便是獨門的功課；夏日陽光熱情蠱惑下，戲於水濱、風乎舞雩該是最怡人的活動；秋高氣爽，明月如霜，好風如水宜拾葉為

籤薰染筆墨;而北風呼嘯之際,癱瘓於床頭故事,圈出
自我溫暖聖地則是一片靜好。屬於你的季節活動是怎樣
的光景?就讓這獨家活動為歲月把脈,為時間設計廣
告!

海灘是夏天必讀的聖經
清涼的藍天　熱情的沙灘
到處都是來朝聖的人

椰子樹是聖歌的音符
海浪是喃喃的詠詩聲
太陽傘如十字架
一根根矗立著
游泳圈如耶穌頭上的花環

泳裝美女是夏娃
海灘猛男是亞當
夏天　就是快樂的伊甸園　　(魏如敏)

三、集中於群花眾草渲染的季節

花草是天地精靈,在每個專屬的季節裡綻開冒生一片錦繡,
那是最吸引眼光的櫥窗,最挑逗浪漫情懷的激情素,因而作家們
最常用以銘撰季節的方式便是扣住這種種繁華,如由花標記的七

月：「然而《百花曆》裡言及七月是這樣：七月葵傾赤、玉簪搔頭、紫薇浸月、木槿朝榮、蓼花紅、菱花乃實。」（朱天心《古都》）或就花翻開四季：「春天，滿山的杜鵑花在纏綿雨裡紅著，簌落簌落，落不完地落，紅不斷地紅。夏天，他爬過黃土隴子去上課，夾道開著紅而熱的木槿花，像許多燒殘的小太陽。秋天和冬天，空氣脆而甜潤，像夾心餅乾。山風、海風，嗚嗚吹著棕綠的、蒼銀色的樹。」（張愛玲〈第二爐香〉）

張曉風則在春之藝廊、花之展覽中，選擇桃花作為硃批春時之筆：「春天，我們應邀去看畫展，邀請的人是太魯閣國家公園管理處的處長，但我寧可視他為畫廊經紀人。據說上一檔展出的是油菜花，這一檔則是桃花，作者都是同一個，名字叫『造化』。作者的脾氣一向執拗，從來不肯宣佈確切的展期，你只能約略知似乎有動靜了，甚至快要揭幕了，正在大家爭相走告猜疑不定之際，忽然某個晴和的早晨，繁花滿畦，你知道展覽已經開始了。……」（《從你美麗的流域・山的春、秋記事／山坳裡的春之畫展》）

相對於女性作家專情於花之書寫，男性詩家顯然將焦點集中於草木寄託，並結合情緒、生命現象評點季節，如余光中〈白楊〉：「九月啊九月／是誰一張金黃的心／飄飄零零／在風裡燦燦地翻動黃金／翻過來，金黃翻過去，黃金／誰掉了一顆金黃的心？」蘇紹連《茫茫集・秋之樹》）：「樹們咳嗽而肺葉凋落了／一口濃痰；一口血絲隱現的秋。／樹們的手都握住水；沒握住水／一滴滴滑落。枯竭。」

當夏之薰風吹亂，秋風露降，一樹一花之間是宇宙天地，是乾坤歲月。

以「花情樹頌」迎春、贊春、禮春；以「拾花筆記」送春、餞春、祭春。當夏風吹亂椰子樹的髮、菁芳草紫了一地時，以「花草史話」、「花箋草傳」銘記盛暑的溽熱、蓬勃的生氣；秋露降兮，「圖花書草」雙聲複調成為季節裡的主旋律，為這承載生命的循環留存顏色；冬寒逼人，得天獨厚的聖誕紅、傲朗的紅梅依然閃亮，引得回首歲月「憶花事記年輪」的情緒、「擬花抒懷賦情操」的迴響。

請為眾樹作疏證、替萬卉作繫辭，寫下季節經書。

在學生的創作裡，有單純的草莓春情，也有為慾望焚燒眉批夏的狂草：

一顆顆脆弱易碎的紅點瓷娃娃，漾在瀰漫春氣的田園裡，毛絨絨的嫩葉烘托出一張張微風中的笑臉，洋洋灑灑，搖曳生姿，這是草莓園上的春天。（林惠明）

有人說春是花之精靈，帶給大地一片生機。我則想像春是鬱金香，五顏六色的花花衣，含苞待放的神情最令人心動。

有人厭惡夏之濕熱，太陽之毒辣；我則耽於品嚐夏之酸甜，像極了黃澄澄的芒果，令人愛不釋手。

有人愛極了秋的羞澀、枯黃的楓葉，我卻看見滿山遍野的薰

衣草，在容易心碎的落葉季節，沉浸在淡紫色的空間，一切煩惱都融化了，這是秋天薰衣草的魔力。

更有人偏愛冬的酷寒，冷冽無情，我卻愛上只有它才盛產的臘梅山茶。（朱家儀）

我喜歡觀賞走廊外高大的椰子樹，看它在風中小酌、在雨中吟詩，甚至成為灰白的校園中一抹沉默的蒼綠。它最美的時刻，是當夏日肆無忌憚的陽光穿透層層墨綠的間隙，被滿樓金黃照得怨懟的模樣。枝葉不甘心似地恣肆晃動，凌亂如同烏江畔項羽的長髮，永遠無法卸下的耀眼，像在與其淡漠的瀟灑隨性作對。

萬里無雲的湛藍天幕，像是沒有界線的牢籠，在不知不覺間限制了身軀生長的方向。焚風吹來，似在拷問嫉恨那飽滿碧綠的葉梗，火燙的嗔癡在寂靜的校園中蔓延……終於，椰子樹在我瞳孔內燃燒起來，看著因喜樂而躍動的火焰中，那仍在宣稱自己生命主權的蒼綠，我不由自主地笑了。

夏天，是慾望的季節！（姜星宇）

四、集中於畫面的描繪

大凡能感覺到的東西最真實，因為感覺存在於一瞬間卻變化萬端，如果能把一瞬間的感覺寫出來就是最真實、最新鮮的畫。這種帶著個人凝視所框起的鏡頭，像近體詩，在短句中以象寫意。又像馬蒂斯的熱情，夏卡爾的迷離，強調的是藝術材料本身內在個性的發揮，如王維「大漠孤煙直，長河落日圓」、杜甫「細雨魚兒出　微風燕子斜」、溫庭筠「雞聲茅店月，人跡板橋

霜」……既從美的瞬間看到永恆，又留駐動人的影子。

有人說夏天是首絕句，以碧綠的天色、一絲一絲漏下來的日光、吹響藍天的牽牛花、顯出淡綠微黃的顏色的棗子，寫出空間所隱然透露的季節個性。有人說盛夏是青春的相本，也有人從夏遁逝時不忍割捨的黃金陽光讀見它的脆弱：「夏天的結束前那幾個日子，也好像用夏日最後的玫瑰，凋萎了花瓣製成的香精……風吹在稠密的葉間，就發出絹絲摩擦的微響，時間的鐘擺也有些懶散了……也像東羅馬帝國拜占庭帝國的結束，在題寫沒落衰亡末代帝國這首詩裡，詠的必是褪色的黃金風格。」（呂大明〈留它似夢，送它如客〉）

法國浪漫詩人拉馬丁以愛與死的絕美意象呈現依戀之情，描寫秋日夕陽：「這秋日垂死而迷濛的眼睛／是友人的訣別／是死也不能忘情／唇邊最後的笑痕」。

 寫作方向：框住焦點

選擇一個最具代表季節的鏡頭，捕捉光圈、速度，掌握景深、色澤，為這樣的凝視護貝，為如是的感動定格，在文字裡永存。

在同學的觀照中，展開的筆幅間，或是潑濺水光的晨曦裡有國畫式雅韻，有隱逸趣味的豐盛柔和，而集中於天空的圖景也自有一番偏好解讀：

一瀉急流，我緩緩閒至前，波光粼粼中除了一場小魚和河流激狂的拉鋸賽，似乎還閃爍著什麼？跳躍著什麼？我再靠近點，

彎下腰，伸手一觸，霎時……一幅「晨曦東風圖」，在一團團漣漪中交織浮現。

一襲破曉殘月高照，遠處飄散來了個白衣仙子隨風巧佇，幻化成精。有小狗、煙斗、椅子、甚至連傳統雜貨店裡的糖果都有，嵌合在藍色布幛上，偶爾飛過幾隻信天翁，似聖潔白鶴般紆尊降貴地俯下，停駐野嶺。而綠繡眼則是遠眺其下，看松鼠造窩，蜜蜂築巢，樹下的羊咩咩安祥地睡著，抖抖它的小右腿，又翻起身，挨著旁邊有如灰絨般圓潤的溫暖。

雲衣乍破，曙光由遠而至，由上而下。先輕拂青蔥的水油稻田，再行經房舍旁的小橋流水，穿透冉冉上揚的炊煙，綿延覆蓋這片金森林，在樹叢間抖落一地春光。頓時，一張張綠色嬌羞臉龐，輕掩上一薄薄菊黃翼紗。（吳佩珊）

春的天幕太濕潤，如同調色盤中加了過多清水的天藍色顏料，顯得了無生氣；秋天的雲朵太破碎，薄絲絲的殘葉如同撕碎一地的亂紙；冬天的夜風太沉默，冷冰冰的記憶如同陌生人睥睨且不屑停泊的眼神。只有夏天的天空、雲層與熱風，才能真正使我的思緒，穿越歪斜的百葉窗與布滿灰層的玻璃，駐足於另一片清幽的氛圍中。（姜星宇）

五、以故事編寫季節

大自然所發生的各種現象一直是永久的魅力，深深牽動人們對詩情的想像與浪漫的解釋，於是一朵開在水邊的水仙被想像成一個自戀成狂的美少年、竹子上的斑點是帝女眼淚的故事、舊約

「創世紀」開啟時間的轉動。這種種神話渲染出美麗的情節，運用於季節書寫亦能平添風姿，如張曉風（春之懷古）：「而關乎春天的名字，必然曾經有這樣的一段故事：在《詩經》之前，在《尚書》之前，在倉頡造字之前，一隻小羊在囓草時猛然感到的多汁，一個孩子在放風箏時猛然感到的水的血脈——當他們驚訝地奔走互告的時候，他們決將嘴嘬成吹口哨的形，用一種愉快的耳語的聲量來為這季節命名——春」。

寫作方向：架構傳奇

　　為選擇書寫的季節量身定做情節，具體想像所設計的故事的來龍去脈、彼此間關係，並烘托氛圍、雕刻細節編織一段故事。

　　無論是萬物有靈的神話思維，或是結合歷史圖騰的追溯虛構，或是童話式的王子公主篇，都讓季節變得更人情化，如夏華的季節：

　　很久很久以前，有一個國家裡住著四位可愛的公主，分別叫做：春、夏、秋、冬。每位公主的性情正如其名：春公主個性溫柔善良，生得嬌艷動人，讓人暖如春風；夏公主熱情活潑，青春洋溢，總有用不完的精力，像隻彩蝶美麗奔放；秋公主天生體質虛弱，文靜柔順乖巧懂事，是姊妹們談心的對象；冬公主臉上總是陰著一股寒氣，讓人不易親近。

　　歲月如流，小女孩長成亭亭玉立的少女。各國王子、貴族紛紛向國王提親，但公主都以要多陪爸爸而拒絕了提親。……

　　就在招親競藝的最後一天，騎著駿馬的男子，分別是金、銀、黑、白，出現在會場，頓時引起騷動。四位王子紛紛下馬到心儀的公主面前，請公主提出考驗，而其他人像看好戲似的，圍聚過去。

　　第一位出題的是春公主：這裡有一大籠小鳥，我現在把它們放出來，你能在不傷鳥的情況下，讓它們停在你的四周圍嗎？王子聽完後，說：「這簡單！」就從懷中掏出一支木笛，吹奏著不知名的歌曲，轉眼間，鳥兒像是被催眠般紛紛飛下來停在王子周圍。大夥都被這景象嚇呆了！接下來幾位也一一通過了公主的考驗……。而公主們在大家的祝福也高興的嫁給王子，從此過著幸福快樂的日子。

　　春夏秋冬這四朵花，就這麼永遠流傳人間。（夏華）

六、人人都有他自己的四季

　　運用加法原則，季節元素被一一串聯成長長的算式，然後以巧思運算，以彩筆排出演繹步驟，於是每個人都可以發明出創造出自我生命裡的季節風。

寫作方向：串聯拼圖

　　找出你所觀察或經驗裡的季節要素作為書寫點，繼而在落筆輕重緩急間，將這些材料佈局架構成一段文字。

春＝陽光＋小雨＋椰子樹

用春天的眼光尋找春天，發現原來它早已在身邊。無私的一抹和煦，放肆的各色杜鵑點綴出校園裡一叢叢精彩，排列出一片片草地上的浪漫。偶來的甘霖不急不徐，春雨描深了新草的綠，染豔了初生的花，清新了大地。生長在熱帶的椰子樹，在春天別有一番嬌柔搖曳的情調，微風掠過葉的指尖，撩起一簾美夢。

慶幸自己擁有一片春天，擁有這一切清新的氣息。這，是春天，在景美女中的椰林裡。（方晴）

夏＝蟬＋榕樹＋螢火蟲

當蟬兒唧唧聲又回到夏天的記憶裡時，我知道，一個追逐夢想的季節即要展開。

記得那一年聽到第一聲蟬叫的時刻，我曾多麼感動……那年夏的歡樂，夏的離別……每年每年蟬聲依舊，身邊人事卻大不相同。我在蟬聲響起的那一刻跌入記憶中，也從蟬聲響起的那一刻加入儀隊暑訓、為聯考奮戰。夏天，是逐夢的季節。

蟬聲若沒有榕樹遮蔽鋒芒絕對顯得突兀而刺耳，榕樹下夏夜的古老傳說在記憶中重演著，童年輕羅小扇撲流螢的幸福。在沒有螢火蟲的都市，只好把熙來攘往的車燈當成螢光，獨自跌入甜蜜中……這，是夏天，在螢火蟲的夢裡。（林鈺姍）

秋天＝微風＋紐約＋落葉

秋的嬌羞，是進入冬沉睡前的幽柔。空氣中瀰漫陣陣金風帶來的秋信，想起「蒹葭蒼蒼，白露為霜，所謂伊人，在水一方」裡那寂寞而孤獨的身影，想起電影 Autumn in New York 裡秋天的紐約。楓紅色的陽光灑在愛侶之間，無可控制地幻想自己也漫步

其中，牽著溫暖的手，踏在沙沙落葉間，看著大地慢慢進入歇息狀態，慢慢累積足夠的溫暖。

這，是秋天，在落葉的綺想裡。（陳穎傑）

冬＝熱水＋溫暖＋聖誕節

台北的冬天雖沒有冷到如後母般令人咬牙切齒，但陣陣寒風及乾燥的溫度也夠人受的了。冬天唯一的支柱就是熱水，那是唯一能讓手先熱，再讓全身都暖起來的精靈，放縱高溫度的水滑過喉頭，暖遍全身的感覺真棒，那是寒冬裡的幸福。

大地在冬天幾乎是靜止的，沒有喧囂，沒有放肆，沒有爭鬥，也沒有囂張的汗水。低溫中生物努力地尋找熱能，分送溫度，樹枝上相依偎的小鳥兒為光禿禿的大地增添一分暖意。冬天的溫度是冷的，但氣流是溫暖的，在生物取暖間，在人們問暖間。真正有冬天氣息的，是聖誕節的來臨，聖誕老人的美麗神話，年年使全世界著迷。床頭聖誕襪的感動，洋溢著孩童的笑靨。

這，是冬天，在聖誕節的溫暖裡。（許瑜芳）

情思的紋路──渲染人情書

　　時間承載變異信息，人事物各自在時間輻射間留下自己的痕跡。滄海桑田，生死愛恨，幸福苦難，永恆瞬間……這一切的一切也都包容在時間之中。

　　人事情愛耽溺的滲透，讓歲時流轉著回憶與現實，默默傳揚靈魂深處的曲線，是以張繼「月落烏啼霜滿天，江楓漁火對愁眠」的秋夜暈散著暗語，白居易「綠螘新醅酒，紅泥小火爐」一聲聲問劉十九的呼喚裡濃郁深意。

　　季節銘記的人事裡，鄭燮〈四時田家苦樂歌〉在聚焦於農家苦樂外，更集中於農作物書寫：「麥浪翻風，又早是，秧針半吐，看壟上鳴榸滑滑，傾銀潑乳。脫笠雨梳頭頂髮，耘苗汗滴禾根土。更養蠶忙殺採桑娘，田家苦。風盪盪，搖新箬，聲淅淅，飄新籜。正青蒲水面，紅榴屋角。原上摘瓜童子笑，池邊濯足斜陽落。晚風前個個說荒唐，田家樂。」真實生活深刻地凸顯季節的意義與美感。

　　時間飄逝如風，看不見也摸不著，卻又實實在在的存有，它不該是時鐘數字所誌，而是客觀應和的事象所浮現的變化，或是能夠直接成為某種情感公式的一組事物、一個情景或一連串故事，而且當那些外在的事物置諸我們感覺經驗之時，能喚起人們相同的情緒和沉思。

一、回憶的視點

　　情緒感染靠真摯的抒情，於平凡歲月之中，平易的生活裡，因為人事而迭生曲折的波瀾蘊含濃郁的情致，使得季節在人的感覺中佔著重要的因素。以朱自清〈冬天〉一文而言，寫冬夜三件事：少時與父兄圍坐桌邊煮豆腐吃、十多年前與友人西湖泛舟，意興酣暢、一家四口在台州過冬，天雖寒，「家裡卻老是春天」，「無論怎樣冷，大風大雪，想到這些，我心上總是溫暖的。」父愛、友情、夫妻愛讓冬迴旋著深深的暖意。

　　夏丏尊〈白馬湖之冬〉篇名為冬，實以「風」為主，並不斷穿插昔今白馬湖與個人際遇的變化，使得風藉人而得生命，冬之韻在日常生活的風裡顯現神采，成為日後懷念的方向。如寫虎吼的風、冬陽短暫的溫暖下簡樸而又真實的日子：「一家人都坐在庭間曝日，甚至於喫午飯也在屋外，像夏天的晚飯一樣。日光曬到那裡，就把椅凳移到那裡。忽然寒風來了，祇好逃難似的各自帶了椅凳逃入室中，急急把門關上。」情味盎然。

┌─────────────────────────────────────┐

　寫作方向：**人情畫軸**

　　描寫季節在記憶裡的畫面、在人事間流轉所留下的影像與深藏的情動。

└─────────────────────────────────────┘

　　端午節時，全家人總愛搬著小板凳，以蚊香為中心為成一個小圓聊天、喝茶。雖然只是小小的圓，但也象徵全家團圓，因為只要少了一位成員，整個圓就變成橢圓形，頂點的尖端透露出我們的寂寞。

　　秋天的金風吹在臉上，我想起滿圓的月亮，照亮了紅豔的楓葉，奪走了星星的光彩。中秋節時，大夥最愛搬出躺椅，全身放鬆躺平仰望月亮，烤肉的香味激起人們的食慾，卻引誘不了嫦娥歸回人間，玉兔調皮地搗著藥，彷彿想利用搗藥聲遮蓋住人們歡樂的笑語聲，掩飾不甘寂寞的心。（羅婷丰）

　　四季，搭載往日的片段，是回憶的相簿。

　　春天，西元兩千年的國三，我幾乎要相信自己的人生就要埋沒在考卷和參考書中，直到遇見站在公車中的白馬王子。他輕輕地托住我，讓我不至於撞歪鼻樑。天曉得，我的臉比春天的杜鵑花還紅，如此戲劇化的一刻，記錄在補習班筆記中的一角。沒錯，我們在同一間教室補習。他的名字，深深鑴刻在我心中。

　　夏天，景美高一下。在這段黃衫短裙的日子，我認識了 J，永恆不滅的幻影。這時的我是快樂的、飛揚的，夾雜著臉紅的心跳和些許不曾察覺的苦澀。這段，壽命極短的，我心底的愛與愁，在夏日的烈陽中溶化。但夏夜，迴響記憶裡我仍擁住他。

　　秋天，在台灣是短暫的。爺爺買了一隻大得驚人的螃蟹，那張牙舞爪的囂張模樣嚇哭了我。還好，它很美味，蘸著薑醋，有一種說不出的滿足，撫慰了我怦怦的心跳，也塞滿了我的胃。

　　冬天，是充滿禮物歡笑的季節。聖誕節，除了祝福卡片還有意想不到的禮物，有我朝思暮想的驚奇。歡樂的氣氛讓全校沸騰起來，真神奇！冬天的生日禮物，像裝滿羽毛的耳環禮盒讓我感動許久。

　　春夏秋冬，是一塊充滿淚水與歡笑的碑，是我的青春墓誌銘。（高雅君）

秋天，在景美感覺不到，只是悄悄的，像似出席又似缺席。

楓葉紅了，一群女學生瘋狂地蹲在路上撿楓葉，不管姿勢優雅不優雅，也不管秋風是否翻動裙子，一心只想要多撿幾片楓葉，好和大姊小妹們分享豐收的喜悅。撿楓葉就像是商家的限時搶購一般，若是慢了幾步，那大大小小掉落於路旁的的楓葉就會消失。見到的將是，走在前面的幾個女孩撩著裙子，綻放著秋天的訊息。

每個人都將所撿到的戰利品夾在書中，希望它們的美好可以和這一本書一起醞釀。等到紅紅楓葉自一本一本書中跳出後，開始著手寫小小的紙條給大姊小妹，黏上美美的乾燥紅面楓葉，甚而將它們集成一冊，和同學互相交換。

這一片片永不枯乾的葉，有些藏在我的教科書中，有些藏在我的私房基地中，有一些則放在蒐集冊。不管它們是在哪，一片片不枯萎的葉，就這樣一片片的烙印在我的心上，我的記憶中。
（江佳蓉）

婷丰以節日的圓滿天倫迎秋夏、雅君則因白馬王子而跌入滾著心跳與滿足的季節年表間、佳蓉的鏡頭裡是一群拾起浪漫與書香的女孩，她們各自醞釀出獨特的季節筆記。

二、心情的符咒

東晉永和九年上巳這天，王羲之與親朋好友愜意出遊，「是日也，天朗氣清，惠風和暢。」在這樣的前提下，方可以「仰觀宇宙之大，俯察品類之盛，所以游目騁懷，足以極視聽之娛。」

筆法由天際之遠而漸近於拂面之風，由仰角觀宇宙轉而俯視，從游目的視覺觀想到騁懷的心靈感受，與萬化冥合，呈現立體世界多樣豐富的面貌，同時也凸顯出天人合一的完美。

所謂心隨境轉，情因時生，這是個體生命的人對時間活動軌跡的明顯昭示。春之美惹人心頭蕩漾，夏之勃發令世間揮舞活潑熱情，冬則如陳幸惠〈冬日隨筆〉所敘冬日寧靜蒼茫使人沉寂思維：「大地的律動，暗含著你的脈息，一種平靜的喜悅，開始在你內心乾涸低淺的河床上，慢慢漲潮；你知道，平野鋪展的大地，此刻也正如你一樣，是以不言不語，凝視遠方的姿態，清醒地存在著……純淨的孤獨中，你終於聽見來自心底最清越的聲音。」

郁達夫〈故都的秋〉以冷色調描述故都的秋色、秋味、秋的意境，並以江南秋為襯，勾勒故都秋的清朗、寧靜，由反面寫「秋並不是名花，也並不是美酒。」藉常見景捕捉秋味的精髓，在北國秋味中寄寓人生況味。美得內在，美得具真諦，景物成了心情折射：「在南方，每年到了秋天，總要想起陶然亭的蘆花，釣魚台的柳影，西山的蟲唱，玉泉的夜月，潭拓寺的鐘聲。」青天下馴鴿的飛聲、秋蟬衰弱的殘聲、淅瀝落的雨聲、緩慢悠閒的人聲，營造出秋天的清、靜與悲涼。

以自我為中心，以閒適為格調，記錄瞬息思維和偶憶幽思的感興者如林語堂〈秋天的況味〉：「秋天的黃昏，一人獨坐在沙發上抽煙，看煙頭白灰之下露出紅光，微微透露出暖氣，心頭的情緒便跟著那藍煙繚繞而上，一樣的輕鬆，一樣的自由。不轉眼，繚煙變成縷縷的細絲，慢慢不見了，而那霎時，心上的情緒也跟著消沉於大千世界。」筆調緩慢而悠閒、淡雅而自在，鏡頭

微透出的暖氣輕鬆自由，慢慢移動，不但一反歷來詩文寫秋時的悲淒哀婉、秋景寂寥蕭颯模式，同時將輕鬆的心情具體形象化為「藍煙」，於樸實中見豐富的色彩，平淡間透露出濃鬱的抒情氣氛。

張錯〈秋賦兩首之一〉離離賦秋別，無論景與心處處沾染愁意：「有客自遠方傳言，／有一種分離，在秋天，／並且頗為高麗風的……／倘君離別，祈請踏取／那一徑我為你鋪滿的落葉。／落葉千百，心情千百，／最傷心還是案前那卷《萬葉集》，……黃葉滿秋山，山徑迷濛，／伊人無處尋覓。／由此可知，萬言之葉，／實在是萬種心情，／飄泊無定，在逆旅，／在秋天。／流浪的你是秋天，／落葉傾覆而下，／鋪滿在你底足前，／孤獨的你是秋天，／沉默的你是秋天，／秋天的聲音是落葉，／秋天的頭髮是蘆荻，／秋天的愛情是深山的孤松。」

寫作方向：心情停格

　　心情是私藏的一枚驚嘆號，或因悲秋傷春而墜落，或任景物歲月而迸濺；心情也是藏身水瓶裡的巨人，或為緣起緣滅的咒語所詛，或源自花開葉落所鎖。請鋪陳這由季節所滴落的心思，牽動的漣漪。

與季節交織的獨白裡，珈儀以少女相思寫秋、悅如將空虛寂寞與冬結合，但冬的肅穆裡也有璨語沉浸潔白的安適，至於思佳、翊嘉則貼近四季脈動描繪心隨境轉的情緒：

是害羞的少女想起意中人了吧／瞧　都寫在臉上了／卸下各

種顏色的心牆／只剩頰上退不去的潮紅／靜靜地／等待，是令人難熬的。

西風吹走了最後幾片耐心／心死的血紅／在黃昏時滲入／澄淨的湖面。（朱珈儀）

哭鬧的天空只剩低聲的啜泣，秋天令人掉入蕭瑟的情緒，湖底不深，一蹬腳就可以到達水面，卻使不上力，任憑身子墜落，深埋不見五指的黑暗中。

孤寂、寂寞總在風風雨雨後，害怕熱鬧後的空虛，華麗後接近凋零。

秋天，令人感到莫名的空虛。（劉悅如）

冬天不是無間地獄的影子，它至少沒有戰慄的殘酷，可是那無窮的冷漠輪迴在死寂中。我是冬裡的一小片飛絮，從天空失速墜落、墜落，倒臥在高原，救贖不在，這裡是終點的盡頭。

我喜愛冬天那股牽絆的憂傷，孤獨的渴望，靜謐的大地歸於平和，所有是非紛擾，隨著白雪覆蓋在荒山裡。（楊燦語）

我當春天是希望，夏是渴望，秋是失望，冬是絕望，春夏秋冬，各有心境的轉換。

春為年之始，萬物蓬勃生長，融化凍僵的心，決定給自己一個新的開始，一個懷抱夢想的希望。酷熱的夏天裡人多了一分急躁，催促人快快行動，明亮的陽光將前方的路照得璀璨，並探進心底最原始的渴望！時漸入秋，原本焦躁的心，因滿目蕭瑟而冷卻，轉而成為一種深沉的哀愁，心如止水般，以一種全然淒楚的

目光，打量著漫天落葉的世界。

　　枯葉落盡，北風颯颯，寒意沁入心中，掀不起一絲漣漪，心，沉澱……如入定老僧。

　　來年，真能有個新開始？我問。回答我的，是雪花紛飛，落在大地，也落在心底最深處……。（余思佳）

　　夏天是離別與結束的季節，畢業、就業，傷感、期待，可是我喜歡夏天，特別是早上新鮮空氣與朝陽的味道，吹在身上、照在臉上，像微醺的蒸氣喚醒每一粒還在作夢的毛細孔。飽滿的陽光滲透身體，那是被疼愛的幸福，是圓夢的季節。

　　秋天是新學期或新工作的開始。古人說秋帶著蕭颯之氣，我可不這麼認為，覺得它舒爽中帶著懷念夏天的心情。染紅的樹葉就像泛濫的記憶，在心頭久久不散。也許，秋天是回憶的季節吧！

　　冬天，冷凍了一切，讓步上軌道的一切更加熟悉，想念的心情，淡了；熱情，少了，只剩理智操控一切，這，就是時間的魔力。每個季節每樣心情，總歸於某種固定的形式，正如季節終於冬，是醞釀下一季繁華的酒麴。（李翊嘉）

三、情愛的密語

　　每一段感情在時間的釀造下是發酵成甜酒，成為珍愛的絕版？或發酸為縫縫補補的百衲圖，而不得不離棄？抑或是發臭為印錯的亂碼難解的死結，於是或因為害怕被囚禁而不斷漂泊尋覓，或因為慾望虛榮而耽溺沉淪？

　　這種種不可知，不確定，像咒語般驅使投入感覺的腳步有著各自詮釋的節奏。張錯〈鉤一條季節的圍巾〉裡寫自夏編織的一段情：「讓我倆以寂寞的心情／去鉤一條季節的圍巾／從春天起頭／以淺淺的綠／可是很短，然後漫長的夏又夾一陣梅雨，／湧然而至一大幅的墨綠，／好像有蟬聲及午後的雷／然後是一場滂沱的雨／灑在蒲掌的荷葉，／叮咚叮咚的作響，／還有流水把淤泥沖向水溝／有似午睡沉重的鼾聲，／終於到了我倆都喜歡的秋天／有一些慵懶的燦爛。

　　不可告人的紫，／短短橫隔著闊別的青翠，／原本應該在冬天結束時／用一抹蒼然的草綠，／可是小娘子太貪心，／總希望冬去秋回，／於是又把春，夏鉤了一次，／那等不及的秋，只好虛線補綴。」那因為寂寞而展開的編織裡，有密密的實線，也有倉促的虛線，交織著彼此的心事。

 寫作方向：情思纏綿

　　那輾轉於年歲時間所累積的情感、那歷劫後收藏的美夢、那不堪回首的紀念日、在季節裡呼喚守候情愛的眼神……，請寫下這種種牽繫。

　　我做了一只紙飛機——給你。
　　如果沒有那陣來得是時候的風，可能飛不到你那頭。
　　你說你那邊是大晴天。
　　我說這裡是沒有陽光沒有感情的國度。
　　好像已經分開很久了吧！在那年的十月你說。
　　可是沒有人忍心踩踏落葉，因為像是踩踏逝去的愛情一樣。

如同我們。

　一起站在橋上，你在那頭，我在這頭，我拾起一陣風，包在紙裡。

　一起飛吧！

　把我年年築積起思念，悲傷，無奈一起豐收———給你

　今年的雨季似乎特別長。（康涵菁）

獨特的觀照──匯通拓印箋

　　生命永遠流逝的回憶與無形的蹤跡依託季節而被停格，歷史的傳統與現代、共時的群體與個人、文明的興起與衰頹、乃至佛家所言「成住壞空」不正是春夏秋冬遞嬗的隱喻？

　　當我們試圖去追蹤時間的痕跡時，將觸及那不可捉摸的、磨滅不了的，休戚相關的信念。如果將季節當成生命與體驗最恰當最透明的中介，以文字組織情緒、生命、歷史、文化深度呼吸，則季節將不再只是標誌一年的四季，不是風花雪月的存在，而讓生命體驗的季節具備了高度和諧的共構。由是觀之，則十二節氣以農耕作物涵蓋時間的線性與尊重自然的謙服、民俗慶典儀式敘述一段又一段庇護著我們生命中和天地間，那些充盈靈性又十分脆弱的存在，是多麼深刻而悠長。

　　跨越對於季節固定化的認知時，沿著這條線性的時序，將可以發現生命裡的四季、處境中的季節、事物人情、經濟國運的遞變，這種種季節特質的應用，深刻而豐富的共振磁場、精神耦合，讓季節具有靈魂的質量和生命能量。

一、四季與人生共鳴的頻率

　　春日裡花事正好，「桃之夭夭，灼灼其華，之子于歸，宜其室家。」喧鬧著嫁娶迎親的曲目。夏陽中豔光四射，「鋤禾日當午，汗滴禾下土，誰知盤中飧，粒粒皆辛苦。」上演的是與天爭與地搏的知命。秋光間明媚清風，有秋收的歡呼、秋決的絕滅、秋風秋雨的淒楚、秋扇見捐的寂寞。冬雪降，「落得白茫茫，大地一片乾淨」的繁華落盡清靜無為，卻也同時隱藏「瑞雪兆豐年」的生機脈息！

　　足見四季與生活、生命形式是如此貼近，貫注於我們生命之中和生命以外，道家順時養生、儒者以天行健剛進不已、取以為紀，使得生存於時空間而遵時之變應時之序，成為必然的準則。

　　寫作方向：時間詮釋的哲理
　　想想四時個性特質、變異遞嬗與人生世態的關係，寫出由中體悟、發現、理解、投射的種種哲思。

生命的四時

　　春夏秋冬四時榮枯，正如生命初壯衰亡，我們在時間中毀蝕，一點點消失，成為過去。黛玉見春花凋零一地嘆道：「原來姹紫嫣紅開遍，似這般都付斷井頹垣。」原來從萬物乃至生命都是那麼無常，一切美好終將改變，所以人不斷與命運抵抗。

　　泰戈爾曾願生命：「但美如夏日的鮮花，死亡美如秋天的秋葉」，這樣的期待在弘一法師圓寂前回首此生，留下生命「美如春華，圓如秋月」的結語中完成。

　　然而要能如是以詩的瀟灑與質地看待生命並非易事，管管在〈過客〉一詩裡從「春住在姐姐的長長辮梢上」，「蓓蕾們張著嘴吶喊著」的春來之勃發，到「那株向日葵的脖子上披著一根虹」的秋至，乃至「吾把春夏秋冬都收拾放在火盆裡燒了。燒一張。吾哭一聲。哭一聲。吾燒一張。這病。爆竹會對你說話的。吾要騎著驢去挨家挨戶報喪了」。老成的參透哦哦唱唱出送歲月歸，對抗虛無與時間之「病」傷，夾著「爆竹」所進行的「報喪」，似乎企圖在滄桑之外以雲淡風輕的心情以對。

　　鄭愁予〈神曲〉則以春神與喪神討價還價，到底春神以什麼作為籌碼？享受春天的人該付什麼代價？「然而／又有誰聽到關門的聲音／又有誰聽到春神與喪神竊竊的私語呢／一樁殘酷的交易進行著／我們　他寫進賣身契了／當然　他們已支付了他們的年華／春的質料是時間　永遠兌換絕不給予／春神　這一等狠心的神／這一等的的奸商如此保證著」。

　　時間一直是人類最大的敵人，「我欲因此鳥，具向王母言，在世無所須，惟酒與長年」（陶淵明〈讀山海經〉）、「願言躡輕風，高舉尋吾契」（桃花源詩）追求生命永恆的願望，使得唐宋以前多仙詩，但「人生天地間，忽如遠行客」、「浩浩陰陽移，年命如朝露。人生忽如寄，壽無金石固」（古詩十九首）終不可得的憾恨，除「獨愴然而涕下」之嘆，悲秋、春恨，乃至鬼詩奇說，淡化生死時間，仍只能眼睜睜見生命隨著一季季行過而走向終止。

　　在年輕的心裡，季節雖並不那麼沉重，但亦自有其一番解讀：

　　花一直開，也一直落，這是命。胭脂只能用來點綴青春，卻止不住歲月留下的傷痕。春天什麼時候來，什麼時候走？春天在每一朵花綻放時到來，在每一朵花落時離去。（胡詩唯）

　　四季於我，並沒有特別明顯的感覺，只是順著日子過，歷經春夏秋冬，一如白開水平淡卻能回味無窮。

　　人說春生機蓬勃如年少、夏熱情如火似壯碩、秋是嫻靜的處子、冬是嚴厲暴君，我可不這麼想。春之於我，不過是個開端，一件事總要有個開頭，春正好安排在這個位置。夏雖然濕漉漉的，卻扮演著淨化空氣的角色。

　　秋真是沉靜，從不發表多餘的謬論，只是靜靜的畫，畫好山好水。楓紅落葉以鄉愁渲染，以淒瑟的「風蕭蕭兮易水寒」點苔，以哲學感悟寫就的詩詞落款。

　　冬把萬物染白了，撲上一層白，是替誰送葬？安魂曲沉重的敲著，響徹心扉，送葬曲緩緩揭開序幕。冬是地球的墳場，女巫灑上粉粉的霜，純白地將積沉的罪惡掩埋。（陳佳青）

　　「浮生若夢，為歡幾何？古人秉燭夜遊，良有以也」，姹紫嫣紅便安排在這斷井頹垣的園中，除了繼續綻放又奈何？周遭環境無論多麼變化，無論衰景多麼不適綻放，百花卻依舊自開自謝。

　　古人秉燭夜遊是心態問題，看到的是斷井頹垣或姹紫嫣紅，也是心態問題。正值青春的杜麗娘，在姹紫嫣紅的當好時節，陷落於斷井頹垣而自怨自艾的心境上。

　　如果可以與時俱化，不役於物，便更接近物我合一。
（陳怡錚）

朝代的四時

> 寫作方向：時序隱喻的政勢
>
> 　　歷史長河中，朝代之盛衰、君王將相之功過賢愚，如滾滾長江東逝水，留予後人一夕漁樵話。這些文化印記、核心的記憶，在篩選、復現、重塑其風標，與起昭示現實反思之間，與四季之起落輪迴、季節之個性風格有何關聯？請寫下你的觀照與解讀。

　　在季節與歷史的應和間，凱婷以政黨輪替喻四季，既新鮮又時髦，文短而趣意高，浣玲以歐洲各時期所顯現的組合，有影升將清盛世康熙、雍正比之為夏天，悲劇的乾隆歸之為秋的想像：

　　四季，是四個女人的政黨輪替，如果妳是選民，會做出什麼選擇呢？（張凱婷）

　　冬天，是冰冷殘酷的魔頭，恣肆地狂吹冷風，世界一片死寂蕭瑟，彷彿黑暗時代。
　　春是希望與光明仙子，接掌黑暗魔王統治的世界，以仙女棒輕點萬物，大自然一寸一寸地甦醒過來，欣欣向榮的色彩如繁複瑰麗的文藝復興時代。
　　夏之神燃燒仁慈與熱情，為世界帶來蓬勃的活力與明朗的歡笑，是馬不停蹄的工商時期。
　　秋是冷漠高傲的詩人，在風與楓的合奏裡吟唱孤單的曲調，

構成萬物寂靜的上古世紀。（謝浣玲）

　　把這樣的心情沉沉浸泡起來，在這一年結束之前，在陽光盛宴之後。繁花開放，果實飽滿，沿路看著桃花開了，然後桃子紅了，在熟爛之前順手摘下，在時空轉替間，釀。

　　釀，一小段歷史。

　　這個季節，讓我想起了乾隆皇帝，那個清朝的大盛世。

　　乾隆皇帝，也是在這樣的季節出生的。秋高氣爽，日正當中時，宏亮的哭聲穿過樹叢，震下雍和宮的第一片落葉。小嬰娃強而有力地呱呱落地，他的命，這樣開始然後結束，倒也像秋。

　　那夏天呢？康熙、雍正就像是夏天。

　　夏天是這樣的勁熱，就像兩位皇帝一直努力地開創、平亂、定制度、立基礎。朵朵盛開的花，在歷史裡結成一幅美好的景色。時間推移，秋天來了。

　　夏秋之間，熟悉地，仍有一段熱期。秋天初期，總擺脫不了夏天的炎熱。熱？所以乾隆才敢聲稱說是「十全老人」。收新疆、雲南是酷熱之時，應對於滿清政府的財政風暴，人民窮苦，昌盛的假象就像颱風前的好天氣。預備要轉冬了，太上皇要準備步入冬天了，降霜時，你是否依舊不覺冬天來臨？你的秋，是大清的秋，秋天過了，冬天來了。

　　他們……正在凋謝，好幾年後春天會來，只是走過這樣的歷史楓樹林，現在呢？夏天太熱了，秋天也就不遠……。（張影升）

二、互文疊唱的季節書寫

描寫四季的文學作品如四季與民俗節日、十二花神、民間故事、黃曆農民曆節氣裡歲時面貌聲息。四季與藝術如電影、運動、繪畫、衣服品牌、芭蕾舞、祭祀、儀式、典禮、歌曲、樂章中所呈現的時間腳步，像盤纏的線條，像輕柔的水漬，固執的苔痕，那是時間的內容，是歷史的重量，更是文化的表情。

諾羅甫弗瑞（Northrop Frye）研究文學的的原始類型時，認為人世四季與生活過程是有關的，象徵性的周期循環是世界可見的景象。如春季是誕生時期，包含英雄的誕生、復興、創造及擊敗黑暗，此乃一切傳奇及大部分狂熱欣喜詩歌的原始類型。夏季是結婚或勝利時期，包含著進入天國樂園的神話，此乃喜劇、牧歌的原始類型。秋季是死亡時期，包含對敗落、死神、慘烈的死亡與犧牲以及英雄的孤獨等，是悲劇、田園詩的原始類型。冬季是毀滅時期，包含對毀滅的力量、混亂、英雄的失敗，是諷刺詩的原始類型。

當我們賞閱各種藝術形式所吟哦的時間之際，四季深厚的形象書寫，與外界事物中的對應，召喚歷史和想像，同時也在以新的角度觀照間，讓四季交響樂折射出斑斕韻趣。如豐子愷〈閑居〉裡有這麼一段以音樂家比擬四季的創思：「以氣候而論，春日是孟德爾頌，夏日是貝多芬，秋日是蕭邦，冬日是舒伯特。」從這個角度思索，季節其實並不只於時間的意義，作為藝術家表現風格、生命風景的象徵性亦足以觀省。

寫作方向：

請以各種人物事功的方式、各種表演活動、文學藝術作品、歷史文明來呈現季節風貌。

四季與藝術的融鑄

春日盛好，楊柳岸曉，醉拍闌干情綿綿，正如王羲之〈蘭亭集序〉自在的行書，圓熟醇美，似巴哈無伴奏大提琴組曲，運弓如筆，流暢線條，讓人想起日本奈良的法隆寺、五重塔，其飄逸的深遠出簷若大鵬振翼。（駱宛萱）

春是一首動人的詩篇、夏是一部永遠寫不盡的小說、秋是一幅永恆不朽的名畫、冬是一曲催淚的冷寂樂章。（洪毅芩）

先是一片細雪就好了。

因為雪落，總有無盡的幻想。

爵士與古典的混搭，再加上一杯冬日茶，雪細般的感觸，冬來了。冬來了，幻想也來了，一幅畫也就開始彩繪了，那是一幅以「冬日」為主題的畫。是油畫、水彩、還是素描？是野獸派、達達派、立體派、超現實派、還是印象派？是巴洛克、洛可可、新古典、浪漫、自然、還是寫實？

冬風打出昏光，水氣開始在寒冷上畫稿，我的腦中，有白皚皚的雪線。

慵懶、冷、午後，想到了凱瑟琳。冬，就像下午茶。總覺得是該小憩、吃吃點心的時候，因為有了冬眠，才有春雷的甦醒；

有了冬的寂寞，才能感受春的熱鬧，就像下午茶。

那就畫幅午後的冬吧！

以藍色為主色，冷色系的運用。淡藍、靛青、玄黑、深墨綠，塗上天空、建築、行車與路人、行道樹，還有一片的白色雪地，是莫內的〈加比西納大道〉！寒冷中的熱鬧，印象派的冬景，光與色的捕捉中，看到了冬日。

再畫幅午後的冬吧！以我的幻想。

畫的是油畫，風格則是優雅精緻的洛可可。薄薄的陽光化開了寂靜，花園內的涼亭，亭頂積著厚雪，亭內坐著一群人正在喝下午茶、聊天，旁邊的草地上孩子們正追逐嬉鬧著。樹上掛著晶瑩的冰柱，冬天的植物盛著細雪，溪流雖有點寒，水聲卻帶著生氣。屬於冬的生命，依舊活動著。大地一片雪白，雪白的純、雪白的真、雪白的朝氣、雪白的自然，雪白的無瑕。

雪繼續落著，冬天的活動也持續進行著。

爵士與古典的混搭，再加上一杯冬日茶，雪細般的感觸是下午茶，也是印象派，更是洛可可，冬的生命。畫，應該配幾句詩句才更有情調，而這幅〈冬日〉也不例外。

張錯〈細雪〉：

「有限時光捕捉無限幸福

生命原是一幅畫沉默完成！

醒來捲簾望去

好一趟細雪茫茫

收拾心情繼續趕路

從一個城市到下一個城市

像一葉顫抖的蘆葦，雪霽後，在風中。」

　　因為雪落，總有無盡的幻想。

　　　先是一片細雪就好了。（陳怡如）

文學故事與四季對話

　　如果審視作家風格、氣質、關注面與書寫態度，可以歸納出季節性的姿勢，如華滋華斯、梭羅該屬於春季的作家。梵谷向日葵旺盛創作力、高更的大溪地、唐吉訶德的傻子般的堅持則非夏莫屬。艾略特荒原是秋……，這樣的聯想使得節氣與文氣相通相映，自是創意的思維。

　　管管〈早秋〉將老杜〈秋興八首〉歸為秋之老氣，至於〈晚秋〉則是：「但晚秋名叫黛玉，她並不知道她是相思病患者，她也不知道她是林黛玉。／她更不想知道她每吐一口／痰／都帶著血！／我在去楓林的路上碰到曹雪芹是他告訴我的／他還說寶玉正在天台山國清寺跟寒山拾得聊天呢。／你相信曹雪芹說的話麼！／讀了石頭記你就會不相信！這回事！／是怎麼一回事？去問脂硯齋好了／晚秋，滿山都是脂硯的齋！」

　　當季節的特徵與文風、詩格、戲語相繫時，時間情調與韻致所展開的將不只是單純景色，而是生命染就的傳奇：

　　夏光聒噪熾盛，帶著李白只為金樽莫空而「千金散盡復還來」的一擲豪情、紗帽褐裘而來，有龍虎之姿的虯髯客狂氣干雲。秋之氣蕭颯，透露出孟浩然「坐觀垂釣者，空有羨魚情」的落寞、柳宗元「不幸以謫卒」的長嘆，至於朔風怒吼，白雪滿弓刀則是岑參邊塞詩、「人事有代謝，往來成古今」的詠史之詩。（駱宛萱）

今天的秋風／蕭瑟的吹著／昨天的歷史／秋風──秋雨──愁煞人／秋瑾的遺筆／時代的苦難／老教授桌上那杯無糖的黑咖啡／盪漾著無限的苦味兒（吳品宣〈秋〉）

《牡丹亭》「遊園」這段戲裡，杜麗娘思春的心應和著繽紛的春天起起伏伏，美麗的花園五彩斑斕，彷彿滿天彩蝶飛舞，嗅到牡丹清香。「驚夢」是粉紅色的小令，短而有味，花仙子披著爭奇鬥豔的彩衣縈繞柳夢梅與杜麗娘，圈出他們綺麗的相遇和愛情，拉開故事序幕。

及至柳夢梅過度思念而病，這是憂鬱灰藍的秋，散發出迷迭香的味道，濃郁得幾乎讓人窒息。滄海桑田，麗娘過世，杜家搬移，柳夢梅趕考經此留宿，與杜麗娘魂見相歡，強烈的紅在黑的掩護下滲透單純而執著的痴，是沉沉的冬夜。（溫筠）

（春天……曹子建）

謝靈運：「天下才共一石，曹子建獨得八斗，我得一斗，自古及今共用一斗，其才博識，安可繼之。」

有人說他七步成詩，才高八斗；有人為他編織美麗而近乎哀愁的傳說。然而，洛水悠悠，我們自當明白，拋開所有的讚美與臆測，他是悲苦孤寂而無助的。

【受難篇】血淚織成的生命之歌

人的一生究竟能接受多少厄運？人的心靈中究竟能忍受多少摧折？長年的憂鬱驚懼，日復一日地啃蝕曹植的靈魂。太和六年一個飄雪的午後，悲慘生命打上了句點，一首首幽怨的詩歌留予後人永遠傳唱。從此，這一代才子，永眠在魚山，不必再流浪

了，不必再惶惶不可終日。

（夏天……屈原）

《文心雕龍》：「靈均……氣往鑠古，詞來切今，驚采絕艷，難與並能。」

屈原的偉大不僅在他的文學藝術，更在於高尚的人格，忠貞正直的政治節操，使生命煥發不朽的光輝。

【風雲際會】幽幽楚吟的獨醒之歌

據說屈原瘦細美髯，丰神朗秀；據說他性潔，一日三濯纓。正因為崇尚身份的「內美」、追尋真理執著理想的「外美」，所以不忍昔日之芳草，今直為蕭艾。為了諫君王之不明，為明自身的潔白，為堅持善的正義，而選擇以最悲壯的方式宣示，以投江自沉作為殉身以義。「知死不可讓，願勿愛兮」，他這一死，有如夏雷震震，秋風颯颯，驚天動地！

（秋天……李後主）

王國維《人間詞話》：「溫飛卿之詞，句秀也。韋端己之詞，骨秀也。李後主之詞，神秀也。」

後主的一生看似一場豪華淒涼的夢，卻像是首哀怨悱惻的詩。他浪漫多情，卻生而為亂世之君，註定悲悽的一生！

【詞壇縱橫】我生帝皇家的亡國之歌

生命本是一卷無可奈何的長聲嘆息，造物主總在那麼有意無意之間，嘲弄人們。「南朝天子多無福，不做詞臣做帝皇。」後主不幸不能保有其天下，甚至為當代及後世所辱罵，認為他昏庸懦弱。在政治上他是徹底失敗了，卻在文學領域獲得最大的勝利。

「人生仇恨何能免？銷魂獨我情何限！故國夢重歸，覺來雙淚垂！」生命背面的陰影讓詞中蕩漾著沉痛與哀傷的情感。風雨

無情，香花萎地，靈魂和生命都成為他所鄙棄的東西！人世成為他最可能詛咒的無情怪物！

　　高樓誰與上？長記秋晴望。往事已成空，還如一夢中。

　　（傅一茜　〈話古今……關於四季的歷史〉）

　　孤傲的秋主，代替夏王統治了大地……

　　藉荊軻的蕭，傳播信息
　　瑟瑟瑟瑟　你聽見了嗎？
　　易水邊的相辭

　　梧桐舞起歌誦，抖落一身
　　燃燒效忠
　　仿效文天祥的氣節　不服啊……

　　知了知了

　　夏的最後亡民（黃湘鈞）

　　因為一部文學作品而展開的旅行，搭乘藝術歷史而揚帆的時間步履，人生的時間、現世的人生盡在其中。於是文學作品與季節聯繫之下，《紅樓夢》裡的春天、女兒的春、海棠詩社、花祭與現世兒女春情各自暗合；《水滸傳》官逼民反、草莽好漢訴說夏之正義；《西遊記》歷盡劫數、踏足無底船脫卸肉身、取得無字天書似乎與秋之剝解、秋之收納而後歸止於絕滅可相對話。

奇異的櫥窗──搞怪耍酷章

　　遊戲（recreation）與創造實出一源，因為當遊戲為未來打開一個新情境與新見解，教導人們離開舊的束縛，釋放新的活力時，在這意義上，它與創造有異曲同工之妙。

　　文學創作是最需要創意，也專屬創意的版圖。運用有效學習策略，多元參與嘗試新挑戰，或以改造的遊戲方式帶來自由與釋放，形成新體驗、再發現。同時藉不同思維背景者所擁有的獨特性、敏感度，迸發探索觸動創意，不但能打破有形的限制與執著，任情緒和感覺奔瀉與靈魂共舞，並在彼此能量流動下理解、欣賞學習所帶來的意義性、新奇性、趣味性和挑戰性。

　　繼前數階段塊狀式的刺激、細膩性的磨筆後，這個層次主要在形式上的標新立異，利用「同質異化」原則使熟悉的事物變得新奇，及將原本不同並無關聯的元素整合等思想創造策略。或許這並非文學上的表現模式，但在借鏡廣告文案、標語佈告，甚至病歷表、食譜、歌譜、感謝狀、追緝令……等，這些新方法、新方向、新點子便足以讓寫作課樂趣無窮！老師要做的是給學生們一個發掘潛力的時間與空間，透過創作的過程與心靈對話，那麼每個孩子都會發現自己有畫龍點睛的超神力，能順著自我的想像讓文句創新出新趣味！

一、書帖盛情，函宴四方

　　如果春天遲遲未到人間，那麼她會不會就像是走失的小孩，等待尋找？古人秉竹杖著芒鞋向山中尋春之足跡，或者讓飛向天際的紙鳶探春天的信息，現代人除卻在流行櫥窗裡透過擺設紗縷絲裝、室內假飾空氣新鮮芳香劑外，會出現什麼樣的尋春行動？

　　依婷以東之君為名發出「春之祭」的邀約，君穗提出夏宴之請，宛珍出的招數是在電線桿、公共場所張貼尋春啟事，心急的家宇則在報章雜誌電視媒體上使出殺手鐧，狠狠地以圖文懸賞發出追索令：

春之祭邀請函
　　時間：農曆一、二、三月裡，心最美的時候
　　地點：湖光水色間
　　對象：活潑、開朗的靈魂
　　活動內容：8：00－9：30　　與鳥兒共鳴，蝶兒共舞
　　　　　　　9：30－10：30　 春泥的祭典，春花的佳賞
　　　　　　　10：30－12：00　如茵綠草上的野餐
　　　　　　　12：00－14：00　品嚐仙境之果
　　　　　　　14：00－16：30　桃花浴，杏花湯

16：30－17：30　駕薄煙漫霧而歸

主辦者：東之君　（陳依婷）

夏天盛宴邀請函

親愛的朋友：

　　四季中個性最大方、最熱情、最有活力的夏天回來了！為此，我們誠摯的邀請您，在西瓜開始變甜時，在陽光開心大笑時，在樹影濃密蟬聲喧嘩時，盡情揮灑你身體的汗水，大口大口的啖冰，作為對他的歡迎與禮讚！

　　時間：蜜桃成熟時

　　地點：任何熱到你想脫掉衣服的地方

　　　祝　夏天愉快

　　　　　　　　　　　　　　　　邀請人　林君穗

尋春啟事

　　年約 16，女孩，走失時身著桃紅色薄紗。

　　特色：大眼睛，有著翠綠色的眼珠。個性內向，不善交談

　　　　　落紅不是無情物，化作春泥更護花

　　　　　　　　捕捉著記憶的出口

　　　　　　　　　鳥聲悠悠

　　　　　請幫我找回遺忘的春天（李宛珍）

緊急追緝季節令

（郭家宇）

二、尋訪人間，薰染風情

　　歲時總從沒有停過，但等到癥兆全顯時，人們卻常將大好風景輾碎於瑣事之間，於是各式邀請函裡，有善心人士提出的邀約，還請出公爵夫人排定整天訪視與慶祝剪彩活動，讓季節夾著宮廷貴族、名媛紳士、政商名流華麗出場。至於市政府則精心設計，送往家家戶戶信箱裡的農民曆、電視上大張旗鼓的舉行選美活動、學校以選拔優良學生的方式在朝會上讓季節輪番出場，面對這種種排山倒海而來的宣傳，你怎能不心動？

四季公爵夫人行程表

Spring 公爵夫人本期行程表

事　　項	時間	詳　細　內　容	備　　註
1. 沐浴更衣	6:00	100%清新的綿綿細雨淋浴、灑以薰衣草香精、飄以玫瑰花瓣	切忌搭配黑、白、灰色衣服
2. 微風早餐	7:00	香草咖啡、草莓煎餅、桃杏沙拉	新鮮度以沾露珠為準
3. 鑑定喜鵲們的歌喉	7:30	預計今日會有五十位山林天王、花園天后到場作秀颺歌	加強控制秩序，隨時拍攝現場表演及幕後花絮
4. 簽訂鮮花批發單	8:30	杜鵑、蘭花、茶花、各色插枝及綠草皮	數量無限制（其盛況務必勝過《鏡花緣》裡的貴妃百花同開令）
5. 洽談過季用品退貨	9:00	貂皮大衣、霜雪地毯、聖誕樹、蒼野壁畫、梅花盆景	Winter 廠商必須讓步

事　　項	時間	詳　細　內　容	備　　註
6. 點收春筍	9:30	搜索整座竹林、計算成長速率作為薪水參考	切記摸黑行動，掌握出土時間
7. 參加森林閱兵典禮	10:00	發表演講，握手會，激勵森林成員士氣	冬眠的熊先生——優先處理
8. 巡視莊園	11:30	探視農家，了解民情，規劃發展	發宣傳單「SPRING夫人已來到」
9. 蘭桂夫人下午茶會	1:00	眾花夫人閒話家常，展示今年最新流行春裝	請柬以蘭桂薰之，杯中盛黍米釀金桂酒、山泉泡茶
10. 工廠剪綵	2:30	蜂巢、蟻窩兩大企業贊助甜蜜蜜	眾花夫人皆為董事
11. 觀賞最新技術	3:30	採蜜、採集研發小組成果發表	全球同時轉播廣告，並散播蜜香
12. 為群山刺繡新衣	5:30	織女競技秀	全數封箱帶走，陳列於時空櫥窗間
13. 欣賞宮廷畫作	6:30	粉紅色摻橘紅，渲染效果的黃昏特展	不能久留以免不捨
14. 柳絮宴	8:00	萬事齊備，歡迎夫人來到的開幕典禮	杜鵑獨唱為象徵性表演
15. 彈鋼琴	10:30	安靜而溫柔的蕭邦小夜曲	勿打擾
16. 安寢	11:30	睡前來一杯清芬的碧螺春	柔嫩枝葉點綴床鋪

※全體同仁注意事項（總管）：

　　1. 撤掉厚重的白色床罩

　　2. 改善夜晚搶棉被惡習

　　3. 簪一朵嫣紅的杜鵑在鬢上

　　4. 全天候金色陽光中央空調

　　5. 用竹籃拾落花排字許願

　　6. 加強訓練花言巧語（朱品宜）

季節農民曆

農曆 1 月 1 日，晴時多雲
早在人們用大紅春聯張貼佈告前，我就已經來到人間啦！到處都看得到歡迎我的聯語詩句，真開心 ^^

農曆 1 月 15 日，晴中有風
在人們點燈籠的同時，不知是否注意到草兒已漸漸甦醒？這可是我花了大半天工夫，一根一根吹醒的呢！

農曆 1 月 30 日，小雨時有雷聲
忽然發現竟然還有些人沒察覺我的到來，躲在被窩裡躲避寒哥哥。為了表示我的不滿，我大吼、大叫、大哭，直到所有人都已意識到我的存在為止。

農曆 2 月 10 日，晴空藍風
今天把梨花姊姊都叫醒啦！接著我開始捏泥土，做成一隻隻蝴蝶、蜜蜂、蜻蜓。

農曆 2 月 28 日，天晴雲輕
今天為做好的一千隻蝴蝶、八百隻蜜蜂、四百隻蜻蜓上釉。蜻蜓是輕盈的碧色青，蜜蜂是古典的黃褐紅，蝴蝶則以莫內的光影印象、梵谷的熱情線條、畢卡索的奇異板塊噴灑。

農曆 3 月 10 日，晴風雲朗
桃花姑娘們都醒了，蝴蝶、蜻蜓、蜜蜂飛翔於山林水湄，清脆的鳥叫蟲鳴宣告我的畫完成了！

農曆 3 月 30 日，雨滴綿綿
是該讓位的時候了。（溫筠〈春的日記〉）

四季女鞋店

（春季專櫃）

專櫃介紹：此區專售溫柔粉色系的高跟鞋！

建議搭配：粉色高跟鞋＋粉色洋裝＋小蝴蝶結的草帽

預估效果：在一片花田中，風吹著飄逸的長髮，哇！多麼美麗迷人的女孩啊！

（秋季專櫃）

專櫃介紹：此區專售暗色平底鞋、輕便慢跑鞋

建議搭配：棕色洋裝＋棕色平底涼鞋＋淡米色領巾＋貝殼項鍊

預估效果：坐在楓樹下，喝著咖啡，讀著詩，不時有暈紅的楓葉落下，多麼浪漫的秋日。

季節的選美大會

達啦達達達！Ladies and gentlemen，讓你們久等了。一年一度的四季選美大會現在正式開始！我是主持人胡孟君，先跟大家問聲好，請各位來賓以熱烈掌聲歡迎參賽者出場！

首先出場的是一號參賽者……溫柔可人的春天小姐！！

春天小姐從四季文學院畢業後，便致力於植物育種研究，每年趕在雪融後替大地灑上花朵萌芽的種子。今年她頭上別著青綠色的嫩芽髮釵，身穿粉色櫻花和服出場，充分表現出她可人的特質。伴著她出場溫暖的東風，讓場上充滿了花朵的清香，她那溫柔的微笑肯定替她加了不少分，讓我們以掌聲謝謝春天小姐！！

接下來出場的是參賽者二號……熱情奔放的夏天小姐！！

青春年華的夏天小姐現在仍是四季高中的學生，未來將專攻

生物，蟬的一舉一動是她的研究主題。喜歡的食物是冰淇淋和冰棒，興趣是游泳及衝浪，這次她大膽的穿著惹火的比基尼及熱褲出場，俏麗的短髮和小麥色的健康肌膚非常地適合她，她的出現令所有男士口乾舌燥，請各位也以最熱情的掌聲回報她！

接下來出場的是三號……充滿藝術氣息的秋天小姐！

秋天小姐目前是四季藝術學院美術系的系花，她堅持以黃褐色表現的作品在藝術界引起一陣騷動，新畫作「紅色楓林」更是舉世皆知的代表作。（胡孟君）

季節的才情個性

學生名稱：春天

夢幻而不切實際的個性天生具有讓人戀愛的魔力，總是帶給身邊人無比快樂。她很愛哭，眼淚像瞬間打上天空絢爛的煙火，又像是枱燈的玻璃罩碎成一辦一辦地閃啊閃。拿手才藝是變魔術，特別是花花變、催醒夢中人。

學生名稱：夏天

搞笑的魅力讓大家無比興奮，大剌剌及遲鈍的個性常讓周遭人哭笑不得。他頭腦靈活，喜歡在運動場上揮灑青春；個性陽光，喜歡聽搖滾樂，吉他彈得嘎嘎叫，迷死一票人粉絲。缺點是運動後流汗太多，味道有點難以忍受，有時情緒太 high 會做出一些很爆笑的舉動，讓人捏把冷汗。

學生名稱：秋天

是個有點哀傷，有點神經質的孩子，對世間抱持悲觀的態度，認為人生是不可能會有幸福這種東西存在，專於寫作，對悲劇有很深的研究。

學生名稱：冬天

　　是個很漂亮的孩子，但非常不容易親近，個性中帶著一股與生俱來的冷漠感，常常會被誤認是驕傲孤僻。不過根據較熟的好朋友透露他其實是個很好的人，會用自己的方式對朋友付出，是個值得深交的朋友。如果說秋天喜歡追求悲劇性的事物，那冬天可能就是他追求的對象。拿手才藝是講冷笑話，但全場會鴉雀無聲，沒有人覺得好笑……。（桂尚琳）

　　時春兒為演藝人員，處女作「花」即以精湛的演技，奪得「柔嫩嬌媚獎」，接下偶像劇「蝶戀」，獲得姊姊妹妹婆婆媽媽們一致好評，收視率居全國之冠。目前化身綠衣天使為民營郵便局代言，全台灣走透透，所到之處萬人空巷，鮮花「擁爆」。不過近期傳出她將一改清秀形象，在新戲裡飾演震撼又潑辣的雷，令影迷吃驚不已。

　　溽夏大姊是台灣大姐頭，一旦情緒低沉則全台遭殃，颱風狂掃海水倒灌。不過向來呼風喚雨的她這次卻傳喚蜜蜂，企圖推翻保守派，創造出比基尼文化，並以「包中」粽子的獨家絕活懸賞會玩會讀書的超級強棒。

　　季秋人雖已是中老婦人，然而風韻猶存，以紅色風華感動楓樹下成雙成對的戀人，無奈逃不過禿頭魔欽點，落了滿地的髮。夜裡她化身為流落街頭的浪子，啜飲著最後的西北風，日間則以秋老虎之姿逛大街！嚇得民眾躲在冷氣房裡，不敢跨出一步。但農民們歌舞歡慶，所有的努力，都在秋人的底下開花結果。

　　嚴冬令是現代暴君，霸道的他強迫所管轄的領土變裝成無情的蒼白，膽小的動物只得在洞裡安眠，等待他移駕他處。他唯一

的仁慈是命令百姓在最長的夜，團圓吃芝麻湯圓，在死寂中尋求一絲的溫暖，並特地向東方日本取經，帶回涮涮鍋，增添食的樂趣。（陳思樺）

三、商業套餐，國會宴饗

古人賤尺璧而重寸陰，是因為時間是無價的，但當小叮噹時空轉換器能實現回到過去的夢想時，有什麼不可能？然而如果季節有價，該標上什麼價位？如果標上價該如何販售？在哪裡賣？買的情況如何？這麼一想似乎是筆絕門生意呢！

如果「秀色可餐」，花可食，四時之中豈不藏著取之不盡、用之不竭的天然食材？果汁美女怡君端出夏令冰品、國寶級大廚昱圻現身說法帶領大家一窺當時國宴，並有全世界名美食家大會審在紐約時報專刊講評：

季節價位表

春天：

花束一把＄200--1500 不等、萌綠芽一株＄50、有機蔬菜果汁一杯＄100、情人節巧克力＄200 以上、生機希望無價。

夏天：

芒果＄99、西瓜＄49、期末考＄－999999（無限延伸）、颱風海水倒灌幾百萬隻鰻魚、虱目魚、九孔流失，地層下陷房子倒塌數億、火熱艷陽無價、綠蔭無價、水價值非凡、游泳門票＄50、青春的黃金光芒無價。（何靖瑀）

夏天果汁

成分：

熱情如火 20%、蟬聲 15%、烈陽 15%、午後雷陣雨 10%、冰西瓜汁 10%、冷氣 10%、清涼小可愛 10%、汗水化合物 10%
（陳怡君）

食譜式的四時宴

前言：

五二○總統就職大典的國宴上，我，身為景美酒店的大廚，怎能不好好大顯身手一番呢！以幾道風味迥然不同的小點來款待嘉賓吧，姑且就定名為四時宴！

第一道　花情滿溢春意鬧

材料：

1. 笑聲　半斤（不限老人、男人或女人，但以孩童清脆笑聲為上品）
2. 新生蓓蕾、樹芽各四兩
3. 春風一打（需帶些微濕氣山意與雲色）
4. 風箏、柳絮、花香、悠揚笛聲少許

做法：

1. 將春風燉煮約三十分鐘，蓋上鍋蓋待涼
2. 取新生蓓蕾、樹芽過水，切勿太久，以維持其鮮綠爽脆口感
3. 將剩餘材料置於鍋內，和以藍天及唱歌小溪，調勻後淋在樹芽、蓓蕾上
4. 以清涼、純淨無雜質的春風加以裝飾，置於風箏盤內

講評：

這道清爽前菜，是台灣獨有的好滋味。其他國家雖曾試作過，但高緯度的國家太冰冷，低緯度國家太濕黏，只有在處於副熱帶季風氣候的台灣，才能調配得冷熱適中，硬脆中帶一絲滑順。外觀色彩豐富，鮮豔的風箏對上青嫩的新芽，佐以朗朗笑聲和花香所調製的 sauce，使新生樹芽有了歡騰活躍的新風味，裝飾用的春風，微濕的觸感，替這道前菜沙拉增添不少分數。

推薦：

正正正正正

第二道　朝陽夏夜神朗爽

材料：

1. 蟬、紡織娘及不知名昆蟲鳴叫聲　一斤半
2. 繁星、皎月、艷陽各三大匙
3. 新鮮蔬果、茂密樹葉　少許
4. 防曬油、圓點小洋傘　各一罐／一支
5. 炎熱感、不耐、煩躁　50毫升

做法：

1. 取一鍋現流的新鮮汗水（如怕腥味，可用女性的，但以男性的風味為佳）加入昆蟲鳴叫聲、新鮮蔬果、帶暑氣的樹葉，小火慢熬，用炎熱感、煩躁、不耐適時調味
2. 入味後，將沉浮物撈起，倒入繁星皎月艷陽，並以中火煮開
3. 倒入容器前，於容器底下噴灑防曬油少許
4. 最後用圓點小洋傘裝飾，裝盛水晶藍玻璃容器中

講評：

這是一道湯點。乍看之下清清如水，品嚐之後才會發覺其深度韻味。汗水和上蟲鳴，自古以來就是愜意的佳餚，然而速食文化下越來越少人能體會了。古早的口味經由現代調味料提味後，呈現出這道湯點的新時代意義——成熟，不再只是單純、熱鬧、青春，而更有人性的一面。在味方面，它很適合重大宴會，惟色相部分略顯單調，建議用花俏點的餐具擺設，並襯托眾多綠意。

推薦：

㊣㊣㊣

第三道　楓紅蟹肥秋聲寂

材料：

1. 殷紅的槭楓　　　兩大袋
2. 瑟瑟的風聲　　　半打
3. 肥美大螃蟹　　　數隻
4. 寂寞、孤獨　　　兩茶匙
5. 涼意、菊花　　　少許

做法：

1. 將蟹黃取出，螃蟹以楓葉包起清蒸至全熟
2. 把風聲和寂寞孤獨拌勻，盛裝在菊花內
3. 蟹黃和烈日調味後勾芡，輕輕淋在蟹肉上
4. 將涼意輕輕灑在姑蘇城外孤舟盤內，並將雕塑成秋月的蟹菊排成詩句

講評：

由於是主菜，所以在外觀及質感上要特別注意，別讓之前的苦

心營造都成為一場空。以紅為主要色系,利用螃蟹外殼的澄紅色、青楓的殷紅,烈日的火紅和一般人不會發現的眼紅,勾勒出一個既屬於詩意也屬於失意的季節。「載欣載奔」的涼意和「欲辯已忘言」的菊花,強調出隱士超然不俗的形象,為中國自古以來的歷史文化新的表現方式。瑟瑟風聲淒涼又感傷,碩大高遠的烈日則得以振作精神,這道主菜,簡單的鮮味卻夾雜了五味的心情而成,唯一美中不足的是缺少「香」。

推薦:

正正正正(何昱圻)

四、把其脈相,論其功過

將相名人以史論斷,文學藝術藉評說鑑,季節既然繫其命於人間,流其年於百姓,再者天子犯罪當與民同罪,四時不也當以獎紀違規處分來論定? 安璟遂執朱筆條條擬寫各季造福者、施過者,務使罪無可逭,善有善報以彰天理!

不過季節們雖本是天上仙,謫降凡間不免染病中毒,怡錚以食為調,補其元氣、立婷則施以西醫入手,細細說病下藥:

季節評分表

春天:鳥語花香的季節,在中國古代的文學上佔重要位置。許多草花在此季節展現最自己亮麗的一面。但氣溫不穩定,忽冷忽熱,扣 5 分。

氣溫適合度: 60%

雨量適合度: 65%

色彩鮮豔度:100%

戀愛季節度:80%

讀書適合度:85%

　　夏天：炎熱卻有味的夏天，是人們最有活力的季節，許多可做的活動如游泳、爬山、郊遊等等，但午後雷陣雨卻帶來許多麻煩，另外還有颱風、洪水等天災，是此季節最大敗筆。扣8分。

氣溫適合度: 75%

雨量適合度: 80%

色彩鮮豔度:75%

戀愛季節度:60%

讀書適合度:60%（周穎若）

為四季論功行賞

四年一班季春天同學

　　使大地回春，生物蓬勃生長，春意盎然，記小功乙支。

　　使枯樹發嫩芽，風景優美，記嘉獎乙支。

　　春風徐徐，楊柳飄逸，景致悠揚，記嘉獎乙支。

　　未先通知而打春雷，驚嚇及平民百姓，記警告乙支。

四年四班季冬天同學

　　使生物無法生存，必須靠冬眠來維持生命，記小過乙支。

　　生物必須提早收藏乾糧，造成生活極度不便，記小過乙支。

　　造成窮苦人家挨餓受凍，甚而不幸身亡，記小過乙支。

　　讓女生的手冰冷不堪，記違紀乙支，但因此使情人間親密依偎，謹此記嘉獎乙支。

讓人們更加感覺到春天的可貴，記嘉獎乙支。（姜安璟）

替四季寫的診斷書

夏天　先生／小姐：

天氣悶熱，應注意飲食衛生，夏暑會造成食慾不振，容易疲勞，建議選擇雞肉、牛蒡、芝士、酸乳酪、奇異果、木瓜、辣椒、香蕉、蘋果、醋、糙米、紅豆、蒟蒻可以預防便秘、腹瀉，消除疲勞、增進食欲、促進消化！此外胡瓜、冬瓜、西瓜對水腫、中暑、消痰、清熱、解毒、利尿都很有利。（陳怡錚）

為四時開的處方箋

春天─處方箋

處方日期：2038 年 03 月 04 日

姓名：季春天

病例號碼：1937493

性別：女性中的女孩

出生日期：聞到花香的第一天

疾病名稱：長不出新芽、花不爭奇鬥艷

藥品名稱：春風 2 打、陽光 1 枚、春雨 7 瓶

服用方法及用量：每日吸取春風 8 大口、曬陽光 3 小時、喝
春雨 3 瓶

效果：如沐春風、大地回春、生機盎然、百花盛開

夏天─處方箋

處方日期：2038 年 06 月 08 日

姓名：季夏天

病例號碼：1963904

性別：男性中的男孩

出生日期：地球自轉後最熱的開始

疾病名稱：缺水、像秋天的寒意、蟬聲未出籠

藥品名稱：颱風來襲 3 支、炙熱氣溫 9 大包、午後雷陣雨 500 海哩、高樹萬棵

服用方法及用量：每月服用 1 支颱風、炙熱氣溫 3 大包、午後雷陣雨 16 桶、高樹千棵。食用前需以雷聲擊奏、薰風炙烤，並請閃電娘娘磨脆，再由鐵扇公主芭焦扇涼之。

效果：雨量充足、水資源足夠、養眼鏡頭獨領風騷、蟬聲繚繞

秋天─處方箋

處方日期：2038 年 09 月 13 日

姓名：季秋天

病例號碼：1986735

性別：女性中的女人

出生日期：葉子開始掉落的那一天

疾病名稱：枝葉太多、心情蕪雜

藥品名稱：微風一兩三錢、葉子變色劑五十滴、掉落噴霧三筒，服用前需搖晃混合均勻，並以簫聲吞嚥

服用方法及用量：每日輕拂微風、早晚塗抹葉子變色劑、出門前噴掉落噴霧

效果：楓葉轉紅、心情愉快沉穩、微風涼爽不黏膩

冬天──處方箋

　　處方日期：2038 年 12 月 21 日

　　姓名：季冬天

　　病例號碼：2169320

　　性別：男性中的男人

　　出生日期：視線中只剩下白色的時候

　　疾病名稱：無法生存、沒有動力、按捺不住死寂，蠢蠢欲動

　　藥品名稱：冬眠 63 天、休息 79 天（上限 79 天，以避免怠惰）、下雪 45 天

　　服用方法及用量：連續以脈衝光照射冬眠、肉毒桿菌敷臉休息、以雪花面膜使肌膚恢復光滑細嫩

　　效果：雪花滿天飛、蜷伏間蓄積能量（林立婷）

五、劇場組，歌舞秀

　　春最擅於鬧場，她一吹起花粉熱滿城春色關不住，惹得春心大動，春風一吹柳絮滿天飛，桑間濮上情歌夜夜笙簫。仲夏夜夢裡蟲鳴水喧，熱情的搖滾樂、耍帥的街舞便情不自禁地揮灑青春因子，惹得跳舞歌唱細胞像二十四小時便利商店，捨不得打烊。天涼好個秋，最宜遠上寒山尋石徑訪白雲深處人家，或坐看楓林晚彈琴長嘯，對奕品茗，或絃歌不輟聽秋風秋雨，為賦新詞強說愁。冬雪歸於寂靜，靜聽萬籟心聲，當別有一番淡泊寧遠之想。

　　當這層層情景以影視媒體出現時，記者報導、文案宣傳、樂團介紹、交響曲、饒舌歌一一出籠，這才發現原來季節可以如此歡欣，可以如此轟動！

SNG 新聞現場報導的季節

【2004／3／4 中央社桃園報導】

　　記者現在所在的位置是桃園中正國際機場，各位觀眾可以從我身後這一片擁擠的場面，確知睽違已久的「春天」繼上次，也就是一年前來台完成「跨世紀古典樂派對」之後再度來台。這一次，她將在台灣停留較久，預期三個月左右，為好友太陽所拍的新片「熱力四射」配樂。

　　專程飛回來為朋友助陣的「春天」，帶來一批她最新成立的古典樂團，成員有拉小提琴的蜜蜂、大提琴的微風、吹長笛的雷、鋼琴伴奏的細雨。另外，還特地邀請世界級舞者，國寶級含苞待放的花仙子也在其中。據「春天」透露，她已經大致看過這部影片的內容和劇本，她非常喜歡，可能會以較柔和且具民族風格的古典音樂，來詮釋電影中男女主角純真的愛情，請大家拭目以待。（簡珣）

春季歌舞團的 DM

　　觀眾們期待已久的名劇終於又要開演了！
　　""""一年一度的萬家同慶百花唱""""
　　新穎的陣容，強勁的演員，招牌的劇碼，新式的表現，精選活動，只有今年，保證讓你百看不厭、回味無窮！不要悶在家裡，一起來慶祝吧！
　　演出團體：全世界生態合作委員會──春季歌舞團
　　時間：農曆正月一日凌晨十二點起至三月三十日午夜十二點
　　地點：台灣全省各地

票價：愛惜地球——無價

票卷優惠：愛護自然者，贈送落葉、落花各一枚

主辦單位：藍色地球有限公司

協辦單位：山川河流生態保育協會

贊助單位：台灣花卉協會、台灣農會

聯絡地址：住家前後的花草樹木（邱孟瑄）

秋之頌樂團

名稱：秋星拱樂

組員：青蛙、蟬、貓頭鷹、昆蟲家族、烏鴉、颯颯之風

佈景：楓葉、菊、燭光、燈籠、殘竹、殘荷、葉之舞步

伴奏：薩克斯風、低音提琴、大喇叭、低音號

時間：子夜（丁姿辰）

四季交響曲

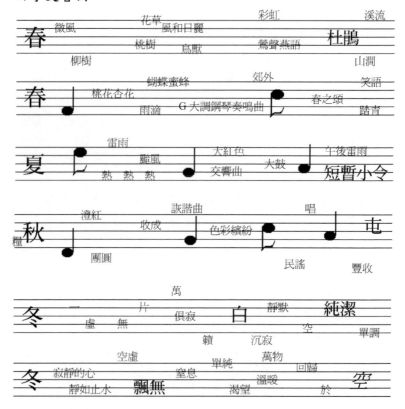

（余雋慧）

饒舌歌唱四季

「一年之計在於春」，我們用這客套話歡迎她，倒也振奮人心
望這春針興奮劑，什麼都有了朝氣，有了信心
春風和煦‧輕拂

那鎖魂之手讓人飄飄然，Wooo 興奮劑發作啦
如同 disco 裡雷射球刺眼般的酷陽
宣告　他的大駕
「LET'S PARTY !!! 」
攫取青春與熱情的狂歡　是他的本質

這熱浪湧來 Huh？說時遲 huh？那時快……過了 !?
詩人娓娓步入秋的心坎
葉片飄落　窸窣窣的聲響　是他啜泣滑走的春夏
提醒‧領悟／／沉思是他的例行公事／／
片片是回憶～推至潛意識‧迴盪
昇華　成　　清新的冬
淡淡的回顧過往　那捉不住的稍縱即逝

但在這冬，卻不時有「類格」的畫面出現
也許是這天氣令人多了一絲絲，或是一些些的敏銳＆感性吧！
總覺得時間慢慢的推移，將目光降於路上的行人
腦中的細胞都活躍起來‧思索
冬‧不一樣的因子 filling　佈滿網狀的簾
-------→不一樣的 ending　　　　　（孟圓婷）

　　有道是：「創新需結合創意，創意造就創新」，作文教學除
審題、謀篇、鍊句之道，更在於如何經營寫作策略。因此老師在
教學問之外，如果能進一步教學生怎麼寫，給捕捉靈感的方向、
描繪的方法、引發創作的興趣，激起創新的動機，將使作文不再

是令人腸枯思竭的苦差事。

　　美國華盛頓始密森博物館第一任組長 Joseph Henry 說：「偉大發明的種子其實都一直漂浮在我們四周，但它們只會在已經準備好接納它的心靈中生根。」經過具挑戰性、彈性、啟發性的設計情境，引發好奇、製造驚奇效果的動動腦活動，以及有層次的思考寫作進程，最後是架構式的全面顛覆作品中，可見學生跳脫傳統的創意、勇於嘗試的實驗中，自主表達的想法多麼豐富而有意趣，奇妙而有味道顯見「偉大的發明種子」在學生心靈生根，而這正是教學者與受教者最深的感動！

廣告世界有乾坤

讓文字穿高跟鞋
──看廣告學修辭

　　廣告以各種姿態在電視網路、報章雜誌、廣播看板乃至公車、信箱中出現；它不僅無孔不入，更滲透人心。廣告永遠嚐鮮求新，追奇搞怪，敏銳感應聞見之間所思所感。有時候它直截了當地展露主題就像海報一覽無遺，有時則營造一個超現實夢境幻想的神話，或者是弔詭唐突的跳躍，以組合成令人瞠目結舌的驚訝。為了在短短二十秒間引起注意、造成震撼，廣告設計者無不使出渾身解數以聲光色彩的視覺畫面來勾引購買慾；又為兼顧流行和大眾的品味之故，是以廣告推陳出新之速，令人不可思議。

　　然而無論運用什麼樣的畫面包裝產品，都免不了文字說明。在人性化藝術化的運鏡構思下，我們欣見廣告裡出現如詩歌般的文案，或如故事式的情節，往往幾句佳話便能收畫龍點睛之效，標出商品的特殊性。廣告同時是總體生活的再現，它賣的不只是商品，更是夢想、是希望。它塑造一個神話，「鑽石恆久遠，一顆永流傳」，讓你以為買到一顆鑽石，便買到永遠的愛情；買一部車便買到幸福與生活品質。

　　有時則一筆道破社會心態，成為流行語；如「好東西要和好朋友分享」，不僅道盡咖啡的美味，更捕捉共享咖啡的情調。而大哥大廣告更以書店為背景，提出「書店營造讀者與作者心靈對

話的空間」巧妙地塑造其無遠弗屆、溝通彼此的功效，讓人感受到那份方便貼心。NIKE 球鞋一句「Just Do It」、媚登峰「Trust Me, You Can Make It.」等廣告語，連阿公阿媽都朗朗上口了，其果決、肯定的口氣，不但說服人心，也成了人生格言。

廣告世界有乾坤

仔細探究這些廣告之所以迷人，除了利用視覺營造氣氛、引起感覺，更因運用文字修辭之妙，使得數十秒的內容深植人心。一篇文章之所以能感人肺腑，不也得靠修辭來表達深婉曲折的情思嗎？現在就以廣告為例，讓學習修辭生動實際、輕鬆自在，感受其美妙之處。

（1）雙關

雙關就如機智挑戰，讓人在錯愕之間激發聯想思考。桑塔耶那在《美感》一書說到：「一語雙關就等於一隻蹦出來妖怪的盒子，毫無來由地跳到我們那心事重重的思緒中去。」

是的，雙關所含寓的話中話、意外意，使語言文字呈現活潑風趣面，讓人在會心一笑之餘，留下鮮明印象。如強調功用者：「他們都是『清白的』」（洗衣粉廣告）；或在雙關間既點功效又切中人情事理，如：「要『刮』別人的『鬍子』前，先把自己的刮乾淨。」（飛利浦刮鬍刀）、「打開『話匣子』，嘴巴停不了。」（話匣子餅乾）、「閒妻涼母」（洗衣機）、「龜甲萬，最薄的薄鹽，其實，待你不薄。」（醬油）「我喜歡『刻薄』，不喜歡厚道。」（衛生棉廣告）。

　　有的則緊扣效果：「如果夾在秋冬之間『乾』著急的，是你的身體，這時你有兩種選擇：一是用清水洗澡，二是用菲蘇德美」（女性用品）、「靜得讓你耳根清靜」（國際牌冷氣機）、「體驗漫步山林之間，遠離『城囂』。」（東森購物得易遊）、「隨時『聲』援你」（京都念慈庵川貝枇杷糖）、「默默無『蚊』」（滅飛蚊香）、「吃好醋，好處多。」（工研醋）、「別拉了，讓腸胃不再拉警報」（統一瑞穗鮮乳）、「真的好『險』」（壽險廣告）、「足下，您滿足嗎？您還在削足適履嗎？」（鞋類廣告）、「家裡不開『火』」，點出勵馨基金會反家暴的宗旨。或兼商標與效果的雙關：「只有『遠傳』，沒有距離」（遠傳電信）、「鬱卒的時候，就來去『悟智』樂園。」（悟智樂園）、「世事難料，『安泰』比較好」（安泰保險）。

（2）映襯

　　無論是大小、輕重、高低、色彩或美醜的對比，往往在比較中更彰顯其主體的特殊性。所謂紅花也得綠葉襯，映襯正是運用事物的差異、矛盾，使在情境對照下，產生鮮明的趣味。最有名的黑人牙膏廣告，不正以黑來凸顯白？

　　這種利用映襯、對比來製造誇張效果的廣告詞，不勝枚舉如：「他傻瓜，你聰明。」（Konica 軟片）、「最大的小車」（汽車）、「在瞬息萬變的時間裡，我們需要一些長存不變的事物」、「別讓今天的應酬，成為明日的負擔　」（解酒益）、「不在乎天長地久，只在乎曾經擁有」（鐵達時錶）、「肝哪沒好，人生是黑白的；肝哪顧好，人生是彩色的！」（許榮助保肝丸）、「有事電話講，沒事講電話」（和信電訊）、「沒事多喝

水，多喝水沒事」（味丹多喝水）、「小而冷，小而省！」（國際牌冷氣）、「等待完美，千年不過一瞬間」（伯朗曼特寧咖啡）、「窗外地動天寒，窗內春意盎然」（電暖器）、「比別人花得起不值得興奮，比別人懂得花才是真正學問」（瑞士司馬表）、「不扮高深，只求傳真」（壹週刊）、「利潤之薄，無以復減」（上海鶴鳴鞋）、「女人從此胸懷大志，男人只能緊緊依隨」（內衣廣告）、「產前補胎，產後補身」（速體健）、「小別意酸酸，歡聚心甜甜」（酸梅汁）、「遠在天邊，近在眼前」（日本理光傳真機）、「把掌聲獻給無聲的奉獻者」（冷氣機）、「我不在逝去的時間、歲月的年輪裡，我在 BEING SPA 能量國度裡」（美容）。

（3）類疊

重複律動的廣告辭，最能令人朗朗上口，尤其是以簡單整齊句型出現，在看起來相同的字詞中卻夾著一點不同的變化，能在聲音上營造出節奏感。在語意上利用緊湊、重疊來強化意念，就像「魔音傳腦」讓你忘不了，這招廣告商愛用極了！且看：

「夏天洗澡，要洗熱水，不洗熱水，洗不乾淨」（熱水器）、「『塞機』偷偷進行中，『權益』漸漸流失中。」（傳訊王）「柔柔亮亮，閃閃動人。」（洗髮精）、「花飛花舞花滿城」（日本賞櫻）、「山不動，水不動，是你的心在動，讓心去兜風」（機車廣告）、「小而冷，小而省！」（國際牌冷氣）、「這個月不會來，下個月不會來，以後都不會來！」（和信電信輕鬆打）、「關心自己，也關心別人！」（行政院新聞局）、「調出春色，才能出色」（化妝品）、「拍誰像誰，誰拍誰誰都

得像誰」（柯尼卡軟片）、「什麼都有，什麼都賣，什麼都不奇
怪。」（YAHOO 拍賣網站）、「簡簡單單其實最是不簡單。」
（瑞士司馬錶）、「月黑風高殺蟲夜，黑旋風忍者為民除害。……
用黑旋風就得喇！黑旋風夠曬威，黑旋風的確好使」（黑旋風殺
蟲水）、「峰采出眾，波波相連」（內衣）、「車到山前必有
路，有路就有豐田車」（汽車）、「刻刻催人資警省，聲聲勸爾
惜光明」（鐘錶）。

（4）感嘆

當你驚愕、憤怒、失望時必曾情不自禁地驚聲尖叫，或破口
大叱或唉聲嘆氣吧！對了！這就是感嘆。《詩》大序中道：「情
動於中，而形於言；言之不足，故嗟嘆之。」

可見感嘆是最直接最自然的表情方式，它讓人能深刻的感受
到情緒的波動、語言的聲調，而在交感中感染那猛烈的情思，
如：「啊～～福氣啦！」（三洋維士比）、「我發誓發誓再也不
要變回原來的樣子了！」（媚登峰）

（5）排比

在廣告中以整齊句法，接二連三出現的排比修辭被用得最
多，除了因為這樣它能在重複中衍生變化、在變化中強調特色，
排比也具有易與其他修辭搭配成趣的特性，不管和類疊、雙關、
或與疊字都能產生別緻的美感、聲韻的律動。你瞧：「傳統藝術
之夜──請與我們一起來荷花池畔，聽故事，看演出，猜禮
物。」（傳統表演）、「獅子座流星雨是戲弄的典型，亞當夏娃
是臣服慾望的典型，酷斯拉是環境破壞的典型。」（金石堂）、
「到服裝店培養氣質，到書店展示服裝」（中興百貨）、「個

性，就是與眾不同；迷人，就是非凡魅力」（積家 Ideale）、「先知如您，懂得在混沌中愈見清明，在躊躇中當機立斷。」（房屋）

　　排比常與類疊方式出現，目的在反覆中強化迭宕綿密的聲韻與節奏感，如「讓黑的變淡，淡的變白，我的白就天下無敵啦」（SKⅡ）、「大人送孫中山，我送妳元本山，祝妳美麗如山。」（海苔）、「只溶你口，不溶你手」（巧克力）、「爹D、媽咪、baby，快樂家庭三合一。有魚、有肉、有菜，豐富晚餐三合一。泰國、中國、澳洲，三和水晶三合一。」（三和米）、「把身心的成長交給歲月，把胸部的發育交給洪蕾」（健胸）

（6）誇飾

　　卡通、漫畫之所以吸引人，其一便是「誇張」，無論是誇大動作、個性或形貌，都是為了讓主角搶眼。李白的「白髮三千丈」正是典型語不驚人死不休的「誇飾」，其結果是千古不朽。追求出語驚人的廣告必然不會錯過這種誇大其辭的表現方式。如：「一書一世紀」（書店）、「我的臉好油，油到可以煎蛋了。」（洗面乳）、「金莎吸引力，凡人無法擋。」（巧克力）、「後座舒適寬大，整個籃球隊都坐進來也沒問題。」（汽車）、「薄得讓我幾乎忘了它的存在。」（女性用品）、「勁量電池，渾身是勁」（勁量電池）、「連天使也動了凡心」——「沉睡在橡木桶裡的麥卡倫，每年都會減少 2%人們傳說，是天使偷偷喝掉的。」（MACALLAN 酒）、「不只準時抵達，連香氣也能產地直送」（陽明海運）。

（7）設問

　　設問是最常見的修辭方法，無論是懸問、提問、反問，在一問一答間引起注意、勾出焦點，更讓人在探索之際達到強調的效果，如：「什麼最青？台灣啤酒最青！」（台灣啤酒）、「已經做對的事何必再改變？」（海倫仙度斯洗髮乳）。

　　在設問之外加上誇飾、映襯，頗有如虎添翼之效。如：「在家裡就能與家人共同溫馨享受千山萬水，何必獨自浪跡天涯？」（房屋廣告）、「你看得出來我每天只睡一個小時嗎？」（SK-Ⅱ）

（8）引用

　　引用是訴諸權威及大眾的修辭，不但能讓詞句有典雅風格，更因其所引用的格言、成語、詩詞早已為人熟悉，加強自身廣告的渲染力。例：「白雪陽春傳雅曲，高山流水覓知音」（樂器店）、「精誠所至，金石為開。」（金石堂書店廣告）、「紙緣身在此山中」（永豐餘造紙公司）、「八仙過海」（淡水渡船一日遊）、「請媽媽每天喝千山淨水，陪媽媽遊遍千山萬水。」（水廣告）、「晚來天欲雪，能飲一杯無？」（特級高粱酒）

（9）譬喻

　　譬喻是一種「借彼喻此」的修辭法，它的理論架構是建立在心理學「類化作用」的基礎上，讓人們利用舊經驗引起新經驗。從《詩經》中的「比」到現代詩文中，譬喻讓意象具體化、深刻化，廣告當然也少不了運用譬喻，如：「慈母心，豆腐心！」（中華豆腐）、「清晨醒來彷彿躺臥在水氣裊裊的煙波江上，延續一場好夢。」（房屋）、「我以後也要長得像大樹一樣高喔！」（克寧奶粉）、「青春痘終於成了休眠的死火山。」（洗面乳）

（10）轉化

仙女手上的魔法，輕輕一點棒，萬物頓成有情感思想的精靈，迪士尼卡通之所以風靡全球，正賴這神奇的「轉化」，於是杯盤碟碗燭台火光都成為美女與野獸間穿針引線的紅娘、蝦兵蟹將為美人魚的癡情不捨……。

不唯童話式的書寫，文學作品處處可見轉化帶來的生動活潑性，廣告自然不會放過這樣巧妙的技倆，如：

「在電梯裡，只有我的手機不會睡著。」（電信）、「一臉水潤，指尖都興奮。」（洗面乳）、「肌膚會氧化變黃、時間的痕跡，都被擦掉了。肌膚，當然就停在最棒的時候。」（SKⅡ）「捷運縫合了台北顛簸的回憶。」（捷運）、「讓快樂在臉上跳舞」（嬌蘭快樂酚多精）、「讓你的鏡片呼吸」（視樂康隱形眼鏡保養液）、「讓肌膚散發出感性的氣息」（化粧品）、「每一個馬桶都是英雄，只要一個按鈕，它會沖去你所有煩憂。」（馬桶）、「誰拍誰，誰都得像誰。它抓得住我」（Konica 軟片）、「勁量電池，渾身是勁」（電池）、「殺檸檬是不道德的」（飲料）、「悠閒細胞在庭院裡甦醒過來」（亞昕水花園）、「日曬後，讓你的皮膚也來杯飲料吧！」（潤膚油）、「我的愛，不會讓寶貝過敏」（白鴿洗碗精）、「這是關於養育一棟房子的心情故事——生‧態‧窗。用建築的眼，捕捉生命的展翅」（房屋廣告）。

（11）回文

上下兩句，詞彙大多相同，二詞序恰好相反的辭格叫「回文」。它像一個圓，只不過周而復始的不是線，而是文字，如：

「真人不露相；露相非真人。」，屬於回文獨有純粹、簡單的修辭方式，使它形成連續不斷而如圓之感，如：「做你所愛，愛你所做。」（天下雜誌）、「貧者因書而富，富者因書而貴。」（永漢國際圖書）、「高速中的安全，安全中的高速。」（汽車）

（12）對偶

聯語在中國傳之既久，處處見聯，句句是對，無論成語俗諺、詩詞歌賦無不以聯成就聲韻與形式之美。小小剃頭店掛的是「相逢盡是彈冠客，此去應無搔首人。」「問天下頭顱幾許？看老夫子下功夫」，豪氣萬丈。藥鋪貼的是「只願世間人無病，不怕架上藥蒙塵」，真可謂仁心大佑天下人。

廣告中以對為句者頗多，如「暢飲雀巢茶，實現遊俠夢。」（雀巢檸檬茶）、「誘惑無罪，魅麗有禮」（化妝品）、「讀書抓重點，吃麵挑生鮮。」（速食麵）、「品味源於追尋，靈感發自內心」（瑞士司馬錶）、「欲把名聲充宇內，先將膏澤布人間」（油品）、「鋼冷傲骨，狂熱深情」（克萊斯勒汽車）。

（13）其他

諧音：「百服寧，保護你」（台灣必治妥）、「紙有春風最溫柔」（春風面紙）、「加鈣，鈣厲害。」（三好加鈣米）、「享瘦人生」（瘦身廣告）、「陽光綠第」（建築公司）、「視紀對，音緣際會」（大同視聽）。「捍胃先鋒」（藥品廣告）、「我就是愛線」（電信廣告）、「稅稅如意」（壽險報稅諮詢服務廣告）、「玩美女人」（內衣廣告）、「雞會不多」——「雞年將逝，機會當然不多」（香港百貨公司）。

押韻：「腦袋很菜，最先被淘汰。腦袋的永續資本」（商業

周刊）、「細胞乾淨，健康沒病」（諾得膠囊）、「品客一口口，片刻不離手」（品客洋芋片）、「與書為友，天長地久」（叢書）。

頂真：「知識經濟時代決勝於智慧，深邃智慧需要創意的心靈，無窮的創意來自身心靈的安定與放鬆⋯⋯」（房屋）

☆挑戰時間☆

看了上面排山倒海而出的廣告，你是否愕然發現隱藏在這些廣告文宣背後，原來有如此有趣的修辭秘招？相信你的腦海裡早已出現清晰畫面、耳邊更迴響起許多熟悉的語句、曼妙的樂曲。再看看下面幾篇以各種技巧編織的廣告，何妨測試自己是否學會分析它所暗藏的玄機？

⑴四十歲像一尾活龍。（藥品）

⑵也許你有時間慢慢等指甲油乾，也許你忙得像打仗。（指甲油）

⑶「三日入廚下，洗手作羹湯，未諳姑食性，先遣小姑嚐。」嗯！有媽媽的味道喔！（醬油）

⑷不會太甜，不會太鹹，有醍醐味。（醬油）

⑸曲線窈窕非夢事。（菲夢絲瘦身）

⑹台灣頭走到台灣尾，台灣哪一條路我沒有走過？（電信）

⑺你不能美白這個世界，但你能美白你的牙齒。（思迪麥潔牙口香糖）

⑻年輕只有一次，但可以回味很多次。（可口奶滋）

⑼頭髮分岔的程度，只有指尖能告訴你。（麗仕洗髮乳）

⑽要留住員工的心，先留住員工的腳步。（阿瘦皮鞋）

⑾皺紋，我會擊退；緊實，我會贏回來。（L'okera 化妝品）

⑿忠孝東路延吉街交錯區，連一粒沙都是 999 純金。（房屋）

⒀今天不來，這個禮拜不來，下個月也不會來，以後都不會來。（遠傳電信優惠價）

⒁沒有感覺，就是最好的感覺。（嬌爽衛生用品）

⒂聽飛瀑噴泉，風聲，椰曳；看熱情起舞，溶岩，沙灘。（夏威夷旅遊）

⒃靜的時候，她充滿誘惑；動的時候，更叫人心跳加速。（汽車）

⒄深耕台灣迎挑戰，佈局全球創新機。（全球台商協會會旗幟廣告）

⒅錶中的勞斯萊斯。（勞斯丹頓錶）

⒆星辰墜入凡間，在你臉龐覆上嬰兒般稚嫩晶透的光采。緋紅輕吻雙唇，兩頰散發芭比的粉色調，純真的糖果藍在指尖閃動，讓肌膚展現的清澈感，自然地像一抹夏日晨曦。一星塵的光芒，溫柔點亮妳！（化妝品廣告）

⒇誰會陪我到永遠？愛人，到站，下車了；親友，到站，下車了，熱鬧的風光都一一過站了。還好這一路，健康一直陪著我。（統一優酪乳）

參考答案	⑴譬喻⑵類疊、譬喻、映襯、誇飾⑶引用、感嘆⑷排比、類疊、借代⑸雙關、諧音⑹設問、誇飾、類疊⑺雙關、映襯、排比⑻映襯⑼轉化⑽雙關、排比、類疊⑾排比、轉化、映襯⑿誇飾⒀類疊、層遞⒁類疊⒂排比⒃映襯、排比、轉化⒄對偶⒅借代⒆譬喻、轉化⒇類疊、排比、映襯、設問。

　　廣告著重色彩、背景音樂、劇情發展、配音語調以及所傳達出的訊息。然而要達成廣告的最終目的——吸引觀眾的目光、勾起觀眾的興趣和加深觀眾的印象，往往得靠「三言兩語」來攝人心魂。於是廣告修辭的設計，更是要標新立異、與眾不同，既有新鮮感又要造成震撼力。

　　無所不在的廣告，及其備具巧思的修辭技巧，正應證了一句話：「文學是無所不在的。」我們樂見生活文學化，廣告的趣味可由學生們捕捉的廣告辭中發現，更見修辭不再是名家作品上的專利品，是俯拾皆是的身邊廣告、是信筆拈來便成經修飾潤澤的佳句美文！

腳本的複印與再生
——看廣告說故事

　　說故事有一種古老的力量。故事不一定是廣告,但是,好的廣告必定用了一個特殊的方法來說故事,因而不管立體或平面的廣告,常以說故事的方式來吸引人。

　　就拿安泰保險廣告來說,它不靠解說表現產品,而選擇以戲劇性故事性的方式來呈現:

　　保險業務員跟死神在一戶人家前相遇了。死神很有禮貌的對業務員說:「你先。」

　　彬彬有禮的業務員就微笑著去按門鈴了。

　　「我們不需要保險!」

　　業務員的背影在門前站了一下。然後就轉身離開,對死神微笑致意。同樣微笑著,離開。

　　死神就朝那戶人家走去了。與此同時,這個寂寥的夜裡,傳來陣陣淒厲的狗吠……影片就在此處打住。這支廣告對白簡單、畫面單一,但留給觀眾的卻是一股濃烈的寒慄之氣。

　　然後鏡頭一轉,畫面中央配上的廣告詞是:「你永遠不知道下一秒會發生什麼危險。」

　　另一則是路人在街上行走,旁邊的工地有塊鋼筋大水泥吊在上方,隨時都有可能掉下來砸死人,因為死神就在旁看著,鏡頭

配合著音樂非常緊張，一下是路人，一下是鋼筋，一下是死神，烘托出「凡事難預料，安泰比較好」的文案，讓人心裡升起「人算不如天算，買保險了沒？」的疑問。

這不是很黑色幽默嗎？其中的象徵意義再明顯也不過，光是說保險多重要，那是沒有用的。不如就讓這齣小小的短劇，來代替三寸不爛之舌！另一方面，在這樣的驚悚小品搭配之下，會讓觀眾去思考保險的重要性，以及「天有不測風雲」這句話的真實度……間接讓有意投保的人願意去了解相關資訊。正如周佩潔所分析道：

我對這個廣告留下相當深的印象，不僅是它的巧思，也因為它所營造的肅殺氣氛。一部好的廣告演員要優秀，但那也只是陪襯的綠葉，最後盛開的花朵才是精華所在。以這部廣告來看，那個西裝筆挺的保險員和陰森的死神是種對比，年輕人的朝氣蓬勃最能帶出廣告最後的死寂，不需要太多的對白，便完美地呈現著主題。生命無常，黃泉路上未必盡是白髮人，但雖說生與滅是自然界的定律，英年早逝叫人情何以堪？

或許保險，保的不是免禍避災，而是對抗死神的最後掙扎。

對酒當歌，人生幾何？譬如朝露，去日苦多。轉眼已是白髮蒼蒼、紅顏衰老！或許及時行樂，把握當下才是最「保險」的投資方式。（周佩潔）

這類結合幽默、恐懼、靈異的廣告，以反其道而行製造出其不意的錯愕，頗能撼動人心。香港皇后醫院也曾以這種方式，宣傳「醉不上道」，首先以「要是老兄您今天喝個酩酊大醉」為

題，斗大的字寫著「諸位海量的飲君子，你還敢再喝下去嗎？」
文案是：「客戶／香港瑪麗皇后醫院，等級／淡淡靈異味，在鬼
門關外，硬是拉醒了一些半夢半醒醉漢。我們這家瑪麗皇后醫院
立刻免費讓你搭便車，送你上路。」「鬼門關」、「靈異味」、
「送你上路」……營造出陰森鬼魅的氛圍，在想像裡逐漸擴
張……。

　　黃春明說：「好的故事不一定要長，它會在接受者腦海中繼
續完成」，有哪些廣告常在你心底徘徊？

一、撥動心弦——為什麼它打動我

　　有道是戲法人人會變，但巧拙各見真章，而行家出手之所以
不凡，必然是有訣竅！

　　智得溝通廣告公司總監沈呂百對於廣告祕訣是這樣說的：
「添加神祕注入能量、用力衝擊宣示存在、豐富智能強化信念、
加重權威凸顯個性、架構舞台強力呼喚、挑動疑惑增加價值、證
明召信更為親切、完美境界以利誘人、反射自我成功之鑰、融入
人群感恩之心」。

　　為達這些目的，據廣告金鐘獎分析廣告的武林祕笈「類
型」，有花錢從不缺的「花無缺」，以大卡司大場面呈現想要的
畫面；「奇門遁甲式」如藉偷渡客、難胞、俄羅斯女子賣傷風
藥，或如太極張三豐、少男殺手蔡依玲、深宮怨婦呂秀蓮、加州
水蜜桃陶子、生髮水禿頭藥許信良、台北地檢署李敖，強調代言
人與商品的接合……等。

　　不過廣告常勝軍還是動之以情莫屬，以強烈創意引起注意，

帶來立即滿足，如「藍山咖啡」帶出卓然出眾不可一世之感，花語茶賣的是浪漫感、左岸咖啡賣的是人文藝術氣質，讓喝咖啡時喝出廣告所塑造的想像：「我喜歡雨天，雨天沒有人，整個巴黎都是我的」。同樣是雨的意象，咖啡訴說的是品味孤獨，茶廣告則強調一種舒適單純：「雨停了，暖陽將河水照耀得如茶水般澄淨。」（飲冰室茶集）。

「獨占鰲頭，快意天下」（BMW 汽車）以八個字簡要而明確地宣示高級車的尊貴與驕傲。小型汽車則不得不出奇制勝，強化「以小搏大」的特殊性，如廣告中出現車禍現場死神與駕駛爭辯汽車性能，駕駛奮力逃出現場，顯現該款車不但具有速度感又以緊急充氣墊保障安全。但另有一款汽車標榜時尚造型，以逆向思考方式，顛覆男性看女性，而以男性看漂亮女子而頻出車禍，漂亮女因看流線型汽車而撞上電線桿，其吸引力自然不言而喻。

廣告也提供了消費者未曾考慮到的訊息，傳達自己是不可或缺的個性商品，或培養忠誠度者如「老的，初一十五吃素時買大茂黑瓜」（罐頭）、「旺旺仙貝，有拜有旺」（米果食品）、「全家就是你家」（便利商店）；或提供促銷活動如速食店廣告以「機」會雙關打出「雞會成雙」，搭配兩種餐點，只要 99元；或如五加一衛生紙、洗髮精、衛生棉試用包。

對於思考型購買者則重在提供透徹了解產品的資訊，如手機、照相機、電腦等高價位商品，在行銷決策上強調功能多、產品新、創新性、時尚造型、售後服務等充分情報，如「智慧就是你的造型」、「聯強的維修服務，連小偷都知道」（聯強國際）、「別人看歷史，我們看未來」（今週刊）、「風的方向，由你決定」（福特汽車）、「氣度決定一個人的高度」（馬自達

汽車）、「因為有所堅持，你總能專注最細微的調整，找到心靈最大的滿足……在××全新米色系雙彩內裝中，如此感受更為深刻。」（汽車廣告）、「生意、生活，換個角度，不用換車」（汽車廣告）。

不過對於珠寶、化妝品則必動之以情，如「我每天只睡一個小時。」（SKⅡ）、「你想愛誰就愛誰，想多美就多美」（DHC化妝品）。

寫作方向：理解與分析

1. 選出最吸引的廣告一則，由畫面還原為腳本——以文字敘述廣告的畫面、情節。
2. 分析這個廣告之所以叫你流連難忘的原因？它讓你心動甚至行動的誘惑點是什麼？無論那是因為畫面音樂所營造的氣氛，是廣告詞煽動心底的旋律，或是透視心理所激濺的想法，請記述廣告進行的種種情節，分析其訴求的賣點，讚賞它迸發的創意。

要點：

1. 這個廣告吸引你的地方是？它的賣點是什麼？它訴求的對象與年齡層是什麼？
2. 注意廣告的圖象暗示——在色彩、空間、角色上的經營。
3. 注意廣告的文宣敘述——與產品特質的配合度、運用什麼策略打動顧客心。

感性時代　鐵達時
"3 年 8 個月 17 天 23 小時
你說了 143 次〝我愛你〞
318 次〝對不起〞
我說了 25 次要分手
你　像這第三杯咖啡
我　上了癮"
（SOLVIL TITUS 手錶廣告）

　　這是一個雜誌上的平面廣告，佈局大約是由右上到左下切割成三部分。第一部分是一張圖，一個女生坐在咖啡廳，臉上茫然，無心翻著一本書，使用的色調為深色系。第二部分便是上面那段文字，第三部分就是這篇廣告的產品，兩隻手錶並排。

　　策略是利用人們對「情」的依賴，將冷冰冰的手錶化作一種暖性的知心物品；另一方面，利用廣告詞中的數字，譬喻手錶的精準性。（胡詩唯）

　　曼仕德咖啡經典名句：「生命，就該浪費在美好的事物上。」

　　內容說明：廣告中以充滿異國情調的音樂為背景，配上十分具有浪漫文學味的旁白。鏡頭帶過歐洲街道的風情後，緊接著轉入一個充滿悠閒浪漫的咖啡店中，一對男女正在咖啡店浪漫地跳著舞蹈，甚至忘情地深吻，然後自然地帶出「生命，就該浪費在最美好地事物上」。

分析：對現在的人而言，「喝咖啡」除了提神，更是一種悠閒而浪漫的享受，是以咖啡店通常佈置得非常有氣氛，足以令人神醉其中。

咖啡本由歐洲傳來，因此以歐洲的街道和音樂為背景最能極盡地表現浪漫的感覺，營造悠閒的氣氛。而沉浸在愛河中的那對男女，更是呼應文案「生命，就該浪費在最美好的事物上」，襯托出「喝咖啡」即是生命中最美好的事物。（李佳欣）

History？or Dust？

這是一個補習班的廣告單。通常廣告單都是看完就資源回收，唯獨這張，讓我保留了下來，因為它的設計別有一番教育價值，當然也有一番趣味。

這廣告大部分以黑白為主，照片排成一圈圍繞在旁，分別是從 1903 年到 2000 年間的大事：有萊特兄弟的飛機、愛因斯坦的物理課、民權領袖馬丁·路德·金恩的抗爭、貓王熱、北京的天安門事件等，都是歷史上各方面有名的事件記錄。然而最後一個圖則是放上此補習班的老師的照片，代表著他在教育界中也佔有名留青史的地位，又叫人豈能不去補呢？

這張宣傳單既不以粗大的字樣凸顯補習班的好，也不以升大學的比率吹噓，但圖片和一些平淡的文字卻足以令人印象深刻。再加上剛開始拿到的時候，並不知道也不像是補習班的宣傳單，誤以為是歷史講義之類的東西，反而會好好的看看它！（李翊嘉）

Kanebo 化妝品廣告：

標題：「水水的透明之戀」

副標：【巴黎東方車站－70％水＋30％浪漫際遇】

文宣：

薰衣草之戀 Lavender——色澤質感，渾然優雅薰衣草般的柔情。

薄荷綠之夢 Mint green——甜美可愛，色彩勻柔薄荷般的摯情。

晴空藍之愛 Sky blue——透明光輝，率性粉妝晴空般的深情。

這廣告走的是明星牌路線，主角是擅長演戲的日本女星藤原紀香。整個廣告分為三部分：薰衣草之戀 Lavender、薄荷綠之夢 Mint green、晴空藍之愛 Sky blue。每一部分各有一小段故事配合不同色系的指甲油與口紅，銷售對象以年輕女性為主。

薰衣草之戀 Lavender：藤原紀香身著桃紅色削肩洋裝在月台上目送男朋友離開，透過這一幕別離的背影，藉藤原紀香的高雅表現主題——色澤質感，渾然優雅薰衣草般的柔情。

薄荷綠之夢 Mint green：藤原紀香坐在行李上等人，看見男友從遠方走來，高興地跑過去，跳上他的背讓他背，展現出女人的俏皮可愛——甜美可愛，色彩勻柔薄荷般的摯情。

晴空藍之愛 Sky blue：一位男士追著藤原紀香跑，最後在車門口停下來，藤原紀香面無表情，一轉身一個巴掌打在男士臉上，表現女人的帥氣——透明光輝，率性粉妝晴空般的深情。

我喜歡藤原紀香，更喜歡這部廣告所呈現的柔性手法，看起來非常舒服。（張瑜軒）

廣告腳本：臥虎藏龍在餐廳喝湯覺得湯太鹹而抱怨，主廚憤

怒的走出來說：「這湯不會太鹹！」然後便演出了一場砸爛了這高級餐廳的全武行……服務生在最後遞給她一張帳單請求賠償……女主角亮出美國運通卡之後就走人……

分析：很超現實的一個廣告。

應該沒有哪個餐廳的主廚會對客人這樣不禮貌，也沒有哪個客人會有飛簷走壁的功夫。

可是，這是一齣極為精彩的荒謬劇，卻成功的抓住了觀眾的注意力。

信用卡不過是個薄薄的塑膠片，其特質依存於銀行的儲蓄策略運用。可是絮絮叨叨的拚命誇稱吹牛優惠方案如何如何……電視機前的觀眾聽得下去嗎？更何況現在是講求速食效率的年代啊！除了那些很需要辦卡的人，誰真會去比較各種銀行的方案，而後選擇這家銀行？

對於這些游離票，要怎麼辦？

第一個要做的，當然就是吸引觀眾的注意。用「臥」中的女主角來代言，又演出了這麼一場俐落乾淨的武打戲碼——對於一個才剛剛因為臥虎藏龍一片而引起了某種轟動的這個世界來說，所造成的吸引力必然相當不小！看到女主角在用餐就會先停下來注意她，然後就是一連串快手快腳電影式分鏡的打鬥，讓人看得目不暇給……

一陣乒乓響後，餐廳內還站著的只剩女主角。

喔，不。還有那個端湯的侍者。

侍者誠惶誠恐的說：「湯……」在女主角鳳眼一瞪之下，說出：「不算錢了，不過——請您賠償餐廳被破壞的損失。」從他

手中列出了一連串的帳單。

這可不是筆小錢哪。

怎麼辦呢？難道要留下來洗碗不成？剛剛還那麼帥氣的打遍餐廳無敵手的俠女，難道要因為付不出錢而窩囊地去廚房洗碗嗎？

當然不可能囉！

於是這時候我們看見了，女主角臉色不改，迅速的拿出了一張──美國運通卡，一言不發的將那張卡扔在侍者手上，然後，英姿凜凜的走出餐廳。

到此，這個廣告已經圓滿成功了。因為它不但牢牢抓住了觀眾的視線，還在最後傳達出了這樣的訊息：

「有美國運通卡，就是會讓你這麼放心！讓你在不管什麼尷尬的境地下，都可以大方抬頭挺胸的走路！」

如此一來，想要更進一步了解相關資訊的人，就變多了吧？

我被這巧妙的廣告給絕倒了──就在我期待著最終的結果時，我差點就以為他不會是要推銷那碗湯吧！結果居然是信用卡……（張瑋）

由上述分析可見廣告為抓住你的眼，打入你的心，或以柔性訴求虛張聲勢、冷靜理性抽絲剝繭，或逆向操作，危言聳聽，千方百計無非是要讓你讀它萬遍也不厭倦，想得魂牽心縈朝夕難忘。

二、藉別人的夢，孵自己的夢

寫作方向：闡釋與應用

　　每個廣告的背後是隨興的、抒情詩的鏡頭，觀看的詩意和敘述的旋律都屬於藝術創造的決定部分成為一個個影象，「故事」以另一種方式被陳述。

要點：

1. 這個廣告給妳什麼樣的靈感？可以用來做什麼廣告？
2. 藉它喜歡的廣告畫面創造自己的情節，藉它的商品效應編織自己的生活故事。

　　謝霆鋒 FM365 篇，上演的是錯過、巧合、機緣，以現代人渴求連線卻又想隱藏自我，迷戀網路的虛擬自由，卻又想撫摸真實的溫度為基調，捕捉出什麼樣的現實？烘托出什麼樣的心情？

　　大陸播出的 365 網路呈現茫茫人海的陌生、疏離的都市中，因為網路有了真情感動。FM365 象徵 365 天的等待，同時是 365 網路上的見面。現實生活中有太多無法控制的操縱變因，在網路世界，操縱變因只有一個，決定於上線與否。上線就遇得到，不上線就遇不到。一個成功的實驗操縱變因只能有一個，想成功，就上 FM365。

　　這個廣告拋給我的撞擊是，如果我要弄一個屬於我自己的部落格，我會將我理想中的自己塑造成網路世界的我，因為我想隱藏自己，在一個虛擬的世界，有一個虛擬的我。（黃于真）

　　以倩碧淨痘 e-letter 極盡描繪出唇彩的多樣性、實用性和新鮮感的蜜絲佛陀「恆彩唇漾」，以「釋放妳的魅惑唇語」勾人心魂寫出的故事：

　　女人匆匆打開了電腦，開啟 ICQ，尋找男人。女人與男人已經聊了一年，因為他們的堅持，他們從不提見面。

　　女人是一個普通的上班族主管，住在普通的景觀公寓，養一隻普通的貓，塗普通的專櫃唇膏，偶爾覺得自己的妝很普通。男人是個普通的研究生，住在普通的五層公寓，上普通的 ADSL，吃普通的排骨便當，偶爾覺得自己的痘痘未免太多。因為默契，他們從不提見面。

　　女人心不在焉的跟男人聊了半個小時，覺得自己應該改變。對，就是改變，是下午看到的唇膏廣告給她的想法。女人輕輕的 PO 了幾個字上去：我們見面，華納廣場，Sun 14：00。男人皺皺眉，心想真是好死不死，臉上剛冒出幾顆新鮮欲滴的痘子，得想想辦法了。

　　星期天，十三點五十五分，女人看見了男人，光滑健康的銅色臉龐；男人看見了女人，細緻紅潤的嘴唇，上面還點綴了幾片奶油色的花瓣。女人說，你終於治好痘痘了；男人說，妳終於選擇了適合妳風格的唇彩了。喝咖啡還不會沾到杯子上呢！女人補充。

　　因為他們的選擇，改變他們。（劉于禎）

　　「萬事皆可達，唯有情無價。除此之外，萬事達卡皆可為您做到」。這個廣告並不直接強調信用卡的好處，反而從更人性的

角度去設計，讓觀眾有一種更貼近的感覺，一種窩心而不只是現實。

一張萬事皆可達的廣告，在女強人脆弱的心湖裡激起什麼樣的漣漪？以這個廣告為襯底，透過想像自編小故事，會是什麼樣的風景？

一月寒流來襲的日子，晚上九點台北的街頭不但寒冷而且冷清。琳一個人開著賓士在街上，在遊蕩嗎？不是，她哪有這種閒時間呀，她可是二十一世紀最有權勢的女強人呢，旗下五十家服飾連鎖店全靠她一個人，她現在正趕著去一個大客戶家呢。

只是，最近不知道從什麼時候開始，琳的心中有一個位子被莫名其妙地空了出來，有一點空虛，有一點寂寞。她已經有錢有勢了，她還缺了什麼？琳自己也不知道，也沒有時間去尋找。

晚上十二點，琳終於回到家了，可是這並不代表工作結束。她打開電視想轉到股票台了解股市情況，她一邊脫下厚重的小羊皮外套，一邊等電視出現畫面。她好累，可是她還不能休息，因為心裡好空虛，她好害怕，害怕自己一旦停下來，就會被寂寞吞噬。這時候，電視出現了聲音：「……一家人團聚的時光，無價。除此之外，萬事達卡皆能……」

琳抬頭望著自己偌大的家，昂貴的大理石地板映射出自己孤獨的身影。是啊，多久沒和家人在一起了？打從琳十八歲那年隻身來到台北，也過了十幾個如此寒冷的冬天了吧！

她終於知道原因了。心中的那個缺口，被填滿了？還沒，不過琳已經找到那把鑰匙了。（胡詩唯）

邂逅時的感動雖是瞬間，
情愫卻猶如漣漪般綿延，
相信純真
不該因時光流逝而幻滅
（貴爵　純真不滅定律　抒情・伯爵奶茶）

習慣在咖啡香與奶香之間，交融出一種濃郁的簡單
堅持在完美與驕傲的界限中，找到自己的靈魂
（36 法郎　塞納河畔的驕傲　拿堤極品醇奶咖啡）

這兩段咖啡廣告文句塑造出某種浪漫風情，引渡出下面的故事：

　　不知道有沒有人會像我一樣，在公共場所，時常會注意美麗的女孩子？她們雖不一定是人群中最閃耀的星星，卻因為特殊氣息而牽動我的眼睛。然而，她們對我而言，像只可遠觀而不可褻玩的蓮花般，從未有任何一點交集。
　　那是一個擁有溫暖陽光的午後。
　　詩人說：我可以沒有墨水，但不能沒有咖啡。
　　蕭邦寧願用鋼琴換一杯 Café au Lait，因為潛藏的渴望可以用喝一杯咖啡的時間來釋放……。
　　剛從最喜歡去的一間咖啡館出來，昂列咖啡的味道，還在我的嘴中流連不去，繼續地譜著咖啡和鮮奶的戀曲。走在路上，隨著嘴中這複雜的味道，心，不由自主地想起數個月沒見面，也沒聯絡的她。這感覺既模糊又清晰，燃燒自己感情和理智的那種瘋

狂，已經隨著時間慢慢、慢慢變淡。雖然是這樣，心裡卻還是有一份盼望，對於那些明知道不可能的事，人們總是會有著一種奇怪的堅持。

來到從前兩人最喜歡一起散步的地方，看著自己的書，景色沒變，只是人事全非。突然，一位年輕的長髮女子迎面走來。我一直盯著她看，因為她擁有一種我從不曾見過的氣質。她的眉毛細細彎彎，好像月亮一般；雙腿修長，比例勻稱；水汪汪的眼睛，透露一絲寂寞的神情，嘴角揚起一抹微笑，表現出現代人少有的善意……「啪噠！」正當看這名女子看得入神，我的書掉了。就當我彎下腰打算去撿我的那本破書時，一雙溫暖的小手將它拾了起來。我望著這名女子，有點不解她為什麼要這麼做，同時對上了她的大眼睛。

「來，你的書。」一個細細柔柔的聲音開了口。

「謝……謝謝！」我不知道該說什麼好。看著她，心裡覺得好溫暖！也許是因為我太寂寞吧！這時候特別容易感動。就在她要離去的那一瞬間，我脫口問道：「小姐，要是有機會再見面的話，請你做我的朋友！」那種衝動，就好像小時候任性的要跟誰切八斷一樣的莽撞，卻也是一種絕對的純真。她轉過來，笑咪咪的開了口：「好啊，要是有這麼一天的話！」「嗯！」我用力的點頭笑著說。她繼續往她的方向前進。

過了幾天，我又重複了和她相遇那天所做的事情。唯一不同的是，今天喝的是曼巴咖啡。濃郁的香味在唇邊蔓延，彷彿給了我一股新生的勇氣。一樣的下午，一樣的時間，一樣的景物，一樣的人。那名女子真的出現了。她看著我，我也看著她，兩人露出了會心的微笑，好像老朋友一樣的有默契。

　　那是第一次，踏出生命中的第一步，和自己所欣賞的女孩相識相知。第一次感覺咖啡的黑鍵與鮮奶的白鍵攪拌在一起，鋼琴在嘴裡譜出美妙的旋律……。（晷佳欣）

　　酒最動人之處，在於醒與醉之間的微醺，染出一場場旅人與流浪的相遇，一段段飲者的人生故事；咖啡，是行旅中歇腳的港口，敘說暗巷有更暗的暗巷，黑夜有更深的黑夜，角落有更曲折的角落，邊緣有更邊緣的邊緣。

　　但這一切當「遇見」，而改變。佳欣融廣告情境，敘寫那情人眼裡才看得見的光采，那燃燒整條向晚的街的浪漫，讓咖啡不再苦澀，戀戀的悸動打開彼此的心窗，聆聽屬於生命的美麗與哀愁，這是美酒遇知音的傳奇，是咖啡召喚香魂的情事。

文字浴血戰 ——讀廣告背後的世態人情

　　有人說：「廣告人每天都想改變這個世界，想創造更好玩的世界。」因此以奇思妙想的廣告創意，激盪出震爍古今的燦爛煙火。也有人認為：「廣告與新聞都是這個社會最忠實的鏡子，從不同的角度記錄下這個時代的真實面貌」，有人則更進一步認為：「廣告是趨勢的觀察者」。這些說法呈現單純的文化工業已不足涵蓋廣告現象，廣告更是研究社會發展、集體意識、社會制約、價值投射的向度。廣告文案、廣告詞句則是社會文本，不單承載語意學上的意義，更標誌著情感記號和角色的拓印，刻鏤著複雜的社會與人事痕跡。

　　黃春明〈鑼〉一書裡戶外流動廣告「文案」像一首街頭朗誦詩，配合鑼聲及富韻律的喊叫道：

嚙！嚙！嚙！
打鑼打這裡來
通知給大家明白
明天下午兩點啊
埼頂太子爺要找客子呀
順時跳過火畫虎符

　　噹！噹！噹列位善男信女啊
　　到時備辦金紙爆竹
　　到埼頂太子爺廟燒香參拜啊
　　噹！噹！噹

　　廣告起初憑藉流動性的發財車，以聲音為媒介，在小空間的小眾間傳播，繼而是海報、招貼文字在點電線桿上、牆壁間默默宣佈。隨著在建築物表面巨牆彩繪西方文化生活方式入侵，印刷和電子聲光堂而皇之地進入家庭滲透……。由題材所呈現的廣告理念，如樣板式僵硬的表象，以拖著木屐、穿汗衫賣力地騎腳踏車、醬菜、台語、布袋戲作為本土化存在，到詩化文學性的情節畫面，無不反映現實生活與社會型態。

　　隨著台灣經濟起飛，「淹腳」的錢潮帶來無限商機，外商公司急於靠攏，如智威湯遜廣告公司 以「電燈泡，白裡透黃」為標題的文宣：「身為百分之百的外資公司，我們的外表的確很白，然而，我們一開始就懂得入境問俗，和台灣市場的客戶彼此來電，針對黃皮膚的消費者，綻放創意光芒」。純本土清華廣告「漢堡包子」篇則大力陳述在地味：「清華人立身本地數十年，深知這裡的人，要什麼，不要什麼；吃什麼，不吃什麼。因此。我們不會一廂情願地把漢堡賣給燒餅族，也不會強迫可樂族去喝烏龍茶，更不會去創造一種『漢堡包子』，試圖同時抓住漢堡族、包子族。」至於「別讓今天的應酬，成為明天的負擔」（解久益）則見這打拚背後的代價與生活方式。

　　此外，不同世代有其不同的幽默與價值觀，如保力達以各行勞工為主要對象。所謂「明日的活力　今日就替你打點好」，創

造在俚俗中貼心的溫馨。而「一雙鞋穿一世人　一輛車凸歸台灣」，凸字代表節省，又表打拚的思維，與「借錢是高尚的行為」鼓勵刷卡，塑造出購買的快感，讓消費是理所當然的事，顯現不同社會經濟的生活面貌，與迥異的消費觀。

 寫作方向：解讀與闡發

1. 廣告如同立體透視圖，充滿話語、聲音、線條、詩句和轉折複雜的文意。如果把廣告視為表意符號，那麼在這思想的圖騰，欲望的拓樸學中，可以讀出什麼象徵？什麼結構？

2. 廣告就像空氣無所不在，各種形式包圍我們，隨時在報紙、網路、媒體、公車、招牌或牆壁出現，讓人不得不看。它在潛意識中日積月累出一種深刻的印象，它塑造了什麼樣的形象？產生什麼樣的印象與影響？它隱藏或暴露出什麼樣的思維？

要點：

　　選擇同一家廠商品牌系列廣告、同類型異樣表現方式或以時間為軸俯瞰素材，解讀其所鋪陳的社會變遷、勞資關係、文化交會、經濟榮衰……等現象。

　　以「孟姜女哭倒長城」故事為主軸的枇杷糖廣告、被胖太太騎到身上壓迫的蠻牛先生，前者顛覆孟姜女無助的哭泣，傳達出靠感應天助不如靠自己的新觀念；後者顛覆男強女弱的刻板印象，凸顯商品效力，同時反映現代社會中女性不再是嬌弱無力，任命運牽制的角色，也不再是傳統設定的位置。（余思佳）

　　蔣勳曾說：「以復古、落伍來理解民族的原則；以地方性、特異性來理解平民的原則；以不自覺的觀光客及文化人的心態歌頌傳統及民俗，使得鄉土及文化運動被扭曲為掛羊頭賣狗肉的東西。」不過這種刻板的表現習慣，卻被一個價格高的外來品牌巧妙運用以打入市場。

　　麒麟廣告先以「只萃取第一道麥汁」，強調其新鮮、高品質的感覺，再以本土導演侯孝賢的歌聲、吳念真的演出，分別在白河採蓮、高山爬行、北海岸夜撈蟹，顯現它像台灣本地品牌，並營造出眾人共享的歡樂氣息，最後以「乎乾啦！」的閩南語言，啤酒瓶掛樹梢的方式呈現熱誠、投入，不僅成功地顛覆樣板秀的僵化，同時反映外來品入境在地化的事實。（駱宛萱）

　　無論是住家或網路，打開信箱湧出來的大多是不加思索便可以棄置的垃圾，但無意間看到的這則「天賞」房屋住宅廣告卻改變了我隨手即丟的習慣。兼具宣傳與文學性的它觸動了長久以來現實空間的限制與擠壓，創造桃花源式的樂土、古典庭園的想像，特別是「家」的牽繫，形成對現代化、疏離個人化的反撲，深深引動那重拾失去、再返美好的原始欲望：「風箏亭」穿過「流光廊」水域，就來到以家庭休閒為主題的戶外庭園區。綠油油的草皮畔，有個風箏造型的現代鋼構涼亭，簡單的線條掩不住豐富的設計意涵。載夢高飛的風箏，帶童年遠颺，彼端那根親情的線，卻一生牽動每個遊子對「家」的依戀。（駱玉嵐）

　　女性音樂創作詩人 雷光夏，Love Affair 出軌音樂會
　　這裡是一片慾望的廢墟　　　　　　但是我總能辨認出來

是一座知己的迷宮　　　　　那氣味
是一個無謂的探索　　　　　是秋天清晨海邊的微風
走開　我不需要你　　　　　是剛開啟的醇酒
就像這座房子不需要風景　　暗夜裡羞怯美麗的星光
就像這艘船不需要河流　　　是一百個疑問
　　　　　　　　　　　　　是一億個肯定句

　　作者的想像是很空泛的，寫的是人內心的感覺，若要用意象來形容好像反而不能完全表達它所傳達的訊息。不如這麼說吧！心，因為愛人對身體的渴求而變成廢墟，但還是最了解自己的地方。人的思想變化萬千，就像迷宮一般混亂複雜，即使所愛的人想要與你分享內心最深處的秘密也是徒然，所以，我們不一定需要一個愛人。

　　愛，出了軌嗎？其實我們自己的心裡最清楚，那種瞬間愛情的感覺，是很新鮮的滋味，乾乾淨淨的感覺就像海邊的微風，就像剛開始醞香的醇酒；有點膽怯不敢確定的思索，有如夜裡的星：閃爍著的是疑問，不移的恆星是肯定句。

　　廣告想藉由這種人性不確定的感覺，來表現音樂創作者的音樂所帶給人們的神秘感，這其實也是現代人感情世界的圖景……。（黃喜容）

　　有人說：「廣告是為了得到市場的一種手段」（M. D. Moriaty），有人則認為「廣告主的產品或勞務，用口頭、書寫、印刷為表現方法，由其出資，作公開的銷售促進的活動，謂之廣告。」（美國廣告時代，Advertising Age）成功的廣告有賴於始

終不懈的堅持、技術上完美的表現，有系統的規劃戰略，因此，在圖像文字所彰顯商品的意義之外，事實上是整個時代的思維，全體人類意識的反映！

　　是以「孟姜女哭倒長城」故事被移到現代滲透女權，麒麟廣告一方面說明外國商品必須向本土靠攏，以打入市場，另則顯露台灣本土化的政治操作。「天賞」房屋住宅廣告假借桃花源意象，傳達對舒適安穩空間的渴求，而出軌演唱會更直截了當地戳破人性，隱然浮現游離徬徨的愛情觀、縱慾隨性的交友思維。

文字的樂趣
──廣告文案我最炫

　　蘇格拉底說沒有經過熬夜寫出來的文章不值得一看，得過國內外多種創意獎的鄭以萍說：「創意應該是具有一種不可預期性，對創意人而言最大的挑戰應該是主動去創造一種新的對話方式。」譬如「台北很字戀」、「抒情城市」、「百感交集」、「有點黏有又不會太黏」、「又期待又怕受傷害」、「你可以再靠近一點」……這些廣告金句令人在思考中有驚奇的閱讀趣味，在引用流傳間引發感情思考。

　　廣告運用視覺思考和符號思考，帶給觀眾全新的東西，如美白商品，廣告中的女子非常喜歡白，身邊的東西都是白的──白的貓、白的電話、白的家。中興百貨以「我是白癡」作為文案，簡單的字刻鏤出商品特色，並以癡情於白賦予文字新的意義，形成在簡單後的華麗豐富空間，絕不是白癡而是聰明人，更使思考模式有弔詭的趣味。

一、畫龍點睛──標語金句

　　銳不可當的好創意就是要──筆筆入裡，刀刀見血。資深創意人陸立華認為如果以最強文字加上最佳設計，一定能演繹出最

完美的創意，直接切入廣告策略核心，直進消費者心底。

依歷屆時報廣告金像獎廣告金句獎分析，大致可分下列幾種模式：

＊宣示理念：「科技，始終來自於人性」（Nokia 手機）、「每個偉大工藝，都從不可能開始。」（LS430 汽車——和泰汽車）、「今日你是她的全世界。他日，你能否闖進她的世界？未來，全視乎我們是否不斷進步。」（匯豐銀行）、「資訊，還是雜訊？創新，還是跟隨？深度解讀，掌握變革，從有觀點開始。有品質的閱讀，延續有觀點的人生。」（天下雜誌）、「獨佔別人模仿不來的慷慨風格。」（新聯陽建設）「有人問羅丹什麼是雕塑？他說一個石頭，由山滾落而下，所剩下的形體，就是雕塑。探索生命的價值，撞擊是必要的。」、「不落俗套的氣質，叫人眼前一亮。當嶄新的珠寶創作意念與精湛的鐘錶工藝在此巧遇，個性與迷人從此有了新定義。真我性情，就是迷人個性。個性，就是與眾不同；迷人，就是非凡魅力」（積家 Ideale）

＊表現熱情：「Just call me，be happy.」（遠傳電信 IF 易付卡）、安泰人壽的「世事難料，安泰最好」、全國電子的「全國電子，足感心ㄟ」、「We are family.」（中國信託）。

＊強調服務：「The city never sleeps.」（花旗銀行）、「紅利點數也能當飯吃」（中國信託信用卡）。

＊凸顯效果：如「去除角質，就是做好臉的水土保持」、「女人可不能靠粉過日子」勸說保養品的基礎價值。「我不能改變身分證上的年齡，但可以改變看起來的年齡」（化粧品）、「我每天只睡一個小時，皮膚依然晶瑩剔透」（SKII）誇張保養品功效。他如「連鬼地方也收得到」（和信電訊）、「知識使你

更有魅力」（中國時報）、「看我非我，我看我，我也非我；裝誰像誰，誰裝誰，誰就像誰」（konica 底片）、「外在比威風，內在比威力」（內褲）、「挺身而出，展露女性最美的曲線」（孕婦裝）、「好身體，沒人敢惹」（紐西蘭奇異果）、「只要Double A 萬事都 OK」（Double A 多功能影印紙）、「肝苦誰人知」（白蘭氏五味子錠）。

＊自信保證：「有青才敢大聲」（台灣菸酒公賣局台灣啤酒）、「Trust Me. You Can Make It！」（媚登峰瘦身美容）、「雅芳比女人更瞭解女人」「妳在看我嗎？沒關係，妳可以再靠近一點」（雅芳化妝品）展現保養品顯現的自信、「這一朵，你想變成什麼顏色？上帝做不到的，由您來完成。」（屏東農業生物技術園區籌備處）。

＊貼心暗示：「關機是一種美德」（台灣易利信行動電話）、「給孩子多一點想像，這世界會變得更漂亮」（瑞聯建設）、「一年中最短的白天，跟最長的晚上……還記得跟家人闔家團聚的古老約定嗎？」（桂冠湯圓）。

＊生活方式：「生命就該浪費在美好的事物上」（統一曼仕德咖啡）、「用心投入，是你充實內在與生活的方式」（汽車廣告）、「世界交替巨變，重新定位人生」：「蘇東坡的夢，私藏森林浴，隱於市。在追求身價與價值的天平上，與家人即時分享才算是成就。……」（房屋）、「不要再跟世界爭辯!」（摩卡咖啡）、「安於室，型於外──每個女人都想坐我的車，可惜我把位子都留給了家人。」（豪華運動跑旅車）

＊行事態度：「溝通，從分享開始」（威士忌三得利）、「生命的對弈，絕不能失手！」（健康食品廣告）、「人類最偉

大的成就，來自溝通；最大的失敗，來自不願溝通。在今日科技的協助下，只要我們……願意溝通，所有願望都可以實現。」（英國電話公司）、「生命這齣戲，你自編自導，請勿忘記，你不可能 NG 重來，生命沒有 TAKE 2。謹慎跨出每一步，勿誤交損友，鋌而走險，自毀前程。」（香港公益團體）、「四十歲的男人，如果心中有夢，還是年輕人。」（尼卡威士忌）、「只要有夢，你會紅」（約翰走路紅牌）、「我的未來不是夢」（黑松沙士）、「只要我喜歡，有什麼不可以」（奇檬子愛情飲料）、「大部分人追求與眾不同，可是我卻力求與人相同」（救助傷殘兒童公益廣告）。

＊現象關係：「有點黏又不會太黏」（中興米）、「認真的女人最美麗」（台新銀行）、「一生在一起，是最快樂的事」（獅王牙膏）。

這些金句有的已成為口頭禪，有的形塑行動，有的融入心底燃燒力量，它們不但深刻地展現產品形象，提升其意義，同時點出時代的集體意識。在你的經驗體驗或觀察解讀中，可曾閃過什麼智慧而感動的靈光？

寫作方向：畫龍點睛——靈動片羽

廣告文句是最壓縮的語言，為達「猛纏爛打」的說服功力，文字在影像搭配中往往產生如虎添翼之效，特別是簡單且具有力量、創意、深度思考的三言兩語，正如極簡主義的奧美創意總裁認為：「最成功的廣告是沒有商品還能把事情說得清楚，這表示商品已成功地存在消費者心中」。因此做廣告創意時，思考的常是怎樣拿

掉一些東西讓它更好，如「用一天來結婚，花一生去相愛」、「成人之美，三十而麗」、「回家，就像起駕回宮」，這幾句房地產廣告在極簡之外還能創造出一種新的很強情感連結方式，呈現出一種新鮮而又震撼的魅力。

要點：

1. 請挖掘以各行各業為標的，運用文字的新奇怪招、絕門修鍊術，寫一則精詞金句，並附以簡要箋註。
2. 選擇現有的廣告，重新為它設計一句精心妙想。

　　流線造型的 APPLE 電腦靜靜地被陳列在櫥窗裡，凝望這喧囂而活躍的城市，它羨慕而急欲加入人聲。就在這時候，有個人從櫥窗經過，APPLE 電腦隨著他注視的目光而移動螢幕，過路的路人驚異地瞪眼，以難以置信的試驗再次走回，電腦頑皮地與他玩眼與眼交會的遊戲。這一則藉人的動作顯示螢幕伸縮性，讓電腦不再只是實用，同時可以是美麗的裝飾、快樂的心情、創意的生氣，讓人迫不及待地想與它同戲！在課堂上播出後，同學們為這隨人旋轉、活靈活現的螢幕寫下的標語是：

模仿，始終來自於人性（黃于真）

You do what you are（王又淳）

對於您下達的指令，相似度高達百分百（張銘）

聰明的電腦會隨主人喜怒哀樂跳躍奔馳！（陳怡伶）

你能做的，我也行～（邱怡韻）

APPLE 電腦滿足人的選擇，開放無限可能的空間（段瑀）

其他如強調冰箱保鮮度：「我家的冰箱通向大海」（劉敏之）、保險：「趁早買下生命的保障，活出肆無忌憚的人生」（陳怡如）、「給不確定的年代一個不變的承諾」（張維芳）、幽默而體貼的眼鏡提醒：「床前明月光，疑是地上霜!? 該換眼鏡了吧！」（桂尚琳）另如就像「把媽媽帶在身邊──微波爐」（黃千洳）、「纖搶鮮贏──果汁」、「分分秒秒都不願與你（妳）錯過──手錶」、「你，不要再對著地圖嘆氣啦！──旅行社」（吳品宣）、「三分鐘熱度──速食麵」（陳怡錚）……各自展現精彩簡扼的妙語。

二、聳人聽聞──文案創作

廣告目的在使消費群相信其能取代競爭者，因為它提供了利益，這或許是因為品牌的形象，或經由解決問題方式，形成感性（理性）的商品，如「都打✓，還選什麼」、「錯對的事，何必要改變！」（Nick 球鞋）在品牌商標與對錯符號間巧妙連結，加深使用者忠誠度。

另如「今年 20，明年 18」（中國白麗美容香皂）、「畫質好＝（天才＋經驗－濫造）×技術÷自滿（日本株氏會社家庭影片）、「我們的實力＋您的努力＝財富」（長沙經閣實業集團有限公司），善用數學與數字讓閱讀者眼睛一亮，心頭一振。

　　此外北京奧美廣告以「尋找稀有動物」為標題的廣告也頗出色，其文案是：「企鵝是彬彬有禮，黃牛是工作勤奮，猴子是腦筋靈活，鸚鵡是口齒伶俐，孔雀是追求漂亮，貓頭鷹是不怕熬夜」。這則徵才廣告並不明確的寫出條件，而以變換表達的方式，由各種動物的特質帶出公司所尋求的人才本領，果真是高手出招！

　　廣告也經常利用感情為手段，以令人感動的手法拍攝，打動人的感應，如柯達廣告拍一對老夫婦翻閱照片，回憶起孩子小時甜蜜溫馨的情景，主旨在勸人多照相，留下記憶。所謂感動是經驗分享讓人們萌生共鳴，如中華汽車爸爸的肩膀具本土味、故事性，其價值在「愛的本身」，在傳遞愛的訊息，發掘人們愛人的能力。

　　以公益廣告而言，為融化人與人間的冷漠，勢必要激盪熱情以召喚行動，如「留一盞燈給最後回家的人」（宏福文教基金會）、「我不認識你，但是我謝謝你！」（中華血液基金會）、「夜深了，打個電話回家」（富邦文教基金會）、「捐血一袋，救人一命」（中華血液基金會）。又如英國「資助肢障人士」的公益廣告，鏡頭中是一位沒有雙手的家庭主婦，她用嘴巴開冰箱、拿雞蛋，咬著湯匙打破雞蛋，再用牙齒開瓦斯做早餐，此時一行字幕出現：「現在你還覺得簽一張支票有這麼難嗎？」

　　南斐公益團體廣告，敘述一個名叫山姆的黑人小孩，在長久化療後，重回校園。原本喧鬧不堪的教室裡在他一推門的剎那間，安靜無聲，全部人都站起來說「Wecome Sam come back」脫帽擲向天空。令人驚異的是所有同學都和山姆一樣理光頭，此時，出現這樣的字幕：「像山姆這樣的孩子，需要希望，需要面

對病痛的勇氣，也需要朋友的支持……」。儘管廣告人王念慈曾言：「公益廣告的感動傾向簡化社會問題於三十秒中」，光憑公益廣告的確無法解決社會問題，重要的還是背後的價值體系。以感情為訴求，呈現事實畫面，仍能引發真誠相待的人性光輝，讓沉睡的情感被點燃為熱心的火花。

文案提供一種活潑的寫作形式，讓創意可以在短短的文句中豔光四射，同時檢視學生是否能出色地凸顯主題，因此學測與模擬考試時有類似題目出現，如大考預試中的題目：

寫作方向：渲染情節——虛構奇想

為海灘的奇景編寫一段吸引人的故事，作為旅遊景點的廣告文案。

資料：東城山上有風洞石，一塊很大的渾圓的石頭，上負一塊很大的石頭蛋。

有大風，上面的石頭能動。有個小伙子奔上去，仰臥，雙腳蹬石頭蛋，果然能動。這兩塊石頭擺在一起，不知有多少年了。這是大自然的遊戲。

在人的解讀下，自然景物平添神話般的想像與情節，如廷芝帶著傷感回憶的敘寫，怡錚的美人魚現代版：

很久很久以前，有一個少年曾對她說要做一輩子的石頭擺，一輩子一起聽海潮，一起在風洞石旁笑鬧——永不分離。

她記得，當時自己的輕笑。笑少年不明世事，也笑自己那微微搖動的心——明知沒有所謂永遠。幾個月後，她離開海邊的小

鎮，離開少年溫暖的笑容。

多年後重回舊地，她驚訝自己還記得住那些細節。蒼白的她揚起手，是陽光太炫目了嗎？

朋友，一直是無緣的名詞。閉上眼，感受那年同樣的水聲，同樣的豔陽和同樣的寧靜。

沒有想到自己仍輸給了寂寞。

暗自唾棄軟弱的自己，知道往昔不再重來。

自嘲地睜開眼──最後的記憶停在相同溫度卻成熟的笑臉，還有──他過分自信的言語。那時，他是怎麼說的？「要做一輩子的石頭摽。」

東城山上有風洞石，一塊渾圓的大石，上面負有一塊石頭蛋。這兩塊石頭摽，在一起，不知有多少年了⋯⋯（顏廷芝）

傳說洞裡住著一隻很漂亮的人魚，她很想家，卻回不了家。她的視力不好，就算游進海裡，也不知家的方向。

她每天唱歌，希望海底的父皇聽到⋯⋯然而人魚長大了，父皇還是沒來。這個夏天下了場好大好大的雨，一顆巨大的夜明珠落在人魚常坐的石頭上，村裡的人看見海岬發光，好奇地圍了過來。他們看見人魚，在夜晚唱歌的人魚。

有人以為人魚是災難，把人魚丟下海。

有一位少年卻愛上了她，每個白天都坐在夜明珠旁看著海，雙腳蹬呀蹬的，把夜明珠踢鈍了，像雞蛋似的立著。

那是個再也回不去的從前，人魚再也沒來過⋯⋯（陳怡錚）

另如學題目提供活動時間表，要求寫段學生活動文案

寫作方向：看板海報——賣點磁鐵

　　某大學資工系擬於今年暑假舉辦——「高中生電腦生活營」，發揮你的創意，寫出一則約 200 字的宣傳文案，介紹營隊的特色，並吸引高中生報名參加。

　　文案形式可以是一篇短文、一首新詩、一篇告示或其他文類。由於招生對象包含對電腦、網路完全陌生的同學，因此請注意文案內容的普及性，勿使用 BBS 用語或艱澀的資訊術語。

　　冠婷充分發揮網路無遠弗屆的神奇魔力，讓人一網在手縱橫古今，頗具說服力：

　　曹操若能當駭客
　　窺伺孫吳劉備聯軍基地
　　三國鼎立
　　將從歷史年輪中
　　灰飛煙滅

　　張擇端若會用 FLASH 動畫
　　清明上河圖
　　活靈活現在靈魂中
　　在千眄萬睞的記憶裡

珍惜你的時代，跟著我們一同虛擬未來
無需怔忡
無需猶豫
電腦生活營將帶你征服四度空間
下一個亞歷山卓就是你（郭冠婷）

選擇與學生生活情境，或時代趨勢相關的活動設計文案，最容易入手也討好，因此考題中頻頻出現類似題目，如：

寫作方向：招攬櫥窗——說服吸力

水原華僑中正小學，可能是全世界最特別的一所華僑學校。從四、五年前開始，韓國父母開始爭著將小孩送來華僑學校學中文，現在全校一百四十多個學生中，韓國學生佔了超過八〇％，只有不到二十個是中國人。他們卻上著與台灣寫學一模一樣的課程，唸起：「冬冬喜歡小鳥，有一回冬冬和爸爸到山裡遊玩……。」韓國吹起了一片「華」風，掀起了一股中文熱（《天下雜誌・三一三期》）。

假使你是一家華人補習班的經營者，請你為該補習班寫一份廣告文宣，內容約二百字以內。

注意：請先立標題，運用文學想像來寫作，無須侷限於傳統廣告文案體制。未寫明標題者扣三分。（94台灣區第一次學測模考）

三、我變我變我變變變——課文與現實的奏鳴曲

　　大量閱讀厚植功力，激發靈感；不斷書寫訓練詩文的敏感度與經驗，是一眼看出特質，抓住調子的不二法門。誠品文宣李欣頻曾自言她不看國內他人廣告以免受影響，而是看原始電影、小說、報導節目、流行資訊找有感覺的途徑，找思考創作的源頭。

　　如果將廣告技巧與課文結合會是什麼樣的結果？90年學測題便以「請名人代言」是提高廣告說服力的好方法，請由四則廣告標題中選出最不恰當者：（A）請莊子代言「自然就是美」（B）請子路代言「心動不如馬上行動」（C）請蘇秦、張儀代言「做個不可思議的溝通高手」（D）請司馬光、王安石代言「好東西要和好朋友分享」。此題一方面運用時下流行的金句，二方面測視學生是否能尋找背景相契合的古代名人來代言，既避免流於僵化記憶又能切合時代，頗具新意。（答案：D）

　　另如近年知性之旅甚為流行，或依據作家生平經歷、作品內容規劃文學之旅；或依據歷史掌故、地理環境規劃古蹟之旅。下列藝文之旅的主題，與作品內容相關的配對選項是：（A）右軍書藝之旅——曾鞏〈墨池記〉，（B）遊園賞花之旅——陶淵明〈桃花源記〉，（C）農田酒鄉之旅——歐陽脩〈醉翁亭記〉，（D）民俗曲藝之旅——劉鶚〈明湖居聽書〉，（E）赤壁泛舟之旅——蘇轍〈黃州快哉亭記〉（95學測題，答案：（A）（D））。

寫作方向：量身訂做——徵求知己

　　廣告便是「廣泛告知別人」，請為一位歷史人物徵求筆友，寫作時請考慮他的人格特質，並切合其生平及

歷史地位。（題目自訂）

武則天徵筆友

朕國事勞心　欲尋一秘密筆友分憂

有野心抱負者，有文采善詩賦者，無異心於大周者，無士族背景者，如有小道消息欲告密者　優先，男女平等　沙文豬勿試

性別：與女媧同

年齡：是女人的秘密

職業：負責喊「眾卿平身」的人　哈　哈　哈

永久通信處：歷代「偉大」帝王史

偶像：倉頡──他會造字耶

嗜好：用匕首刺獅子驄、玩男人（父子檔尤佳）、充當尼姑唸唸經

＊養貓者不宜（胡詩唯）

李清照徵蘭菊友

漂泊、隱居背景者及性情思想中人　佳

性別：女

籍貫：山東濟南

年齡：秋已暮，風鬟霜鬢

職業：載愁

通信處：淚水盡頭

嗜好：詩、詞、書、畫、金石鑑賞、批評蘇東坡、收集殘梅
　　　疏影，剪回憶

生日：傷春時節，海棠開後

等待誠意者，共凝　綠肥紅瘦　　　　　　　　（許瑜芳）

妲己娘娘徵筆友

喜歡　在酒池肉林中，詠嘆鮮肉醇酒的美好

喜歡　剖腹孕婦，斷人足脛，學習達爾文研究生物的精神

喜歡　耽溺放縱於甜美血腥的生存遊戲，歡迎汝與臣妾做個朋友

性別：波‧濤‧洶‧湧的母狐狸

籍貫：冀州有蘇氏

年齡：貌美如花，千年永保青春

職業：誘惑君王，搞垮社稷

永久通信處：朝歌南門外離城

嗜好：用炮烙燒三朝元老，建蠆盆虐殺情敵，採陽補陰提升功力（高雅君）

意映徵筆友

只消願意為救人記憶中那縷銘心刻骨的訣別，多摺幾枚不萎的秋天，多留幾封風輕雲淡的永遠

性別：和「鳳臺上憶吹簫」的作者一樣

地址：寂寞東路一段

年齡：鎖在孤涼基因裡的密碼

職業：等待

嗜好：拆信，封一紙淒澀的甜蜜字跡，溫存地咀嚼著昔時衰颯的瘡疤。木然地微笑著，悄悄地默默地淡淡地輕誦著，思量了無數寒暑，卻仍不知該不該遙寄的〈長干行〉。（洪意晴）

屈平徵筆友

凡想跳河自殺的失業游民，皆願為朋友。

永久通信處：請至汨羅江由魚兒代為轉交。

嗜好：吃粽子、文中加很多「兮」自以為浪漫，釘靳尚和子蘭的草人。（劉純萍）

馮道徵筆友

21 世紀的官場術、處事的圓融法則，凡能活躍於政壇的男女筆友皆不拒之。

通信處：《新五代史》。

嗜好：拋棄舊皇帝，擁篡位者及頌贊每個英明或不英明的皇帝。

烈女不從二夫，忠臣不事二君者拒絕往來。（陳佳青）

昌黎韓愈求魚雁之交

你想提振衰敝的文風嗎？你想挽救沉淪的道德嗎？無論老少、無論貴賤，願你我不恥相師，努力開創古文新局。

年齡：年未四十而視茫茫，而髮蒼蒼，而齒牙動搖。

永久通信處：潮州韓文公廟。

嗜好：上表諫書，詩求險怪，力抗流俗。（晉佳欣）

與其讓生吞剝地背誦作者生平事蹟，不如故事化人的生命與風采；與其在選項中設計陷阱，造成學習僵化與苦澀，何不以融合閱讀理解的認知轉化為創造型表現，打破固定檢驗形式，反而

能激盪出鮮麗多姿的解讀！

政大廣告系主任賴建都教授曾提出給創意缺乏症的四個處方：

處方一：當你想尋找新事物時，想像自己是一個冒險家。

處方二：當你想要將新奇的事物轉變為新構想時，先把自己當成一位才華橫溢的藝術家。

處方三：當你必須在眾多心構想中擇其一時，想像自己是一位明智果斷的法官。

處方四：選定一樣新構想，你必須扮演一位英勇的鬥士。

在這個詭譎多變的時代，唯有「創意人」才能掌握變數，開創新機。

創意是用光年計算的 X 檔案，在廣告中開啟，所有的神話和幻想、表演和展演、都享有最大的治外法權。

對於厭倦傳統背誦記憶棄臼、摒棄追求標準答案的凡夫俗子；尊重個別差異，企圖把握特質以開發腦力、激發潛的麻辣老師而言，透過以創意積澱成的廣告來啟發創造思考，不啻為有效而有趣的教學方法之一。

曠世絕想
——文學化廣告

　　文字能力強的文案最能打動人心，吸引注意對產品的興趣。葉旻振在李欣頻《繼續字戀》一書序中說道：廣告是「文字與文字比武，辭句與辭句決鬥」。有道是廣告是二十一世紀的詩，在商業迫害文學的時代裡，文學臥薪嘗膽，以牙還牙將商業文學化，隱姓埋名搭上廣告傳單的便車，逃亡到廣告招牌中藏身，躲進電視報紙的夾縫中生存，從此掛廣告的頭賣文學的肉，一點一滴慢慢收復文學失土。

　　不過文學創作是主觀的，各人角度不同，說法各異。廣告的本質是一種有策略的活動，所面對的是大眾，必須顧及不同人種的想法、生活、溝通方式，因此既要有達文西理性感性兼具的創意，更要如新詩，以驚人的觸發聯想力，創造出富有吸引力的語言。

　　善以文學迂迴法，亦詩亦短文的文宣往往強化廣告的催眠功能，如美容品多以美麗、氣質、智慧扣人心弦，因此洗髮精往往以視覺摹寫、感性報酬加超級巨星、長髮美女「讓妳的秀髮狂野起來」、「柔柔亮亮，閃閃動人，輕輕一撥回復漂亮的髮型」、「我們的光采，來自你的風采」、「看得見柔軟，摸得到滑順」激發消費者的想像。

　　至於雲門「水月」文宣，敘述舞蹈創作靈感來自佛門偈語：「鏡花水月畢竟總成空」，及熊衛先生所創的「太極導引」原理發展成形。文宣是：「以清冷、冥想式的氣氛貫穿全舞，美得令人沉醉。它反映了表象與本質，著麗不著力，男人與女人的關係。」則以文學色彩與哲學光譜、藝術曲線勾勒出其編舞的思維，引起人們對於水月反映出真實與虛幻、陰與陽之間的關係、時間與空間的觀念無限好奇與神往。

【寫作方向】：文學化廣告的向度

　　廣告提供了潛在消費者未曾考慮到的訊息，因此務必要有一個相當清楚的重點，並以強而有力或無法反駁的方式示範表演或證明這個特質。是以廣告在傳達了一個必須的個性價值時，如果訴諸感官感覺、色彩音樂、藝術傳說、文學想像，將能貼近並敲開靈魂深處的咒語，低迴流轉。

【要點】：

　　請收集並歸納文學化廣告敘述的手法，同時以其方法，配合商品特色試作。

　　綜觀時下廣告，其中以文學表現的寫作形式與策略上大致如下：

一、複製排沓，混聲合唱——疊比的韻律

　　一而再，再而三的重複語句，像縈繞的裊裊香煙在空氣中飄

飄然，又像喃喃經咒的催眠在心底流轉，這基本而又具滲透性的文學技術自然被廣告吸取轉化，如細說功能的標語式介紹：「起——彈性推進輕鬆自在，承——吸震避震承重減壓，轉——特寬楦頭寬廣舒適，合——貼身剪裁漂亮有型。動靜皆美，輕巧舒適，讓您步步為贏」。（La new手工核心氣墊皮鞋）善用文章結構為陳述的節奏。或如「在資訊氾濫混亂的時代，提供一束冷靜可信賴的聲音。借鏡國際，為讀者開啟一扇世界之窗；面對大師，為讀者打造一柄智慧之鑰；教育人文，與讀者共同喚醒社會之善。」（天下雜誌）展示格局與企圖。

以飯店或建築廣告而言，「這扇門內充滿溫馨氛圍，這個標誌代表極致品質。一份心意，一個承諾，敞開國賓大門，享受的比看到的，更多。」（國賓大飯店）以疊句強調品質與承諾，以比較方式凸顯顧客感受及服務保證。至於這則建商廣告則聰明地將買賣的商業行為與文學結合，既借用了《聯合文學》的位置襯托自我價值，又在細目中處處顯示貼切文學藝術的特質，以抬高身價：

建築裡的聯合文學

30年「陳同實業」——蓋房子像爬格子的寫作

地王——捷運文學

「200防洪大計劃、汐止揮別水戀、三鐵共構未來式車站、快速道路、南投急速上路」，政府千億建設在此寫下通勤捷運

外觀——百年文學

外觀採抗污染還原磚，與北市名宅「僑福花園廣場、福華飯店……萊母綠花崗岩5.7米迎賓門廳……」同級

門廳——飯店文學
樓閣式交誼廳健身房、lOUNGE 風情空中休憩館、VIP 櫃檯
管制
規劃——舒適文學
低公設、單純雙拼及四拼規劃、樓高三米一、大戶氣派……
配備——未來文學
超大收納後陽台、歐式烤漆玻璃廚具、美國 STANDARD 高
級衛浴
工法——未來文學
北市豪宅夢幻團隊、汐止首座防房洪社區、最佳地質超高層
結構、五合一超細膩工程、分管排水徹底防漏

　　最有趣的當推「書是書輸是輸有書不會輸輸的不會是書輸了
要認輸不要怪書看書不會輸不看書就會輸怕輸的人看見別人看書
他也看書看書的人喜歡別人看書他一點也不怕輸怕輸就不能無書
無書不怕輸也會輸無書又怕輸肯定輸了又輸」（新加坡　書展）
結合繞口令、不加標點的古書形式、書與輸的諧音，吸引挑戰的
讀出音、斷出句的閱讀者，相當吻合書展主題。
　　以下是學生玩弄色彩與諧音雙關，譜出的亮麗視窗：

花綠　草綠　風和日綠
椰子樹上的綠　環保的綠　我們心中的綠
薄荷的綠　情人果刨冰的綠
寶石的綠　溫柔的綠葡萄綠　葡萄酒中青澀的綠
溫潤為底的綠　彩陶質感的釉綠

波瀾不興的湖綠　默默無語的深綠　襯托群芳的青綠
光合作用的綠　清新可口的綠
天的綠　地的綠　新鮮的綠　樸素的綠
階上映簾的苔綠　沒骨花兒的綠　化腐朽為神奇的綠
天真浪漫的綠　無邪無憂的綠　年少輕狂的一抹綠
村上春樹文學裡狂飆的綠　湯姆‧漢克奇蹟的綠
綠色是一種沒有負擔的幸福　豔夏流行嫩綠系新服飾
今夏綠令如山　讓心情頻「綠」飛揚
千禧年新生命的動力　無盡春光　活力湧現
三月二日到四月六日　衣蝶百貨春特賣
讓您今春「妹」力四射（尤詩涵）

　　為打折書、回頭書、清倉書、滯銷書、待買而沽的好書打的
廣告會是什麼樣的說詞？

　　以「尋寶」為名，頗符合書的價值與地位，所運用的正是跌
宕反覆的旋律，對比的力量如海浪般一波波強烈地震撼人心：

過期的年輕　不過期的熱情
過期的照片　不過期的回憶
過期的故事　不過期的感動
過期的舊書　不過期的經典
誠品五月天　邀你在舊書裡尋寶（高思庭）

動動手，動動腳，到誠品，走一遭。
有限舊書，無限價，貨真價實，任君挑。

弟弟妹妹來瞧瞧，童話故事呵呵笑；

爸爸媽媽來看看，股市行情會開竅，烹飪蒔花有法寶；

爺爺奶奶樂逍遙，背痛腰酸不打擾，身強心寬活到百；

無論男女或老少，請到誠品找一找，尋寶只到十三號，包你全家滿載歸。（張瑞娟）

「舊書新知世紀婚禮」：

一樣的知識傳承，不一樣的超值享受；

流行會降溫，舊書不會落伍。

你想擁有「廉價」卻不「憐價」的黃金屋嗎？

想要坐擁書城的文人雅士，

五月一日～三十日，速至誠品敦南店。

全面5～8折拍賣活動，藏書眾多，任君挑選。

不怕找不著，只怕你不到，千晚別錯過！（楊涵宇）

有的時候一個人是享受

有的時候一個人是自由

有的時候一個人是寂寞

有的時候一個人是想念

害怕獨處的孤單卻又不想放棄自由

你說　願意成為我的自由

　　　直到我自願被愛情俘虜

我就像高傲的女王

踐踏你的耐心

寂寞混合冷漠塑成璀璨的鑽石
刺退所有入侵者

你孤軍奮戰
我頑強抵抗
第九千九百九十九次
奪走那囚錮在冰中的鑽石
奇異地　它發出陽光般的光
將我們層層密密包裹其中
看著你真摯而脆弱的雙眼
我交出自由　臣服愛情
將如同鑽石般珍貴的心
奉獻給你
　　（黃雅姍　鑽石廣告）

　　這四則廣告在同一訴求上，展現出各自的創意，或以樂府民歌式的樸拙呈現出全家共享的畫面，或以「舊書新知世紀婚禮」別出心裁的標題帶出「廉價」卻不「憐價」的黃金屋，與文人雅士身份相契合，同時入寶山尋寶之意！鑽石廣告中敘述的則是無價的愛情，在高傲與臣服、奮戰與抵抗間被愛收服。

二、展示櫥窗，鐵證如山——會說話的數字

　　相傳有位船夫出了上聯如下：「一孤舟，二客商，三四五六水手，扯起七八葉風蓬，下九江，還有千里」，沒想到狀元郎卻

尋思而對不出下聯，於是這副以數字敘述渡船生活的聯語便成孤絕。

以確實的數字說明功效或顯現普遍程度既明白又清楚，如「以前每片（刀片）刮 10 人，以後刮 13 人，如今可刮到 20 人」（美國麗明刮鬍刀）其效果如立竿之影，拓印人心。

但如果能再加上文學所透見的生命本質，將更具滲透力。如這則香港精工錶廣告：「時間，是自己的朋友，或是敵人，由自己決定。一秒鐘，生與息，生生不息；一秒鐘，日出或日落，墜入愛河或失去愛人。有時感覺過得很快，有時感覺過得很慢；有時希望把時間忘記，有時希望把時間留下，有時盼望重新來過，有時盼望跨越而過。男人認為一週中，星期一最長，星期五最短。男人等待女人，比等待同性，會多 7 分鐘耐心，在車站等人，三十分鐘就再也忍耐不住了。與人約會，是否早到，依對方是誰而有所不同。」先是敘述時間對人的意義，次寫時間的存在形式，繼而道人對於時間的感受，最後舉出類似統計所帶出的結果，將時間帶入等待的焦慮急躁間，字裡行間只說時間不提商品，卻字字句句不圍繞著「錶」而轉。

在景美她所辦的廣告研習營中，運用數字所形成的力量，三位學生即席創作出這樣充滿說服力的文案：

為了證明愛，楊過佇立海岸 16 年
為了等到愛，王寶釧苦守寒窯 18 年
為了尋找愛，睡美人沉睡等待 100 年
你 要 等 多 久 ？
喇叭你婚友社，你給我們 10 分鐘

我們給你 1200 萬個機會（鄭皓文）

12/25　3649 對情侶在內湖用 300 元買到了愛情
1/1　7428 個家庭今年在中山區第一次團圓
2/14　94 年來全台最大規模朝聖
3/14　日航迄今損失超過 2 億，台場所有店家召開緊急會議

誰說 7 點以後一定要曬 lunar ？
忍了這麼久，太陽終於還是和月亮外遇了
為了吸引她，展示自己的強壯
只好賣命地不停作等速率圓周運動
人類開始認為
可以靠近逼視太陽
原來是一件那麼幸福的事（戴睿「美麗華摩天輪」文案）

想省錢不必省口水，××「參玖玖」專治話太多！
　　　　　　　　處方箋
單辦××超級雙網卡只要 399 元，24 個月免月租費，
每月再送 17.5 分鐘，可講 4032 元。
每日晨昏服用，心脾爽健、筋骨暢通、氣色相融。
（陳怡錚　電信廣告）

三、借力使力，奪胎換骨——由經典傳說取經

背唐詩、讀好書、通俗諺……每句話都是廣告，如「一日千

里，和合二聖，三羊開泰，四季發財，五福同享，六六大順，七夕相會，八仙過海，天長地久，十全十美」（大陸齊民思酒廠），另如以電影「大紅燈籠高高掛」為引子所設計出的廣告：「一盞紅燈，讓你感情錯綜複雜勾起多少紛亂情懷，一份大時代的無奈，身同感受。一天不只五場，隨時上映。搭地鐵，到得快。」（香港地鐵）他如借西班牙名言：「情字這條路，沒有任何捷徑可言，凡事拿得起，放得下，就對了！」所拍攝的廣告：螢幕上出現劉德華與女友繾綣，接著鏡頭轉向傷痕累累的照片，畫面上呈現慾火、怨火的糾葛，此時幽幽響起：「離開你，沒法讓記憶疏離。不是放棄，只怕沉重的愛，我負擔不起。不在乎天長地久，只在乎曾經擁有。情字這條路上，您拿起了幾次，又放過幾次？」（香港鐵達時）

李欣頻〈現代端午節考〉：「端午節粽子的精神在微波爐中發揚光大。一天十幾班的龍舟過站不停，老把屈原留在江中忘了帶上岸，雄黃酒自從讓白素貞變回蛇形後，許仙決定讓白素貞改喝啤酒；屈原決定把《離騷》放進郵筒中寄給楚懷王，並貼上郵票，提醒他端午節時務必買束菖蒲好過節……。」這則百貨公司端午節特賣文案解構了神話傳說與詩人。

另如《誠品閱讀》雜誌形象廣告之一〈閱讀者的群像〉：

海明威閱讀海，發現生命是一條要花一輩子才會上鉤的魚
梵谷閱讀麥田，發現藝術躲在太陽的背後乘涼
佛洛伊德閱讀夢，發現一條直達潛意識的秘密通道
羅丹閱讀人體，發現哥倫布沒有發現的美麗海岸線
卡謬閱讀卡夫卡，發現真理已經被講完一半

在書與非書之間 我們歡迎各種可能的閱讀者

在名家作品的示範與開啟下，學生充分發揮諧音之趣，或向屈原借《離騷》以離燒，或鄭愁予〈錯誤〉、余光中〈等你，在雨中〉並邀王昭君來段古今女子對話，使得尋常藥品化妝品頓添無限詩意：

發燒？

使用屈原牌離燒，將助您移病之力

病走了有再來的時候，

燒退了有再發的時候，

聰明的你，

是否已經使用屈原牌離燒？

什麼?! 還沒聽過?!

難道您不知道全世界的人都在偷偷地背

「使用離燒的八大理由」？

1.幫您撲滅那難以澆熄的體內之火
2.幫您離開那憂鬱繚繞的禁錮之床
3.幫您輕輕鬆鬆地打倒邪惡入侵者
4.幫您紮紮實實地盾擋發燒神之吻
5.幫您的身體各處消去莫耳燃燒熱
6.幫您的白血球們找到奮鬥的目標

7.幫您團結所有細胞，批鬥發燒病毒

8.幫您朱紅您的臉頰，展現魅力風采

　請君倒背如流，以備不時之需

　　　　（黃宋禎、蘇德徽）

典藏香水像無私的守護使者

青石的街道向晚

守護著女人最後一縷尊嚴

漢朝出塞和親

守護王昭君涕淚闌干

瑞士錶九點的辦公室甄選

守護秘書職位安然得手

每個平凡的早晨

守護老公和捷運乘客一盞茶好心情

典藏香水

永遠守護著你深邃的愛情（郭冠婷）

　　古言詩句、佳文美曲移為短句之用，也頗能輕鬆創新意，如「桃花謝了，有再開的時候；燕子去了，有再來的時候；時間逝了，有再憶的時候」、「三人行必有我師，三人行必穿我鞋」，他如「一夫當關，萬夫莫開」（鑰匙廣告）、「千里之行，始於足下」（運動鞋）、「陰晴圓缺都休說，從容陪伴酬佳節」（月餅）、「少年安得長少年，海波尚變為桑田」（壽險）、「剛柔何必吹毛開，耐久真堪作友朋」（毛筆）、「休閒誠可貴，健康價更高」（重陽新世界領袖村售屋）、「傳子千田，難抵一套好

書」「不要摸李敖一條腿」「唐宋兩代才不過出了八大家，但是六十歲的李敖卻以一當八」（《李敖全集》）

正如這則廣告所言：「文學隱伏生活，生活顯露文學，文學無所不在，在城市中的飲食男女，遊走親情與愛情間，發現，其實文學也可以很生活。」（文學生活　生活文學）當廣告與作家韻事、作品或風格結合時，往往能構築出產品深度與向度，如：

書的下午茶 2003 年新鮮供應

舀一湯匙的唐吉哥德

加入 5 滴的愛蜜莉‧白朗特

在冬夜的卡爾唯諾咖啡香中

吃下一整顆的吳爾芙，和吉本芭娜娜（三民書局）

廣告結合咖啡與作家的浪漫，形成書香氛圍，吸引人走入書屋。另如左岸咖啡一貫以歐洲藝文作家行事所串疊出的畫面與故事，藉名人雅事烘托出產品的質感與密度，比起「讀了一輩子的咖啡，終於見識了極品──喝的極品貝納頌」，顯然多一份嚮往與經典式的依託：

為了讚美雲雀，離開英國

詩，全寫在他臉上了

他遇到了西風

於是，推開門的姿勢也充滿詩意

西風便緊跟著他走

奶茶，的確適合他這種短暫停留的人

他說，冬天來了，西風啊，春天還會遠嗎?

他像一首很快就唸完的詩，追著春天走了

1822 年之前吹向他的風，成為西風頌，從此，也吹向我們

他是雪萊，我們都是旅人，相遇在左岸咖啡館

四、東方不敗，吸心大法——營造氣氛溫度動之以情

設定使用產品的感受情境，創造自我滿足感，如「在浩瀚的學術滄海中，拾綴最美麗的一顆珍珠；知識的小舟已經起航，波光水影，嶺向天際的一抹輝煌……慾望 孤獨 喧囂，城市變奏曲激昂演出自在 安適 寧靜，在 my library，心靈 美麗修行。」（三民書局）至於知本老爺「純境原湯假期」，則以「旅行，一種回復原我的修行」為呼喚，讓·身·心·歸零·再重新凝聚能量，並以一段作家韓良露的現身說感，烘托浸淫其間的情景：

我喜歡賴澡，什麼事也不做，只是靜靜椅躺在溫水中，時間彷如靜止，閉起眼睛，讓思緒拉上夜晚的序幕，讓身體沉浸、歇息、造夢，之後緩緩墜入某個心儀的城邦國度。

水徐徐漫過身體向心靈的深處探訪，有時伴隨的是清柔悠揚的美好樂聲、有時瀰漫著芬芳香馨的薰香氛圍，時間輕巧伸出雙手，在全身游走，服順地撫摩紓壓，啟動一場生活裡最美好的私密慶典……

忙人如您，何妨偷個閒，好好讓自己在時間的沙漏中，全面鬆綁自己的身體，塵世喧囂紛擾遠遠拋諸腦後，思想的仙子將從

俗躁中解脫，精靈就睡在流水之歌的柔緩中，享受一下身心釋
放。身因而輕，心因而淨，您會發現在那樣的時光中，時間不再
是催人老的惡魔，時間會緩緩停下來，成為祝福的天使。

不僅讓許多白日夢真實而簡單的如願，也以生動而細膩的書
寫捕捉感官感覺，這種種浪漫溫度使情感有了深度，故事有了不
斷加溫的空間。

美國柯達軟片以抒情筆調，描繪一個歷經越戰歸鄉的鏡頭，
家園、親人、女友、鄰居、山谷間流蕩的清風，那在空氣中飄浮
的綠草香，都是遊子眼裡的幸福，也是軟片所要留住的畫面：

越戰恐怖的戰火已甩在遙遠的東方叢林裡，呵──歸來了，
久別的故鄉！夢魂牽繫的小鎮，景物依然，爸爸媽媽等待在風裡
的小路上，喜悅的淚水閃爍在歲月折磨的眼中。瑪麗奔來，金髮
飛舞在薰風裡，櫻唇綻放在暖陽下。呵！欲吻這碧草如茵的家
園，鄉鄰自四方湧來，親情激盪在山谷……。門牆已斑駁而老屋
依舊，在樹下歷歷往事縈繞不去……。與瑪麗漫步在黃昏的草原
裡，金髮在晚霞裡璀璨，櫻唇在暖陽下呢喃，呵！欲擁吻這碧草
如茵的家園。

這則「櫻唇相吻著──這碧草如茵的家園」為標題的廣告以
回家的溫馨畫面迭宕生命裡有許多美好的人事，在記憶裡被銘
刻，在思念間被重述、也在照片中被凝結、軟片的價值隱然而現！

同學以「吃出人生好滋味」為題，帶來的將是什麼樣的風情
畫？

水晶日：香草的白皙讓你置身在孩童的天真無邪
水仙日：草莓的粉嫩讓你沉浸戀愛的漩渦當中
火蓮日：櫻桃的紅艷讓成熟的女人外貌更加鮮明
苦楝日：花生的踏實讓思緒穩健地排列

每一段人生體悟都不可忽視
每一趟旅程皆要細細地學習
隨著歲月遞嬗
經驗使智慧等比級數浸漬
當你驀然回首來時路
風花雪月閱盡
悲歡離合走遍
曾經
點滴在心頭的感動
腦海中激盪起陣陣的漣漪
在香草純、草莓馨、櫻桃妍、花生醇中浮現
雅坊冰品以冰淇淋
營造出靜謐安寧的空間
讓回憶藉由飲冰泉的凜冽重新詮釋
讓生命週期的停駐下一季燦爛的註腳
（陳紀陵、陳伊柔、藍逸群、郭宗敏——雅坊冰品）

二○○六屬於金莎的女人私密
白巧克力的純雅夢幻
黑巧克力的獨立典雅

所有幻想隨柴可夫斯基　一同
被珍藏⋯⋯

失戀的心情
讓黑法蘭絨的細膩呵護
失意的處境
讓蕾絲花白邊　綿密鑲綴
不管是過去還是現在
就讓
金莎撫慰你的心

三百六十五天二十四小時一分六十秒
無止盡的金莎
迴旋出屬於所有女人的
天鵝湖曲（陳怡如——2006 金莎天鵝湖口味）

　　這兩篇文案前者化用梁啟超《飲冰室全集》為「飲冰集」的
理性，並借用周芬伶〈汝身〉中的女性成長階段，由智慧轉而至
感性的香氣，繼而透過情境敘述，巧妙地端出一盤盤繽紛的滋
味，讓空間、冰品、生命以美麗而悠閒的姿勢停格。後者則以柴
可夫斯基、黑法蘭絨、天鵝湖芭蕾舞烘托出典雅與夢幻，凸顯巧
克力屬於女人的心情密語。

五、說之以理──透視生命圖景

有些廣告表達的是一種正確的個性情值，傳達一個必須的個性價值，如：

日本航空標榜「開拓者」、西武百貨打出「開發自我」、台積電以「創造歷史，規劃人生」為訴求、遊戲專輯則提出「人生如夢，及時行樂」的生活態度……它們各自以生活方式、生命觀照來抬高形象，吸引參與者，讓商品理念與處世觀點結合：

「Zero，我的前面沒有路。你自己就是起點，前面的路沒有人幫你安排，向前的每一條路都得靠自己。你，就是開拓者。」（日本航空）

「自我的新發現──人類從出生開始，就具備了充沛的能量，這種連自己都會吃驚的力量，要如何把它找出來呢？這是我們一生都要追尋的課題吧！其實，只有一個方法，就是不斷的『自我開發』」。（西武百貨）

「米維納迪恩是年紀最小的鐵達尼號生還者，那時她只有八週大，她與母親和哥哥在沉船後都是生還者，但是她再也沒見到父親和其他的 1517 位旅客。今日的米維納迪恩已滿頭華髮，在學術機構的協助下，她重回鐵達尼號沉船的地點，設法親眼目睹研究船打撈船身的歷史性一幕，因為她的人生依舊要過下去。

一樣是人生，你想怎麼過？我們正在找最不認命的人種！如果你正在做人生規劃，我們的絕佳環境正可提供你實踐計畫的動力。

找對了鐵口　才有談相的必要！」（台積電徵才）

「拿不起，放不下，人都是這樣；高不成，低不就，但心有
不甘。說得多，做得少，是一種通病；人生也許如夢，但幾人能
夠灑脫?」（鄭智化遊戲人間專輯）

所謂「醉過方知酒濃，愛過方知情深」，石婉婷扣住這樣的
遺憾，打出什麼廣告？

如果以文字綻放的花季是心靈饗宴，那麼大自然假我之文章
則是錦繡繁花，固然楊柳綠了，有再冒新芽的時候，卻不是當年
的春風。山腰的杜鵑仍然一派天真地等春，那曾在佛前求五百年
的開花樹依然翹首以待，可知許多錯過，便是一生 !? 於是把握
花季賞花買花，讓自己不再追悔不已便深深觸動人心：

藝術家研究文藝復興
失戀的人體會了愛情
剛錯過火車的人了解一分鐘的價值
睡美人醒來知道一個吻的功效
女人們清楚好自在的輕柔
男人明白保險套的重要

懂得欣賞的人看見水芙蓉的美
溫和親切的人一定會喜歡落地生根
仙人掌讓有個性的人目不轉睛
純真的女生對嬰兒的眼淚情有獨鍾……

特賣時間：2004/1.24~2004/1.31
特賣地點：北市木新路 3 段 312 號
繽紛新年　　　百花絢爛　　　　　　　　　（石碗婷）

李欣蘋一家杯店的廣告文案——「杯情城市」，這是一篇關於杯子與人的複雜情節，在杯子裡解讀人生現象：

獨處的杯子

我們常有很多時候，而且是大部分的時間，只和杯子獨處。
早上漱口的時候，清晨的第一杯咖啡，辦公室的醒腦茶，
下午費太太的果汁，晚上澆愁的酒，失眠時的牛奶……
如果我們沒有一個固定的愛人，沒有固定的口味及作息，
我們應該要有一群自己專屬的杯子，向這個杯情城市，以示忠貞。

情人的杯子

情人之間，尺寸不重要，距離才重要
第一次約會，情人節的夜晚，不高興的談判，分手的最後一次見面，
他們之間總會有兩個杯子，各裝著相同或不同的心情，
保持距離
這是一個杯歡離合的年代，
愈來愈多的失戀男子選擇讓杯子有去不回地留在情人身邊，
讓自己在她的桌上還佔有一席之地。

權力的杯

會議還沒開始，有些人的杯子已經在裡面佔好了座位。

光看杯子，就知道這位子是誰坐的，然後自己決自己要坐哪裡。

有人的杯子是裸體的，可以一眼看透他喝的果汁。

也有人永遠的 ESPRESSO，不隨著頭銜而改變他的口味。

杯酒釋兵權，現在還再發生。

在這個有口皆杯的辦公生態裡，為了不讓自己在杯際間失手，

可以同時擁有不同身份的杯沒有人可以從你的杯子，

一眼看出你的底細

廖咸浩在〈愛與解構——當代台灣文學評論與文化觀察〉一文中說道：「任何文學創作的行為，都是從一個論述位置到另一個論述位置，從一個我到另一個我的移動，所不同於一般論述移動的是，文學（藝術）創作的移動，帶有強烈的追求『終極意義』，『完美自我』的含意。

用拉崗的話就是每一次論述的移動都是一次『欲望』。廣告以美好的世俗生活為允諾，文學作品往往對世俗提出無情質疑——在驚醒讀者後，引入人生意義的終極思考 廣告一眼睛一亮，自日常生活的昏睡狀態中驚醒。」

李欣蘋這段杯子廣告上演的是眾生俗世相，男女二人在喝咖啡後是分手？還是開始愛情乃至結婚？權力的杯子站的是位置，也是地位。至於獨處的杯子可以是單身貴族的寂寞桂冠，也可以是獨立宣言的自在瀟灑。杯子是可帶著走的天空，杯子建築水的形式‧水改善人的關係。

六、特立獨行，唯我獨尊
──憑自我意識形態，召喚夢想之翅

　　廣告為製造新鮮印象，首要出奇制勝，也就是語奇、事奇、型奇。懸疑花招迭起峰迴，像柳暗花明又是一村般令人為之著迷。相傳唐寅曾於壽宴中賦詩道：「這個婆娘不是人」，語驚四座，為母親祝壽的主人急得冒冷汗，只見唐寅不急不迫地說道：「九天仙女下凡塵」，接著是「兒孫個個都是賊」，滿場屏息，只聽下句是：「偷得蟠桃奉至親」。如此出人意表的情節，果真能引君步步驚。

　　逆向操作者如圖書館長將難書聚於一架，並豎立牌曰：「告誡──這些書籍難讀，需要高深的學問」，結果全然一空。或以「本公司在世界各地的維修人員都閒得無聊」間接顯現汽車性能之完備、「什麼能讓你一暝大一寸」，強調豐胸效果。

　　太平洋建設頂樓大戶提出「台北東區上空您有一席之地嗎?」勾引買家。台北東區所標誌的高級地段，在氣勢上便鎖定購買族群，而「上空」二字凸顯的是樓的高度，也是社會階級、經能力的高度。在反問的語氣裡，既充滿引誘，又在質疑間，灑下炫耀的姿勢與口氣，頗能招攬富豪。

　　「吸煙有兩大好處：第一大好處吸煙能導致駝背，這樣可以節約布料；第二大好處，吸煙引起咳嗽，半夜咳聲能嚇跑樑上君子」，這樣的戒煙啟事是不是很「酷」?!

　　至於「一隻蝴蝶能跟汽車發生什麼樣的關係？」的問題，則帶出汽車業者研究蝴蝶翅膀在陽光下閃爍耀眼光芒，而利用蝶翼上層層鱗粉構造，發現更耐久而亮麗的汽車塗料。版面上由「重

金懸賞五萬元」，到隔天出現的「如果你正是我們要找的對象，現在搶購德國福斯集團名車，正是時候！」讓人恍然竟是廣告。

聯副約稿也以反方向出招，輔之以心理安撫，企圖招引新秀試筆：

> 在抽屜不見天日，是一種最不可原諒的自私。
>
> 突破——如不突破這繭，怎能成為一隻美麗的蝴蝶？
>
> 後浪——點著的，才是燈；揚起的，才是帆；湧向前來的，才是後浪！
>
> 挑戰——摔掉「恐退症」（恐怕退稿），抖落「自賞癖」（孤芳自賞），昂首接受挑戰，拿出作品，創造歷史！
>
> 花季——一朵朵的小蓓蕾，開成燦爛的花季。一棵棵的小樹苗，長成參天的林木！
>
> 開礦——翻山涉水，我們終於發現了文學的新礦脈，掘下了這豐產的第一鋤！

逆向操作，解構道德，回歸人性是後現代的新人類標新立異之道。林雨萱、周芝羽直敘「貪婪無罪」、「虛榮有理」，讓跳入百貨公司年終拍賣火圈的瘋狂腳步，理直氣壯！

> 子曰：「人非聖賢」
>
> 慾望，不過是個哆啦A夢的百寶袋——永遠不一樣
>
> 貪婪，不過是個想把百寶袋裝滿的偉大理想
>
> 虛榮心，也不過只是平凡人類想滿足自己的小小願望……
>
> 麥克麥克，更不過只是個為願望而貢獻的力量

撿便宜，正是一個為完成偉大理想而設計的簡單妙方⋯⋯

人非聖賢，孰能無慾？
貪婪有理，虛榮無罪。

快耀島百貨年終大回饋，歡迎大家共襄盛舉·撿·便·宜
（林雨萱　周芝羽）

另如汽車廣告，先以「任我行」鮮明而簡潔地標誌出隨心所欲走天下的自由與順暢、得意與便利，繼而以畫面的想像誘之：

帶著一身從容上車，帶著一身輕鬆下車。兩側滑動車門，敞開對你自由的渴望。
有摺疊，收納更多樂趣；無摩擦，溝通更容易有火花。6+1人座，活化人與人的關係。
可以是一場星際探險，可是一場叢林野戰，後座娛樂影音系統，放大你對旅程的想像。
填滿樂趣——笑聲——回憶，情感越逗留越深。
（Give me 5 Mazda 汽車 2005）

想像世界的彼端，有人過著與你完全不同的生活。我們常把夢想遺棄，只為了追上這世界轉動的腳步；我們常在現實生活中，選擇了夢想妥協，就在這樣過多的指標和盲目的追隨中，我們忘記了自己嚮往過的生活，和當初的那些夢想。
⋯⋯帶著你的想像力走吧！即使煩惱仍在，忙亂依舊，現實

的答案不會只有一種。如果夢想的生活不在故土，也會存在遙遠的國度。（Nissan 汽車）

另一則汽車廣告顯然著眼於速度訴求，以滿足年輕耍酷的年輕族群：

你會以為它是一把利刃……因為——只有風才能。因為——只有風才能感覺它的速度；只有風才能勾劃它的弧度。
它，馭風疾行，驚鴻而過。如果不是無意間飄然而下的落葉，雷諾Ⅱ在速度中，幾乎無法為自己，留下任何痕跡。
（雷諾汽車）
這如風似刃的車速果真引起新新人類共鳴，而有更炫的挑戰旋風之語：

我從來都不知道落後的感覺　只感受到如疾風般的快感
我從來都不知道什麼是罰單　只覺得警車離我越來越遠
一匹脫韁的汗血野馬　沒有終點的起點
在一個被禁錮的世代 我讓我自己 Runwild（東山）

不過，速度的飆風雖是汽車賣點之一，安全仍是最終考量，於是有下列既不危言又「聳人聽聞」的幽默標語：

閣下駕駛汽車，時速不超過三十公里，可以欣賞本市美麗的風景；超過六十公里，請到法庭作客；超過八十公里，請光顧本市設備最新的醫院；上了一百公里，祝您安息吧！

海馬：剛才那個路標寫什麼？河馬車子太快，沒看清楚。

二馬：嗚！哇！啊！碰！

路標：假如你看清楚此牌你就安全了。

七、詩化故事，戲劇生命——舞台意象

意識型廣告公創意總監葉旻振說：「廣告是 21 世紀的詩，詩人不死，只是逐漸變成廣告人。」因而廣告有時不只是為商品宣傳，在實用目的之外，覆上如詩般的外表，值得記憶收藏，雖它終究不是詩，只是詩歌的文字，但其運用語言脫軌性產生創意，形式讀來有詩的韻律和味道。

雀巢咖啡以簡單的一句「再忙也要跟你喝杯咖啡」，抓住共享生命美好的溫馨。但這兩則廣告系列則深切地以女性情感、女性主義為焦點，既表現理性的思維，亦見感性的旋律。如典藏咖啡 MAXIM「1989 到 1999 的愛情年輪」收藏感情記憶：

每次都是這樣

不知不覺地

就把面對你的情愫

攪拌進熱騰騰的等待裡

第一圈　試感情的溫度

第二圈　加愛情的甜度

第三圈　調戀情的濃度

第四圈……

心情來來回回擺盪
而長年的習慣性攪拌
竟然在杯子底部
刮出清晰的愛情思路

就在第三萬零三圈漩渦產生時
終於決定換一只新杯子
我想　就讓那一段
起起伏伏的深邃情緒
永遠活在
二十八歲的咖啡杯底吧

　　從在年深日刻地「把面對你的情愫攪拌進熱騰騰的等待裡」，在杯底與心底劃下無數傷痕，到「終於決定換一只新杯子」的舉動，無異是獨立的宣示。事實上，女性擁有自我的路是坎坷而艱辛的，畢竟被壓抑了幾千年的符咒並不容易解開，在「左岸咖啡館」中陳述的不是巴黎的柔軟流行，不是咖啡的醇香浪漫，而是一個女子學術作品、書寫風格與生命傳記的故事：

　　她又要離開巴黎了，人們說，女子不宜獨自旅行。她帶這一本位完成的書，獨坐在咖啡館中，那是一種陰性氣質的書寫。
　　她喝著拿鐵……咖啡與奶，1 比 1，甜美地證明第二性，不存在。
　　那香味不斷地從她那流向我……絕不只有咖啡香，這是 1908 年的一天，女性成為一種主要性別。

　　她是西蒙波娃，我們都是旅人，相遇在左岸咖啡館。

　　這種種故事正像村上春樹所說：「當時真正吸引我的，與其說是咖啡本身的氣味，或許不如說是咖啡的某種風景也不一定。」咖啡，飄浮的人文風景才是人深深動容的原因吧！

　　咖啡廣告賣的則是一種生活的態度，一種生活的想法，或是一種自我的理念，烘焙出文學的想像的茶則譜寫出一段又一段流傳於街弄巷道、吟誦於歲月季節裡的故事。

　　《飲冰室茶集》以詩歌和春光佐茶：「五四餘火堆砌成方塊磚瓦，在北京胡同小徑裡百轉千迴，空氣中瀰漫詩一般的氣息」帶出茶的歲月與情境，於是飲一口茶時「品啜杯裡的餘韻，品啜如詩一般的氣息，不是鄉愁不是殤，許是詩樣的情愫迷惑了雙目，在這樣的古老的五四大街，在這樣的斑駁的北京小茶館」，以幽幽古道五四文化浮現寧靜的茶裡獨白。

　　本土式的天仁茗茶則強調接上了傳薪的炬火，從「一聲聲駝鈴串成長長的絲路，歷史走過，茶香也陣陣飄過……為的是讓茶藝傳得更深，茶香飄得更遠」，帶出每一壺好茶都是有情天地，顯出朋友間輕嚐品味，相和相契的感覺。

　　在年輕人眼裡，咖啡與茶代表的並非壁壘分明的東西文化與生活方式，而更重於情的寄託：

　　　有你陪伴的電視長片　精采，已經足夠
　　　有你陪伴的公園長椅　幸福，已經足夠
　　　有你陪伴的跨年晚會　歡樂，已經足夠
　　　有你陪伴的燭光晚餐　浪漫，已經足夠

有你和手中的咖啡　這個冬天需要的溫暖，已經足夠
（黃雅姍）

咖啡與雨果《悲慘世界》的結合是：「畢竟不是雨果的年代，凡事都有意見的巴黎人，讀《悲慘世界》可能也少一份苦悶，所以要求杯子裡不加太多糖，去體會卡貝拉索的味苦，厚重焦苦，卡貝拉索……」由此盪開的回甘，餘韻：

為情所困的痴心人……流眼淚
工作不順利的上班族……流眼淚
課業壓力重的上班族……流眼淚
喜獲麟兒的父母……流眼淚
久別重逢的朋友……流眼淚
傷心的淚+喜悅的淚+憤怒的淚+感動的淚+……卡貝拉索——苦澀中的甘甜（蔡琪）

八、影像與文字音樂秀——拍一段廣告

寫作方向：轉角遇見的鏡頭

請選擇屬於「空間與人」中任何一個主題，如台北的天空、藝術的櫥窗、表演的魔法、光影的腳步、綠之足跡、咖啡與文學的故事、城市夢想、會飛的公共藝術……

請以偵探與推理小說的眼睛，發掘平凡中不凡的

> 素材深度思考，以街頭藝人搞創意，製造賣點的心理，
> 捕捉與建構故事情節、畫面、文字。

　　悅如以一張張在街頭山野所捕捉的光影圖像，一段段對生活中緣起緣滅的體悟，配合樂曲以 power point 訴說：

　　泰戈爾曾說過，像海鷗與波濤的會合。

　　我們相遇像海鷗的飛去、波濤的盪開，我們分離。這個城市太大，我們相遇的機率一定更大，但錯過的機率呢？習慣搭乘這節車廂，習慣坐在左後方第二個位子上，望著玻璃窗，希望見到相識的背影。這次，我們會不會又這樣錯過呢？

　　我，在海的這頭眺望；你，在山的那頭遊盪。

　　我，奔馳在鄉下的田野；你，穿梭在都市的繁華。

　　明明都在這裡，卻又好像都不在這裡，空盪盪的氣息，佈滿人的內心。都市沒有喘息的權利，扼殺所有的休息，暫停與萬物交心，因此看不見任何美景，路燈也在為我嘆息。

　　相遇，需要睜大眼睛，錯過，只要眨眼而已。

　　緣分走近身邊，成了答錄機遙遠的留言，等待在這頭想念，嘟聲在那頭應回，儘管在這城市裡，平行線沒有相交的一天。因為我們一直在忽略，忽略花的香濃，忽略天的朦朧，到最後才發現自己沒有棲息處收留。

　　聽海聲呼喚，看波濤蕩漾，我們相遇是不是一種偶然？前世修了多少的緣，今日我們在此相見；穿越多少時空，跨越多少界線，在這裡我們遇見。緣分的牽絆其實很明顯，這一秒將和誰相見，下一秒會和哪人分別，冥冥之中都有關聯。

在陌生的城市，未知的街角，我們擦身而過，交換一眼沉默。喜歡混在人群中央想著你是否也在這裡？與同一朵小花問候，看同一個夜空。聽孫燕姿的〝遇見〞：

「我看著路夢的入口有點窄，我遇見你是最美麗的意外」。

是否曾經仰望藍天，發現陽光的燦爛，驚喜雲朵的變換，等待彩虹的倩影？

是否曾經低下頭來，凝視池面的花瓣漂盪，腳邊的小草搖擺，秋天的落葉如淚紛飛？吶喊於幾萬遍的輪迴，只求一次短暫的相見。

我不知道，下一次的相遇，你是否還是曾經的那片葉？太陽的光影，下一秒是否也會隨著彼此的自轉公轉，綻放不同的光芒？

但換個角度，可以觀賞不同的朝陽，爬上屋頂，等待日出的那瞬間，大聲喊出 Goog Morning！

「夕陽無限好，只是近黃昏」，瞬間的美好不會止於永恆，短暫的景色無法控制夕陽的定則。

刻下陽光的腳印，複製晴天的痕跡。

把握命運的永恆，珍惜每次的相遇。

偶然的遇見或許是前世修的緣，巧合的裡面隱藏著難解的關聯，邂逅是個美麗意外的蔓延，誰知今後是否還有相聚的一天？（劉悅如　Sony 數位像機）

雲門舞集廣告是這麼敘說的：

如果沒看過「雲門舞集」的表演，您真的確定自己不是那種能接受現代舞的人？不要被「現代舞」這三個字嚇到，更不要以

為「雲門舞集」是一群藝術家跳給雅痞看的。您不需要懂舞蹈，不必要參加過藝文聚會，不一定要交會寫詩的朋友，也不必長得很有氣質，只要您的眼睛會因感觸而濕潤，心情會因氣氛而激昂，您就可以坐在台下看雲門。

……看一場 100 分鐘的舞，就算您只有 30 秒覺得感動，您就會留下來。那些一年固定看幾次雲門的人都是這樣留下來的，但是，如果根本沒看過，您怎麼會留下來？

同樣的，如果你根本沒有仔細讀過廣告，低迴過文字，怎會在這視聽饗宴中被感動？如果你不曾與廣告情感交流，怎能懂得從生活及文化裡所找出非常精確的東西？如果在卡通電動漫畫中長大的孩子沉浸於圖像思考和感官刺激，對於圖像的解讀能力遠超過文字，他們耐不住看百回的章回小說，懶得在文字中想像，那麼對他們而言，廣告中的文字，雖是三言兩語卻有畫龍點睛之妙，讓人性之間的感情直接互動。

沒有教不好的課程，除非你找到不合適的題材，只要找到合適的作文教材，便能創造出一堂快樂的作文課。廣告是塊豐饒，足以讓大家結合電腦技術、音樂本領、文學創意、自拍熱潮，使得作文生活化，生活文學化！

理解分析評論

聚焦文本策略——從讀者到評家
停格間的觀想——從理解到凝視
我思故我在——從凝視到提問
架構意義網——從提問到詮釋
批判的解析——從詮釋到評論
聽見不一樣的鼓聲——從評論到創新

聚焦文本策略
——從讀者到評家

「如果有人沒法跟上他同伴的步伐，或許因為他聽到不同的鼓聲。」這是寫《湖濱散記》的梭羅在美國工業化初期所寫下的名句。

做為擺渡者老師是否聽見不同的鼓聲，而有創新的理念，讓學生聽見不同的鼓聲？是否允許學生因為不同的鼓聲而走出自己的思考與想像？事實上，題材意義是多元的，固定的課本反映編者的觀點，教學則賴老師發揮自主性，有計畫地、刻意的設計教學活動，在強烈意圖下持恆地執行。

如果我們能靜下來追尋教學內容的「意義」：教此課、此單元的意義，同時能設計建立在題材意義上的教法，那麼，教材將在師生擊出不同的鼓聲裡，傳達出深刻意義。如果我們能面對問題，探索解決方向，老師教學問，更教學生怎麼學。教魚的種類、吃魚方法，也給釣竿、釣魚方法、引發興趣，那麼學習將是令人深切期待的旅程。基於這樣的理想，而有了以下引導辯證、推理等思考的課程設計與教學：

一、教學目標與核心法則

（1）思考性閱讀

美國保羅・李察博士有鑑於世界複雜多變，人與人間關係密切相互依存，每個人所做的決定往往對他人造成影響，因此必須改變思考方式，提升思考層次而提出批判性思考法則。建議由下列方向引導學生在閱讀時，深入思考：

1. 思考的目的是什麼？
2. 裡面有什麼問題、議題？
3. 收集資訊：資料、數字、事實、觀察、經驗。
4. 根據資訊，可做什麼推論、結論，有什麼解決方法？
5. 你用了什麼觀念、學說、定義與原則來推演？
6. 你有沒有做事先假設並檢驗這種假設是否合理，這種假設如何影響你的觀點？
7. 結論又會有什麼後果？

（2）提問與詮釋

在閱讀活動中帶入深層思考，目的在發現問題，進而解決問題以建立讀者觀點與想法，其步驟為：

1. 透過困難或挫折，察覺問題、發現問題所在。
2. 思考問題關鍵點、思考問題結構點、思考問題模糊點。
3. 收集資料並提出可能假設。
4. 評估、決定最佳化解問題的方案。
5. 就可能的解答中分析評鑑，並選出最適當者。
6. 提出適切資料印證支持或推翻否定的假設。

7. 選定解答方法的實際行動，遇有不妥處並隨時修正、檢討。

總結上述各種論點，在教學設計上分為閱讀理解與思考分析兩個階段進行，繼而將閱讀與思考、提出問題與解決問題並行，原則上以「博學之，審問之，慎思之，明辨之」為閱讀訓練的歷程，「篤行之」是為寫作。

（3）批判性閱讀

為達在文本與資料間由疑到思，從思到讀，從讀到析，因此在設計上，著重於文本說之不詳、避而不談、言之偏頗，或者以讀者觀點、立場認為可疑、可考、可辯之處者，目的在提出想法，並建構自己的觀察面。

實施上可由課文出發，選擇文本簡單卻容易引起爭議，或學生熟悉的人物故事，從而鬆動刻板印象、習慣認知，並鼓勵「大膽假設，小心求證」，營造更緊密與古人對話的機會。其步驟如下：

1. 閱讀資料：看見別人創意的點子、思考方向、敘述方法。
2. 收集資料（利用圖書館、網路）——分析解讀資料（摘取要點、列舉說法、例證）——整合資料——歸納前人說法、篩選與問題方向相同的觀點。
3. 對於不同觀點的說法——分析其盲點——考慮找更多資料開展出新論——解決問題時，同時發現問題、提出新觀念、激盪異化觀點。
4. 不已的追尋——這主題別人怎麼做？怎麼想？——能設計研究以回答問題、能執行研究以回答問題——展示出個人的獨特性。

　　老師的位置是講述者、引導者、協助者，除設計問題，分析研究重點、設計分散練習活動或方向，並隨時鼓勵學生獨立及接受有挑戰性的任務。在進行持續的評量部分則包括評量學習技巧、自我管理、研究內容……等。總之，為培養學生獨立思考研究的能力與習慣，教師把發言權、詮釋權以及分析評論的權力交給學生，把規劃研究進程、尋找資料與整合的責任轉移給學生，要求學生自我監督，僅從旁協助個別或小組學生分析自己的資料，協助學生建立目標及選擇策略。

二、教學設計與教學實施

教學實施

　　㈠課文延伸閱讀：除藉課文教學示範深究閱讀與分析的方法，並誘啟同學提問，以刺激思考。

　　㈡文章分析：從第一個月每週練習解讀一篇文章，到第二個月解讀一書，第三個月進入批評，第四個月提出反思。

　　㈢小組報告：選擇類型作品，如飲食散文、旅遊散文，或女性小說、歷史小說等主題，分組報告並評鑑。

以小說報告與評鑑為例，進行時間為每月二節課。

進行方式：小組成員輪番上陣，就所閱讀討論與收集歸納的資料、見解提出報告。

報告內容：（以小說為例）

女性書寫：張愛玲〈紅玫瑰與白玫瑰〉、朱天文〈世紀末的

華麗〉

科幻小說：張系國〈決策者〉、張貴興〈圍城的進出〉

社會觀察：黃春明〈看海的日子〉、王禎和〈嫁妝一牛車〉、
　　　　　朱西甯〈狼〉

邊緣人：蕭颯〈死了一個國中女生之後〉、陳映真〈夜行貨
　　　　車〉

研究內容：

基礎級——解讀文本：畫出結構表、情節變化圖、人物關
係、空間描寫、內心獨白、作者對人事的觀點、設計思考問題、
評論者的觀察面

進階篇——賞析與延伸：探索作者生命風景、作品軌跡、寫
作觀與面（為什麼寫？寫什麼？）、文本所透露的思維

小組工作分配記錄表

組別：

組長：

組員：

目標 1	目標 2	工作分配	執行進度計劃	驗收執行結果

各成員對自己的表現：

最滿意處：

待續處：

給自己的鼓勵與肯定：

給最棒的一位團員的喝采：

給接棒人的建議：

對這活動的看法：

我思我在我感我得：

同學評審表

重　　　點	分　數	看　法　與　意　見
作者生平及風格 （作者對人事的觀點）		
小說內容分析（結構表）		
人物特色、人物關係		
情節變化圖		
口頭報告		
多媒體製作		
設計思考問題		
評論者的觀察面		
延伸閱讀		

㈣論文發表：選擇主題，深入研究，擬計劃與老師討論後論寫，並擇期發表由同學互評。

㈤結集成冊：每一個紮實的步履都是存在的感動，學生將所讀與所析文章做成私房書，彼此觀摩。

（1）由閱讀到理解暖身活動一：提綱挈領

> 寫作方向：
>
> 　　如果文章是一個完成的拼圖，那麼其中必隱藏著可以拼湊的元素，因此就閱讀的文章或書籍，提出理解大綱如下：
> 1. 摘要——重要的區塊。
> 2. 核心——找出文章中心軸。
> 3. 畫出概念圖——各段落的關係。

　　以鍾文音〈咖啡館沒有女人〉為分析對象，依句意到段旨爬梳整理的步驟，所作如下：

摘要

a）把貧瘠的陌生家園當觀光班展示，……，但這樣的入侵讓我不太好過。

　　——可看出作者的同情心。

b）柏柏女人擔任了所有的家事，畜牧種植育兒樣樣來……。

　　——可看出柏柏女人在角色的扮演上極不公平。

c）……女人的名字非常稀少。穆罕默德說女人能夠來到高曠無邊的荒涼沙漠是不容易啊。

　　——在當地男女階層分明，女人想要出家門根本就不可能，自然對追隨夢想的文明女性帶著幾分敬佩。

d）……白衣白頭巾的婦女等著竹簍子急急走過，好似燈影的盡頭，有一家子在等待她回去煮飯。

　　——柏柏女人可悲之處：不平等的社會壓抑和家庭的束

縛。

e）……以前沙漠的嫁娶是看女方值幾匹駱駝才下聘禮，結
　　果有個老婦向男子說，「我給你八百批駱駝，你來娶
　　我。」……。
　　——女人只是個附加產品，需要其他利益來襯托出其價
　　　值。

f）……嫁人真是一件折騰的事……。漢娜才有阿拉的祝
　　福。但是要得到這份祝福，卻得先通過耐性的考驗。……
　　有人覺得被服侍著宛如皇后，我卻寧可選擇自由。
　　——結婚不輕鬆。婚前得接受考驗而婚後還是要不停的
　　　接受磨練至死，充份表現出男女不平等。

g）首督的女人大部分不再蒙臉蒙身的披頭巾了，我替他們
　　感到高興。
　　——作者的同理心，清楚的表明她的看法：文明＝女性
　　　意識抬頭。

h）……女人不在公共場合露面，……。
　　——首都文化水準較高，但女性主義還沒有真正開花結
　　　果，女人還是不被重視。

i）我的好朋友已經在旅途裡漸行漸遠了，每個月來訪一次
　　地提醒女人身分，此地的女人卻不用內裡的「她」來提
　　醒自己是個「她」，只消公共場合晃一趟就知道她是多
　　麼受到提醒的了。
　　——女性在社會上可扮演多重角色，也可以扛起男人挑
　　　的擔子，而不一定只是個平凡的家庭婦女。但在這
　　　裡，女人就是女人，就是在家裡做家事帶奶娃的內

房。

j）……她的年代其實和我在旅途裡相遇的柏柏女人之際遇
　　是雷同的。差別只是在於，她的女兒可不願意繼續成為
　　下一代柏柏女人。

　　──女性主義尚未抬頭前，「重男輕女」、「男主外女
　　　　主內觀念盛行」，女人只能在家當黃臉婆。四、五
　　　　十年代女權意識高漲，推翻種種施於女人身上的不
　　　　平等，女人終於可以抬頭挺胸，走出男人背後大聲
　　　　說：「女人做得比男人更好!」。

結構分析：

綠洲是沙漠的泉源→女人是生命的泉源

柏柏女人（育子女、做家事）←──→柏柏男人（聊天、扯蛋）
↑

作者自己也是女人，但，是個四處自由遊走的女人

核心重點：本文雖是旅遊散文，但實際上重點為「女性意
識」的省思

問題與思考：

1.鍾文音如何結合「沙漠」與「兩性不平等」，這「自然」
　與「人為」的艱困宿命，做出悲涼、動人的剪影？

A：沙漠代表大自然，在自然界中，竟然連雄駱駝做的事都
　　比雌駱駝少，充分反映出女人在現實社會中所受不平等
　　的待遇。

2. 作者在旅行中其實仍是「角色不變、涉入不深」，但仍不失為一篇優秀作品的主因為何？

A： 作者能眼觀並延伸出他的看法，再做深入的解析，感情的抒發，故能使作品意境更上一層樓。

我的想法：

我並不認為作者對於她所旅行的地區深入了解，但她對於文化方面的觀察卻很是細膩、真誠的。她將困苦難熬的沙漠與兩性不平等的悲哀融為一體，讓人強烈感受到身為非洲女性的悲涼。

雖說這是一篇旅遊散文，但其對女性意識的描繪，和對突尼西亞 NAFTA 沙漠的景觀描述，同樣叫人印象鮮明。離開自己熟悉的生活環境，到一個咖啡館沒有女人的城鎮去旅遊，我想作者也許是想要多點墨國風情認識，抑或也有可能是懷著另一種追尋的心情吧！

「好像簽個名字在這片孤野之牆，等於宣告了自己的成功出走。」「女兒的幸不幸福和嫁不嫁人，是不可畫上等號的。」也許故鄉裡，有著如柏之人般的洞穴，是另一種形式的沙漠。也許有著相同無邊的荒涼和擾人心弦的惡魔，也許有被某種神祇或社會體系所遺棄的恐懼，所以選擇旅行，藉此可以離開、可以掙脫。（黃千泀）

（2）由閱讀到理解暖身活動二：直搗黃龍

 寫作方向：

1. 解讀——作者說什麼？怎麼說？舉了那些例證（事例）來支持論點？以什麼樣的推理過程導論並歸納結論？

2. 各家說法有何異同？歧異點是基於什麼樣觀點或立場
   所致？每家論說的基礎點是什麼？居於什麼樣立場論
   述？論說與其訴求的關係如何？

3. 針對這篇文章（或者本書）提出帶動思考的問題？並
   找出這篇文章（或者本書）的長處、欠缺處、不明
   處？

練習題一：我看我思，故我在

選一則新聞如核四建廠、國防武器、新內閣組織等熱門話題，或教育改革、環境保護、切身問題，乃至國際關係、周邊情勢……收集各大報的報導，省察其所呈現的面貌，比較其所提供的觀點，然後在蛛絲馬跡間尋找真相，事實及其偏差的原因。

練習題二：風檐展書讀，坐評哲人思

你想與莊子嘯傲江湖，與沙特談存在主義，跟馬奎斯論魔幻，向韓非子請教馭人之術嗎？還是打算讓佛洛伊德為你精神分析，找佛佗了悟生死？請任選中外思想家哲學家，研讀其作品，寫寫你們對話的內容及心頭點滴。

三、由閱讀到理解的閱讀策略

策略是一種後設覺識。有鑑於閱讀策略是「一個整體計畫或一套計畫，以圖達成某事」，也就是刻意選擇、展布、監控計畫以達到目的的認知過程。因此，必須具有明確目的、具體行動的安排與隨情況變化的調整性，是以為使學生明白篇章或書籍的內容，而靈活設計閱讀活動。鑑於每個領域都有每個領域的思考方

式，同樣的每種學科有其表述方式與運作模式。一般著作的文本，如學術論述、新聞報導、科學論文，以解說性語言說明某個事實或闡明某種道理；文學作品則以描述性語言，形象藝術表現生活與想像世界、思想與情感。故在一般性閱讀原則之外，需依文本性質而各有不同的閱讀重點，茲以哲學、文學書籍為例：

（1）哲學性書籍

請同學就書中所介紹的觀念，歸納出其推演、例證及結論觀點。

寫作方向：

1. 圖解要點：記錄此書三個重點，簡述支持此重點的細節或例子，並加上說明與認知。
2. 敘說此書對你的啟發、與生活或既有知識間的關聯、與經驗可以應證之處。
3. 舉出這本書所引起的問題（三個），此書若提出解決或思考方向，請說明，或自己提出可能的答案與理由。

如余德慧　等執筆《中國人的青春崇拜》：

第一要點：

該不該選美？為什麼「智慧」可以當作「成功的跳板」，而「美麗」卻不可以？

支持的細節或例子：

這種「跳板心態」，基本上是很好的。既然擅長運動的人，

經過苦練比賽奪獎，天生麗質者，參加「選美」不也是理所當然的事?每個人都具有某天賦，有的人對線條、色彩的感覺敏銳，經過訓練會是一個很好的設計師、藝術家。有人具文字表達的天份，經過訓練、學習，可以再發揮所長當編輯。

我的看法：

我覺得選美沒什麼不好，不管自己未來的方向和選美有沒有關係，我都認為選美可以對未來的路途有所幫助，何況參加選美並不代表未來就要走和這一方面相關的路。例如：可以經由參加選美訓練台風，這對不管是從事哪一方面的工作都很重要，它可以幫助我們在工作上更順利。再者，參加選美也可以增廣見聞，創造一生中難忘的回憶與經驗。（邱孟瑄）

（2）文學性書籍

作品的未定性與意義空白，像導引、召喚、邀請的旗幟，吸引讀者參與建構作品意義的行列。以引導式問題作為學生學習或觀察、思考方向，其價值在於問題所點出的方向，包含豐富的概念原理，希望能藉此幫助學生連結概念原理，並將問題複雜度分解成更小的問題，一方面引導學生產生更深入的閱讀，另則引發出對文本的思索，深入參與作品潛在意義的建構與創造。

寫作方向：

1. 請找出此書重複的主題——摘錄其文藉以說明其主旨。

2. 作者如何彰顯主旨？舉例並敘述其呈顯的風格與寫作技巧。

3. 哪一段（篇）文章深得你心？原因？閱讀時的心情？

（請以各種感官或圖象表現）其結構？並分析此文達
到感人或吸引人的寫作魅力所在？

4. 每個故事是一個訊息網絡，訊息附著在哪個人或哪個
情節，其敘事力量不同。小說類則特別著重於人物：
作者如何塑造主角的個性、行事、想法？是透過動
作、對話、穿著、居室、擺設、內心思維、交友或他
人的評論、描繪……？故事中其他角色的功能？敘事
者的位置？小說網絡中交織出的人際關係、社會、文
化背景？

　　韋納・布思在《小說修辭學》中提出「隱在的作者」，伊瑟
爾反用之而提出「隱在的讀者」的概念，指出小說讀者必然要在
小說中發揮積極的作用，這種參與構成了小說的基礎，導引產生
意義的過程，這是文本中預留給讀者的位置。

　　如欣怡在讀沈從文《邊城》過程裡的假設與追尋：

　　我很認真的思考，有關《邊城》所使用的「高明」技巧，突
然，我想到關於沈從文先生的生平，僅止於小學教育，那麼，他
的文章會有太多技巧嗎？

　　我馬上否定了自己的想法，既然被尊為經典，那就該有一定
有模仿不來的修飾。但我又想到沈從文先生在《邊城》前寫的
序，他的用意，本不是寫給「專家」看的。我想，沈從文先生是
和魯迅先生不同的，不會在序中刻意諷刺，所以，我的結論僅止
於一片空白。

　　到底，他用了什麼技巧？還是，真實與真摯就是最大的技巧？

　　沈從文先生想表達什麼呢？不自覺想到有關一篇高行建先生與沈從文先生和諾貝爾文學獎的報導，其中指出兩位先生的文章刻劃出了一個現代桃花源的概念，人性的溫暖、現世的美好。我也只看得出這些。（江欣怡）

　　京派小說代表人物沈從文，出生於荒僻神秘的湘西鳳凰縣，有苗漢土家族的血統。看盡人世黑暗的他，以異於魯迅挖瘡疤的手法，在湘西系列的書寫寄託鄉村生命形式的美麗、完善、自然的人性。江欣怡以探索沈從文寫作技巧，追溯其學習歷程、敘述位置，並透過報導歸納「真實」、「自然」標誌其作品內容與風格。文字一如沈從文，平易而真誠，卻又能點出沈從文創作要負載的內容：「優美、健康、自然，而又不悖乎人性的人生形式。」

　　閱讀張愛玲《半生緣》，姜星宇則以「蒼涼之影」為鏡頭，照見其文字與作品間流露的自我：

　　禁錮與希望，是《半生緣》這部作品的主要架構。儘管每一個人、每一幕場景都在等待，都在希冀，同時也都在失望中，但一直到最後那意喻不明的笑容卻也暗示著另一輪迴的幕起。

　　人生的本質或許就是如此。所有遭遇的事或經歷的過程都是在灰暗的希望中進行，身處於無奈被動的世局，仍願意以漫長的期待換來明日的可能。局外人將此種執迷不悟的心情稱為「沉淪」，但對當時浮沉於命運波瀾的人們而言，這卻是內心情感與家庭倫理所營造出來，再尋常不過的蛛網。

　　書中對於曼楨被軟禁的一段，描繪得極為寫實。沒有加入其

他超現實的幻想手法、沒有隱含什麼對生命自由的渴求，純粹只是以紊亂的心緒道出一隻被囚禁的鳥激烈的反抗與不甘，將那時代普遍對人意志及肉體上的欺壓血淋淋地展現出來。

這段想法與張愛玲少女時期曾被父親囚禁的記憶有關，也因為是這一形式的禁錮，肉體方面的抗衡自然成為書中此一段落的骨架。囚犯沒有思索自由意義的心情，只能反射性的橫衝直撞，用憎恨與不甘砥礪自己堅守的意志——要說哪一種比較悲哀我也比不出來。只要被限制住了，中間掙扎的過程必定會造就那人痛苦的、類似被撕裂的人格，便類似華麗背後的蒼涼之下——那隱藏的闇影。

故事架構的部分非常簡單。那時的人們，心中或多或少都藏著遺憾，而書中的曼楨和世鈞只不過比他人擁有更激烈、更戲劇化的遺憾罷了。結尾曼楨對世鈞說的話：「我們再也回不到從前了」，這種憾恨，在不同時空中一再被吟詠咀嚼。張愛玲以寫實近似殘忍的語調，冷靜地宣布讀者皆已能猜測出來的結局，卻也在書中人物引頸期盼奇蹟降臨的同時，置身事外的讀者已替他們絕望。

張愛玲擅於描寫人性的庸俗，細膩的臨摹甚至能讓人感受到人物臉上油膩的笑意：在寫曼璐矛盾模糊的人格時，祝鴻才便成為詮釋映襯的配角，僅以充滿酒色財氣的面孔出現。表面上雖似背後操縱的丈夫，實際上卻是更襯出曼璐追逐金錢愛情的手段，因此在人物方面曼璐的部分是我最有興趣讀的，她人前人後兩面迥然不同的心思使整本書充滿了俗豔的陰謀氣息，格外吸引人。

而世鈞的優柔寡斷卻令我厭惡至極！不單是為劇情發展，每當思及他裹足不前、顧前顧後比女子還忸怩的姿態便不快，比曼

槙還不如。不過這樣的角色安排，隱隱然讓我想到張愛玲身邊的男人，在她眼中，沒有一個稱得上有擔當的：父親在受過西洋教育的母親面前所隱藏的自卑、弟弟在傳統家庭壓力下的沉默懦弱、胡蘭成文采嬌柔豔曲不斷的種種情形，使她對男人的個性有一套獨特的剖析，同時也影響了她筆下男人的性格。

能以如此犀利的筆調從世間浮華中描臨出人們心中的蒼涼，若非深深經歷過，怎能做到？有時候看一篇作品不只要看它內容的走向，還要去剖析作者的背景與內心進而透視其筆觸，才算真正體悟到一篇作品的價值。（姜星宇）

張愛玲描寫愛情，實則反浪漫反愛情，〈紅玫瑰與白玫瑰〉中，振保最大的痛苦還在於價值體系的崩潰。他努力地做一個好人，卻不如玫瑰變色；他知道內心空洞與腐敗，只能經情慾投射到女人身上，但他終究是缺乏愛的能力的人。小說表面上寫才子佳人，實則反諷佳人不佳、才子不才，如三心二意的嬌蕊、不專情的范柳原，以此解構才子佳人光譜。

愛情有沒有出路，張愛玲並不在意，在乎的是怎麼活過來？於是看到的是充滿自私自利的現實愛情，如七巧為錢犧牲一切。張愛玲對筆下的女性既同情又不給她們出路，不給予正面看法，她們是完全宰制的、不被祝福、沒有祝福的也不會成就人的。

她在比孤島更孤島的地方——無論是空間、人際或心靈，因此王德威說：「張愛玲的死，終於坐實了她一直存而不在的事實」。星宇透過這美麗而蒼涼的手勢，剖析作者的背景與內心進而透視其筆觸，頗能得箇中之味。

停格間的觀想
──從理解到凝視

余秋雨說：「要讀自己看得下去的書」。事實上，找書其實就是找自己，我們都在尋找能與自己的知識結構、生命結構相呼應的好書。然而，生命是變化的，現在不能產生同感的作品，可能過了兩年，生命經歷不同了，反而能夠契合。進入經典是需要時間的，需要的不只是閱讀和思考的時間，還包括心靈歧途上彼此終於交會的等待過程。

「作者已死」所標榜的接受美學理論將傳統針對作者與作品關係的研究方向，轉為對文本與讀者關係的研究，建立一種以讀者為中心的「接受與影響美學」。一方面著重於讀者研究，關注讀者的審美經驗與期待視野，在方法上採用更多社會歷史的研究；另則著重於接受活動中的文本研究，關注文本的空白和召喚結構，關注讀者閱讀過程本身和閱讀過程中文本與讀者間的新互作用，多採用文本的反應分析方法。

如果我們把詮釋權交給學生，藉由教學訓練，以他們的眼光、視角所理解接受的面貌是什麼？

一、說什麼——爬梳關鍵字句

閱讀能帶來當下的滿足，然而這樣的快樂建立於理解的基礎上，在自我依才性與趣選擇的閱讀之外，深入研究或解析發揮性的閱讀，則必須細讀文本，建議可從下面幾個步驟進行：

＊字意——有哪些是主要字？有沒有一再重複的字？確實掌握各個字的涵義，並注意文字的關聯性，如哪些字用來陪襯？哪些字有特殊色彩？對特殊、深奧，或不斷重複的字要以筆標記，並思考哪些字只是字面上的意義？哪些字有象徵性深意？

＊句意——利用上下文已了解字句來推敲不理解的字義、從上下文以及前後句的推展了解一句話的意思、利用連接詞找出句子組合關係，由中推敲句旨，在文中的意義，斷章取義是危險的。

＊段意——注意一段經文中它提出什麼問題？找尋作者的思想脈絡，如字句間如何延伸？行段如何劃分？一這篇文章的上下文如何安排？文字的連貫性以及整個故事所在的歷史背景。

＊關係——有沒有對照或類比？提到哪些人物、地方、時間，為什麼？怎麼樣？注意事件的因果關係如何發生？有何結論？注意細節差別，以深入了解作者意念。

＊主旨——主要觀念？作者如何形塑其想法？以什麼角度觀照？在選材上著重什麼方向？每段重點間的推展與歸納，有哪些教訓、建議、結論？

以臺北區 92 下學期第一次模考為例：

　　小桌子上有一滴水。或許它只佔小桌的一角，只有一枚鎳幣那麼大。可是對一隻螞蟻來說，可能是一個湖泊；如果牠想像力夠豐富，可能就是一面巨大的海洋。

　　是的，就有這麼一隻螞蟻，不時出現在這海邊。在這水波不興的海面上，牠興奮地看見自己大而漂亮的身影。牠細心地記錄自己踏過的每一個足跡，牠出現時總背負著餅屑，有如一張名片。牠每天都背著那越來越重的餅屑來觀賞自己的身影，牠與自己的身影有說不完的話語。

　　這是螞蟻的大海。這面大海與牠，有如一對形影不離的戀人。

　　這篇短文改寫自英培安先的小品：〈螞蟻與牠的海洋〉（刊登於九十二年五月二十一日《聯報》副刊），像一則寓言，文章簡短而寓意豐富。讀完之後你會聯想到什麼？有怎樣的體會或領悟？請以生花妙筆寫下來，不必訂題目，文長約 200 字。

　　這篇短文練習時，許多同學無法掌握重點，或就想像力的奇妙闡發，或以寂寞為焦點敘寫，這都犯了以偏概全之誤，尋其因莫過於不能逐字逐句仔細閱讀、無法抓住真正的主旨。前者僅著眼於「如果牠想像力夠豐富，可能就是一面巨大的海洋」，後者則將「每天來觀賞自己的身影，牠與自己的身影有說不完的話

語」視為全文旨意，這都是無法掌握全文意旨，以致不能解讀其中寓意。

在教學上，可請同學像爬梳地圖般找出關鍵字詞如：

第一段——小水滴／湖泊、海洋

　　　　人／螞蟻

第二段——主角—螞蟻

　　　　事—＊透過大海看見自己巨大而漂亮的身影

　　　　　＊細心地記錄自己踏過的每一個足跡

　　　　　＊總背負著餅屑，有如一張名片

　　　　　＊每天都背著那越來越重的餅屑來觀賞自己的身影

　　　　物——餅屑、名片

第三段——螞蟻與大海——形影不離／戀人

在一個句子中，名詞好比骨架、動詞是黏膠、形容詞是表情，展現動作步驟的狀態、情緒程度等。因此掌握句意的基本方法是先標誌出名詞，再畫出與形容詞、動詞的關係、名詞間的關係找出敘述對象，繼而釐清所發生的事情、所敘述的現象，則能從文章圈出中心點，或者請同學陳述所看到的重點，以歸納出言說的主線。

以本篇文章而言，「對一隻螞蟻」說明敘述角度是螞蟻，隱藏人的視角；而「水滴」與「湖泊」，是想像的結果，更是真實與虛幻的對映。次段就螞蟻的行為敘述，從上列所標出的重點，可以歸納出「巨大而漂亮的身影」是因為有如一張名片，那越來越重的餅屑，而螞蟻每天細心記錄足跡與透過想像中的大海「觀賞」的動作，顯現自戀、得意、成就、滿足。最後的結筆是大海與螞蟻之間「形影不離的戀人」關係，說明它們彼此成就對方。

大海本是水滴，在螞蟻的想像中被膨脹大無限；而螞蟻也因為大海的照見才看見自己的巨大與美麗。然而螞蟻投射於大海中的身影真的是巨大而又美麗嗎？還是出於自戀的假想？一如大海並不是海，事實永不會因為想像而改變！

　　圍繞敘述的關鍵詞是「想像」、「名片」、「餅屑」，大多數的同學拆穿螞蟻虛幻的想像，但也有許多不同面向的詮釋，如芸安肯定想像所畫的遠景對螞蟻的激勵，楊翎就慾望說明人之為所役的悲哀、維芳以螞蟻行為解讀人自憐自滿而自限的狀態、品宣從象徵權位名利的「餅乾屑」、「名片」開展，並就現實與想像間分析：

　　「想像力創造無限可能。」「相信，肯定自己造就無限契機。」這樣的一隻小螞蟻面對如鎳幣大的海洋，牠看見的不是這片海洋與牠的渺小，而是自己美麗而巨大的倒影。牠相信這樣的倒影就是真的牠，也因為這個想像，牠自覺強壯；因為這個「相信」，牠可以背負起越來越重的餅屑，牠對於這樣的自己感到自信而驕傲。

　　一隻追求倒影的小螞蟻，成就了現實的真實。（周芸安）

　　水面是一種投射、外表、名利、財富、欲望……，映照出所有我們求之不得又深深著迷的一切。

　　不斷地追尋中，我們開始逐一擁有，可是鏡面的投影，總是需索無度，於是我們便又踏上征途，在追求與欲望間循環。所有的俗世價值綴飾下，自我逐漸地被壓縮。

　　生命，成了欲望的奴隸。（楊翎）

在我們的世界看來，這隻螞蟻有如井底之蛙，不過是桌上的一滴水，牠就能視之為海洋，並每日對著那水中放大的倒影自憐。

但換個角度想想，難道我不是嗎？與整個廣大的宇宙相比，地球不也就是那桌面上的一滴水？我們每天汲汲營營地追逐名利，就像螞蟻背著日益沉重的餅屑。

我覺得我們絕不能輕易地自滿或自我膨脹，唯其如此，我才能擁有更大的格局和視野，才不會永遠被囚禁在那片自以為的大海裡，那虛幻的巨大與美麗之間。（張唯芳）

旁人眼中的小水滴，卻是螞蟻廣袤的海洋，是什麼因素讓牠產生如此想像？

是背在牠身上越來越重的餅乾屑，讓牠無時無刻不惦記著往虛幻之鏡一照──照牠所擁有的權勢及地位。「大海」中的倒影是如此巨大而美麗，使得螞蟻站在名利頂端沾沾自喜，殊不知那只是表面的假象。利慾薰心所造成的愚昧與自我膨脹，只是以管窺天，分不清現實與虛幻的界線罷了！

在這紛擾社會裡，有辛勞工作的螞蟻，也有觀海自賞的螞蟻。有夢固然最美，卻也可能演變成困於無限深的小水井裡。（吳品萱）

二、如何寫──分析形式技巧

以一本書而言，可從說明思想、觀念和故事主旨、重點的序論與前言，了解作者寫作靈感、取材向度及處理方式、企圖呈現

的內容，然後透過目錄，理解作者如何將內容分章分節。如果是論文則看如何推衍嚴謹細密的思想結構，故事則看如何敘述、銜接，一篇文章則就表現方式、文章結構、敘述手法、為強化或表達意念的用語勾勒。

如星宇透過文字、筆調、語氣、敘述方式、取景、結構細說川端康成的《雪國》，呈顯其唯美氛圍：

川端氏的文字澄澈見底，似仲春的清泉，亦似孟冬的飄雪。閱讀其文字，甚至能感受到冗冗天幕光線的陰缺、潮潤與和室淡淡的滲黴味道，在內心凝聚成一爐清煙，籠罩雪國的冬夜。

北國蒼茫的場景，在書中藉由主角各種遭遇漸漸被描繪出來，如同從夜車玻璃窗的反光窺視車廂內部一般，加上窗外晚霞殘照的變化使真實恬靜的空間更加朦朧。

第一篇章川端氏即以一貫透明的筆法讓主角島村從車窗反射窺視女人葉子，這種手法就像是將鋼筆的線條染上水彩的暈渲，將實在的面貌以朦朧柔和的色彩呈現，更使光天蒼幕的變化融入車廂內人們的情感之中，此時反光便具有絢爛卻顫抖的美感。而在沉寂的雪國，遠處山巒的輪廓與日影的變遷便是作客的島村心境變化的依歸。

初到此地時山巒是一片銀白的積雪，島村在旅館內邂逅了清朗如歌的藝妓駒子，在嫩綠的的登山滑雪季節勾勒出澹逸的情愫；晚間山巒黝黑黯沉的分不清稜線，便是藝妓與客人飲酒作樂的嘈雜時間。

除了兩人互動的背景之外，雪國樸實清新的鄉間生活描寫篇幅雖少，卻別有一抹獨特的色彩：古意盎然的木屋覆上茅草簾

子，昏暗的小房間內瀕死的冬蟲、在月光照映下清晰的木紋與霉味，與鄉間落日下蕩漾沉靜的灌木林，因主角的足跡而更加淒美徬徨。

在人物方面，川端著重的是島村的心境與駒子的形貌。所有景物的光影變換皆是出自島村的瞳孔，而文字之所以如此清澈蒼茫亦與島村的心境有關；尤其與駒子相處時分，光線色彩在其胴體的轉化已暗示出兩人之間的情慾與羈絆。

剛開始讀時，總覺得描述駒子的篇幅好多，而男主角島村反而是模糊的影子，看不出相貌、讀不出個性；後來終於發現原來「我」，就是島村，正以漠然清冽的眼神注視著駒子的嗔痴笑貌。動情的駒子有著如鮮紅水蛭般潤澤的唇、濃密鬈曲的睫毛如微啟的黑眸以及擁有淡粉色絨毛的後頸。而駒子開朗近乎任性的追求與執著，在島村蒼老的心境中更有鄉間女孩因單純而存在的徒勞與無奈。會彈三弦的駒子、恐懼離別的駒子、充滿女孩兒家傲氣卻有傳統婦女美德的駒子，皆不成為構成長遠愛情的因素。

書中沒有提到真正離別的場景，但寒冷寧靜的小小雪國總不是旅人長久停居之地，深知這一點的島村只能在有限的時間裡，反覆且沉默地諦聽著駒子徒勞敲在自己內心空洞寂寥的回音。

《雪國》的寫作時間將近十三年。「時間」微妙的錯亂與重疊也在書中淡淡地顯現出來。寧靜悠長的筆調將小村莊的四季以超越次序的手法表現，此時「時間」只是模糊且存在的意向，不再是基準點，只要冬雪的氛圍仍存在，時間的座落便不再是迷惘的出發點。這也使《雪國》超脫了現實，將淡漠的情感發揮到了亟至深刻與動人的境界。（姜星宇）

三、為什麼說——寫作背景、動機

　　愛德華・薩伊德（Edward. W. Said）認為「有時最重要的不是說了什麼，而是誰在說？」作者的意向經由藝術轉化再現，因此以文本話語作為論述根基，在初步理解文句或章節意思之後，通常僅捕捉到某種表象。這時可由陳述內容作為獨立的系統化過程提供原始資料，亦即把一切所說當成一種「言說——客體」，繼而請同學就明顯意義重新理解，分析層次上務使跳脫概念性框架，或帶一連串問題閱讀，或打破內在固有的合理性，作深層理解與深層詮釋。

　　一般而言，引導式閱讀透過細讀、爬梳、探究、反問、思考而深入文本；

　　開放式閱讀足藉由提出問題—問—思—答—討論，或是閱讀—提問—討論——整理來剖析解讀。延伸式閱讀則在此基礎之上結合傳記報導、作者其他作品、文化背景、思潮理論（如女性主義）、圖象電影以期拓展視野，豐厚背景知識、讀者理解能力、敏感度，以加強理解層次。

　　至於思辨式閱讀的焦點則著重於層層思考，反問，如為什麼要如此敘述？取材？呈現什麼結果？企圖宣達什麼概念？如果不……將如何？同一件事若是另一位作家會怎麼寫？怎麼看待？如此深思明辨之間，所做的歸納報告式閱讀將更具有個人解讀與研究成果。

　　論述的關係很可能是無數的、稠密的，作者為什麼這麼寫？為什麼選這個題材敘述？在敘述背後作者的立場是什麼？站在什麼位置說？亦即站在什麼樣的視角看事情？抱持什麼樣的觀點評

論？企圖對誰說？想達到什麼樣的效果？就更隱匿又更具體的意義言說尋究上。

　　詮釋是永不完結的任務，但重新解釋保留下來的真理是面對虛無主義的唯一希望，這些方向使得我們對文本的閱讀可以從文字進入思想、甚至文化的構造。

　　寫作方向：

　　　　研究之所以有意義，有時是因為對學習者而言覺得有趣且想參與，因此請找熟悉或喜歡的小說、文章、神話、傳說故事重讀，發現敘述或推論間的盲點。

　　　　要點：

1. 讀敘述者：誰在說話？作者？旁觀者？或作者想像的上帝？

2. 挑剔敘述過程中的毛病：閱讀過程中有何環節（因果）不能說服你？

3. 挖掘隱藏於文字間的空白：敘述未盡之言、不足之處、缺憾之筆、故意或無意疏漏之點。

4. 敘述觀點是否有自相矛盾處？心底對於故事所敘述的內容，泛起的疑惑？

　　以神話而言，每個故事是一個訊息網絡，集中一個區域，或一個主題（如日、月、死亡、女性……），同學們就所收錄神話傳說，探索其所以形成的背景。在接受間一再被繁衍被運用或解讀的變化，基於什麼樣的觀點？其隱藏的民族性或文化意涵？

　　立婷及茂樺就神話如何產生與形成的面向作種種假設與思

索，穎若則扣住神話與社會狀貌舉證：

神，其實算是人的進化？！所以，神話中很多的橋段，就是人心裡面掙扎的呈現。

神話的出現，代表人們生活無憂，而有閒情想像，藉以娛樂休閒吧！也有可能是，當政者為了要灌輸人民一些觀念，所用的方法之一，讓某種中心思想，在人民的心中扎根？！

我，之於神話，不會有太多的交集，但從各種角度切入神話，卻又會有無數的想法跑出。很多事情，我們想得到卻做不到，藉著神話，過過乾癮，也未嘗不可啊！

神話，從不同的國家發跡，在歲歲年年的後代裡被延伸出更多的版本；如果把神話套在我們生活中發生的事情上，也許可以有不同的體悟吧！（林立婷）

這世界為什麼會有神話？好問題。

神話提供一種行為模式作為範本、以超神能力掌握賞善罰惡的權力警惕世人，維繫秩序，如中國天庭裡的玉皇大帝、眾多神祇。神話同時是一套對世間萬物做完整解釋的故事，如希臘人無法解釋一年四季的循環現象，而編出了女農神（Demeter）的故事。

神話反映民族性，不同的國家，不同的文化，造就不同的神話，也因此我們可以藉由那麼多有趣的故事認識各國的風土民情和思維。希臘神話不僅是希臘的文化基礎，更是整個歐洲文明的搖籃，有些學者甚至認為希臘神話更是情色文學的濫觴。不同於其他古老民族，希臘人以自己的形象塑造神的外貌，更賦予眾神七情六慾，使得神界跟人間一樣也有愛、恨、情、仇；以其豐富

的想像力，融合對自然與宗教信仰，加入特有的哲學思想，形成悲劇性的故事結尾，促使希臘文明追求人本精神，甚至影響十五世紀的文藝復興。（王茂樺）

我相信神話的創造背景，應該是處於一個安適平穩的環境，因為只有在人類不愁吃穿住行的情況下，才能發展屬於自己的文化。神話或是傳說不僅是文化的一部分，同時反映出當時的社會狀況及發展，如古埃及文明的醫藥就和他們的信仰息息相關，他們相信人過世後還會有來生，因此將人做成木乃伊，在掏空、浸泡藥水、上防腐劑的過程，充份表現埃及文明的醫藥發展。（周穎若）

女性的地位在中國社會中一直是一個值得思考的現象。而女神在中國人心中的形象又是如何？最早出現歌詠女神的詩詞乃為屈原所著的〈九歌〉，其中湘夫人與山鬼便被賦予了如人類般的嗔痴喜怒，同時也存在著人類的社會階級中所引發出來的高貴與傲氣。這些對女神的書寫透露出男性書寫者什麼樣的思維與期待？

女媧的神名最早見於《楚辭·天問》：「女媧有體，孰制匠之？」這是屈原提出的問題。而我的問題是女媧為什麼被塑造成人頭蛇身的形象？為什麼女媧象徵著全中國人的母親，更是理水、補天、造人、主婚、乞雨和生產萬物的女神？她的故事被認為是人類的起源？為什麼希臘羅馬神話裡的女神具有人的想法，人的習性，她們像中國古代的後宮嬪妃們一樣會嫉妒，會勾心鬥

角，採石補天女媧卻充滿母性和包容創造之美？（桂尚琳）

桂尚琳提出的思考是東西方女神在角色扮演以及文化反映，這樣的懷疑就像點火的引信，導向研究與探討的行動。而宜嘉所關注的是埃及流轉於生死觀的神話，所看重的是死而重生的人，如看待曾經歷練過的人事？

古埃及流傳著這樣一個美麗動人的傳說：在很久以前，有一位很有本事的法老名叫奧西裡斯，被弟弟塞特陷害，屍解成十四塊，扔到各地。其妻歷經千辛萬苦尋覓拼湊，做成木乃伊。後來，在神的幫助下，奧西裡斯復活了。不過不是復活在人間，而是復活在陰間，並做了陰間的法老，專門審判死人，保護人間的法老。

這個故事啟迪埃及人死亡只是生命的中斷，而不是結束。人死後不就此消失，而會進入另一個比今生更為美好的永恆生命。

然而令我震撼的是，怎樣的力量能將亡者從遙遠的冥界彼端帶回陽世？復活的生命能以嶄新的視野看待世界嗎？（翁宜嘉）

在作品中，敘述者以文字講敘自己的故事，也在文字敘述中建構創造意義讀者從事閱讀活動，同時進行詮釋活動。詮釋意義的過程就是讀者建構意義的過程，它是建立在讀者對文本對話的基礎上。讀者所建構的解釋則是敘述話語、修辭的再建造過程。

此外故事或許是生活的表現　但如果文字語碼的編織指涉曖昧，則讀者閱讀時想像空間頓然擴大，於是讀者可以針對文本的表述言辭做無止盡的意義追尋。

我思故我在
——從凝視到提問

　　沒有問題，就等於沒有思考。

　　李遠哲至美讀書時，第一節課上教授問：「你想做什麼？」「你打算怎麼做？」吳大猷最常問清大學生：「你帶著什麼問題來教室？」有人說給一個論文題目，等於完成大半論文，因為「問題」代表思考狀態、思想程度，反映思索深度。所謂「善待問者如撞鐘，叩之以小者則小鳴，叩之以大者則大鳴。待其從容，然後盡其聲。」（《禮記‧學記》）正說明學與問之間的相應關係。

　　問題意識、核心問題勾勒出作者藉文本試圖處理什麼問題？讀者則藉此進入理解分析。在思辨的脈絡上大致可由以下幾點進行：如作者為什麼要這樣說？作者站在什麼立場角度、觀察位置說話？作為支撐論點的材料是否恰當？繼而思考作者如何顯題？如何處理材料？

　　這是一連串知識訓練，為訓練學生成思考者，材料教學時一方面不斷提問題刺激學生解答，另方面讓學生想問題，並評估自己的思考是合理。在實施上，可運用於課文，引發學生提問，藉以刺激思考、掌握重點，並可從中明瞭其對文本理解的程度，輔之以老師所設計問題，誘導更精細深入的探索，宏觀地審視作品。

一、學生提問

在課堂教學上，可以分組方式，請同學針對課文提問。以龍應台〈正眼看西方〉一文為例，請同學分段提出問題，並就提問思考。這部分完全放予學生自主，從閱讀文本，提出重點，發現問題作為思考線，或與作者對質，或分析問題、評析作者觀點，乃至從文本中引發出對台灣社會文化種種現象的觀察與思考、評析與論述。以下是學生於課堂上所提出的問題：

1. 在台灣的外國人從事什麼行業？地位？
2. 歷數台灣所見的異國事物有哪些？它們帶來的好處與壞處？
3. 外國人與外國事物入台的歷史背景與社會要求？對台所造成的影響？
4. 台灣崇洋現象大搜索，並由近年東洋風、韓風分析。
5. 台灣是否有反洋現象或心理？請就觀察敘述並舉例說明。
6. 生活中有哪些似是而非的現象或說法？
7. 西風東漸的情況與背景？中國處於主動吸收或被動接受？對中國所造成的影響？
8. 什麼是「心理的奴隸」？
9. 如何理性看待西方（外來）影響？
10. 國際間「偏見」與貼「標籤」的現象，從何可見？台灣人對他國的偏見是？有哪些人事物被「汙名化」？過程？結果？
11. 台灣政府目前積極推行「本土化」、「去中國化」，就

你所知什麼是「本土化」？其內容？如何進行？你對現階段本土化的意見？

12. 全球化與本土化是否矛盾？請說明你所主張的論點，並舉例說明。

13. 日常生活中有哪些「符號」化的現象？大眾文化中的「神話」與象徵意義？

14. 「上流美」、「檳榔西施」、「天上掉下禮物」……等現象思考。

15. 讀龍應台文章有感：其文章所呈現的意識？她站在哪個角度觀察？她所關注的焦點？她以手上的筆展現出什麼樣的權力？你是否贊成她的說法？理由與延伸思考、餘波蕩漾……

對於台灣之所以流行東洋風，以及全球化與本土化是否矛盾的問題，學生多能就所知所歷簡要說之：

日本是亞洲最早接受西化的國家，明治唯新便是取歐之長注入新血，上流社會服裝、建築歐風化尤其明顯，以其為權勢與現代化的象徵。老一輩的哈日情結有著某種緬懷慨嘆，至於新一代哈日，大部分是受大眾媒體影響，先是港劇再來是日劇，現在是韓劇接下來不知道是什麼？不過所謂流行，是風，也是瘋，橫掃一陣子後就會再改變，順勢吧！

……至於全球化與本土化並不衝突，它們是並行的。全球化是現代的趨勢，本土化是我們保留台灣的傳統。兩者所要捍衛的內容並不相同，為什麼不能同時存在呢？（林愷容）

　　我認為在全球化之下仍然可以保持本土化，如果試著將兩者融合，反而可以創造出特有文化的新生命。例如將本土的布袋戲拍成電影，以全球化的傳播媒體（網路、衛星等）散佈至全世界，讓世界的人都知道台灣人文藝術之美！（葉羚）

　　現在的小留學生越來越多，也越來越多兒童從小就接觸西方文化，有錢的家長早早就把孩子往雙語幼稚園送，這樣，真的比較好嗎？
　　從傳統仇洋反外到崇洋媚外，這是霸權時代改變的證明。從前中國自負地認為自己是中央上國，現在美國是世界第一強國，俗話說：西瓜靠大邊，誰強，就跟誰走。（黃于真）

　　提問、討論、報告以及延伸閱讀作者其他作品之後，在回饋的作業與報告中，欣見學生們精闢的解說與看法，同時能藉文章所引發的問題，進而關心身處的社會文化，從而透視現象背後的人情事理，操縱的因素以及自我的責任。如悅如就正眼看西方的態度而言，並舉火蟻說明借鏡之必要：

　　批判的文學也有它的美感，它也有文學的韻味。批判為的是喚醒人們省思，而非惡意中傷。罵，要罵得有理，罵得有藝術。龍應台的文章讓我深刻察覺自己以前的想法總是注重表面，很少觀看到事情的內在；常站在主觀的角度，而不是「正眼」看事物。
　　我們是以什麼態度看西方？向「錢」看，向「權」看？拍馬屁的崇洋？抑或是憤恨的反洋？值得我們深思。我贊成她的說法，先看我們到底需不需要，再決定我們該不該學習。

　　以最近最熱門的話題——火蟻入侵而言，火蟻已重創美國、澳洲經濟，台灣卻仍認為滅火蟻事小，等它嚴重了再想辦法。有了外國的經驗卻不知深省，這並不是崇洋，而是借鏡啊！

　　不是一味的崇洋，也不用一味的反洋。思考，再決定；正眼，看西方。（劉悅如）

　　璨語概說全文角度、詩瑜讚賞龍應台對弱勢文化大聲疾呼的勇氣與堅持、芝宇就此文所引發對閱讀的思考：

　　龍應台〈正眼看西方〉文旨在說明中國人無法跨越的心理障礙，無法以精準公平的態度面對西潮。作者採取客觀的角度，不刻意貶責也未加以褒獎，旨在呈顯國人對西洋的極端態度，警惕之意值得深思。

　　作者關注的焦點在台灣務必要走出西方陰影，不可在原地踏步，自怨自艾；要積極開拓屬於台灣的前景，掌握確切的方位，而不是一味崇拜抑或是強烈鄙夷。如果想開發自己的人文特色，找出真正符合國情的方向，主導未來，而不是被西方主導，首要就是鄙棄對外國的矛盾思想，正眼看西方。（楊璨語）

　　就全球整體狀況而言，白種文化是主流，台灣基本上是弱勢文化，是以作者認為弱勢文化的作家應該團結，開拓自我特殊性，尤其是在全球化風潮下，處於邊緣的弱勢者更該堅持自我文化，凸顯民族性無可取代的色彩。

　　每個官員都有屬於自己的權力，而作家的權力就是以筆在紙上盡情表現自己。龍應台在文化局長的期間，她就做份內的事，

推動台北藝文風氣；當她是一個作家的身分時，她就把該說的話盡情表達。

我很佩服她客觀的立場，也贊同她的說法，尤其是她能一語道破社會問題現狀，沒有任何矯情的語言修飾，也不至過於偏激。

或許這把野火是孤獨的，但是孤獨又何妨？或許正因為孤獨而能清明地看清世態。（洪詩瑜）

西方與東方間觀念與思想差異的界線其實並非清楚得像一條線，在這之間會由於觀點、角度異同，而產生模糊不清的介面，但這並不表示毫無章法可尋。東西文化間的利弊正如水能載舟亦能覆舟，更如利刀般的一體兩面，背後所隱藏的是長久的影響。世界上並沒有什麼觀念是不應該的，最不應該的是強迫別人照著你的思想而行，更糟的是將一些名詞加諸於他人，無法用客觀的角度去詮釋這一切。

作者站在歷史與未來的視野，重新省視這社會的一切，就好比羅蘭巴特以節慶來描述洪水般，帶著點叛逆的骨子，又能讓人不得不佩服其廣大的視野，適時將感想點綴於文章中。作者將「好」與「不好」用一條紅色的虛線輕輕拂過，重點看似摸不清捉不透，卻在文章中竟能一覽無遺！

外在的事物必須透過我們的大腦觀察省思，在解讀的同時，我們是否也加入了所謂的偏見？人的思想就像海上，儘管設下柵欄卻什麼也攔不住，我們依然可以選擇游向那片海洋。選擇權在我，該如何去探討、切入自己是最清楚的，但若能像大海容納百川，其所得必遠遠超過於固守成見的結果。（林芝宇）

　　發問為最有效刺激學習的方式之一，因為每一個問題就像一個引爆點，透過問題，激起學生對教材內容產生反應，幫助探索、擴充學習範圍。以同學提問、各組解說的方式則足以改變學生學習行為，從原本被動式接受、記憶性學習，到理解、分析、推理、評量甚至創造性等思考領域，非但能增強效果，點燃出觀察、解讀的火花；在答問間的腦力激盪，激發更豐富的創意與潛力，培養更完整的概念與宏觀的思考面，使得平面單向無聲式的閱讀，轉化為立體多角度的對話，讓學生們在對話中不斷發展自己，豐富自己。這樣的學習活動是主動的、完整的；從此也在思辨中解讀作品，分享經驗，厚實觀點。

　　由梵雨的綜論間，欣見以問題教學所繁衍的視野與探索的空間，何其廣大：

　　　正如龍應台在另一篇文章中所說：「除了岸上的白楊樹外，有另外一個世界可能更真實存在，就是湖水裡頭那白楊樹的倒影。」所以除了眼睛看到的，表面上的東西之外還有另外一個隱藏在背後，必須細心經過思考才會得來的答案。再者歷史對於價值觀判斷有著深刻的影響，人如果不知道它的過去就不知道現在代表什麼，更不用說判斷未來。

　　　面對一個人、一件事、一個問題，不能直接用眼睛解讀那模糊的表面，必須運用資料工具、運用思考邏輯……探討過去事實，再思索現在狀態的原因。從不同的角度切入、不斷的抽絲剝繭讓它重現原貌，重現內在的秘密，並從多向度、多角度思考。因為擺在眼前的現實不一定是最真實，不知道真相就不能做出有價值的判斷，就像有一則故事說的：「人們總是相信穿著真實衣

服的假象，卻不相信被偷走衣服赤裸裸的真實。」所以看完這篇文章，我覺得辨別真假不只要用眼睛辨、用耳朵辨，還要用腦袋辨；不只看現在，還要想過去是怎麼一回事，去透視不同的角度，才不致深陷錯誤愚昧而不自知。（黃梵雨）

二、老師設計

　　皮亞傑、杜威認為問題召喚回憶既有經驗，提示學生組織並評析新經驗的方式，是具有意義的思考作用。而教學的藝術，全在於如何恰當地提出問題和巧妙地引導學生作答。運用之於課文教學，可選擇比較有討論空間的話題，以激發學習動機，撞擊學生的心靈，形成心理上的懸念，吸引其注意力，急於要弄清問題的心情，驅使他們認真學習。

　　問題層次上，可由提示重點、擴充範圍到加深透視，茲以魯迅小說為例說明如下：

（1）基礎級問題——叩問文本

　　小說寫作模式如寫實主義、超現實主義、魔幻寫實主義、後設小說各有其特質，研究者或專注內部意義結構探究思想、研究內部敘事模式分析、研究外圍問題考證背景，或以西方理論說解古典小說。

　　不過基本小說入門之道仍在逐字讀文本，了解小說寫什麼？作者怎樣寫人？從哪裡開始構思？結構如何？主題怎麼安排？語言與藝術形式，如空間場景的擺設、顏色、窗裡窗外的世界景觀，時間的移動，寫作技巧、描繪方式、敘述位置、說話立場、

作者站的視角……等。

以閱讀五四時期小說為例，對於文本的提問，可先從內容著手，如〈阿 Q 正傳〉學習單：

寫作方向：

1. 作者在序中以四點敘述來說明小說之所以命名為「阿 Q 正傳」的原因，由序中你看到什麼？如果命名為「阿 A 軼事」、「阿 S 外傳」、「阿 X 事件」或「阿 M 先生」……在指涉及隱喻上會出現什麼樣的變化？
2. 旁人眼裡的阿 Q 是怎麼樣的一個人？
3. 阿 Q 怎麼看自己？
4. 阿 Q 的「精神勝利法」是什麼樣的處世態度？你對此的看法是什麼？
5. 文中的趙太爺、尼姑、錢大爺的兒子、吳媽以茶館裡的看客，各具有什麼象徵意義？
6. 阿 Q 對革命抱持什麼樣的態度與看法？為什麼他因此而死？
7. 你對阿 Q 的死有何看法？

阿 Q 飽受欺壓卻無力反抗，並用「精神勝利法」轉換心情。繼續過活是多數中國人民的生活觀，這篇小說是血淋淋的國民櫥窗、悽悽慘慘的解剖素描。魯迅在寫作〈阿 Q 正傳〉的時候，曾經抱著批判「國民的弱點」的意圖。根據這個意圖，他還做了如下的說明：「我的方法是在使讀者摸不著在寫自己以外的誰，一下子就推諉掉，變成旁觀者，而疑心到像是寫自己，又像是寫一

切入，由此開出反省的道路。」（《且介亭雜文‧答〈戲〉週刊編者信》）因此文中的每一個角色都是中國人的類型，社會的縮影，他們各自演出時代裡種種想法與位置：

趙太爺是個有錢地主，代表有產階級對貧民的壓榨勞役；尼姑暗示即便是宗教慈悲的力量也無法解救中國；至於錢大爺說明官僚的勢力，雪上加霜地形成精神虐待；錢太爺的兒子則是接受外來文化的勢力，脫離這老舊的中國思想與制度，崇洋媚外的假洋鬼子；吳媽則諷刺傳統禮教的虛偽。（陳怡錚）

以閱讀魯迅作品而言，阿 Q「精神勝利」一直被用於負面的評價，但玫瑾卻為之翻案，藉莊子薄是非之論，並提出所謂主流與異類無非盡是少數與多數之別；所謂普世價值無非都是妥協。如此看來，阿 Q「精神勝利」可說是消極否定，甚至對抗這樣的現實方式：

看完〈阿 Q 正傳〉的影片和文章後，最初也最深刻的印象是：阿 Q 的行徑可恥，行為低俗，粗魯言語。但換個角度來檢視他，我反倒崇拜起阿 Q 的「精神勝利法」！

人生在世，所見所聞，不過是眼觀、不過是耳聞……一個人所有的思想，幾乎都是出於一個主觀的角度，並以此檢視這陌生的世界。一般人的價值觀，大概就是所謂複雜無聊的普世價值，既自以為天下烏鴉一般黑，又自以為的融入社會。人跟人哪有相同的價值啊！不過是勉強、虛榮、偽裝的聯集，企圖將自己放置在洶湧的人潮中，以為自己非異類。單獨的個體，其實誰也不是

異類。

　　而這就是我欣賞阿Q的地方，他是有自己思想的人，若要崇高地來說他，更是堅持自己想法的人。也許他的價值觀不合現今的世界，也許他的價值觀不容於當代的思潮，那又如何？至少不流於混沌的泥沼中盲目跟隨別人，這就好了！一個獨立的個體，需要的，不過就是這些罷了！再換樂天的角度看阿Q，他還真是所向披靡！不論任何事，都可以一笑置之，這樣的力量，需要多大的自我肯定（我認為啦！）以及多堅強的信心?!如果我也能多擁有這樣的特質，相信生活將會是非常快樂的！人生在世，所追求的不過爾爾，何需太認真?!（陳玟瑾）

（2）進階級問題——審視作意

　　小說創作是一個組構文本的過程，而小說研究（批評）則是重組（描述）、解析、評價文本的過程——透視「人的心理狀況」、「社會背景」、「文化氣息」。因此在進一步閱讀過程中，關注焦點集中在作者於文中反映的現象、作品時代背景、作者個人生命情境與歷程、提出的問題、作者觀看世界的方式、內容？如下列問題：

　　寫作方向：
1. 作者為什麼要安排阿Q最後被處死？其死因有何寓意？
2. 小說深刻的思想內容是反映當時中國社會生活的一面鏡子，作者藉阿Q其實想說什麼？
3. 作者為什麼要替阿Q立傳？他站在什麼位置看阿Q？
4. 魯迅對革命抱持什麼樣的看法？

魯迅企圖採文學，而非激進流血的武力方式進行社會改革。

閱讀他對當時大時代的貢獻，讓我明白判定文學作品的價值，實在包含太多面向：追求畫面氛圍達成絕美境界的文字追求者，表達的是一種具體卻又虛幻的浮誇；強調現實意象擴張者則在文字創造時講究絕對，而不加修飾的血腥，這又是另一種魅惑。

其實魯迅兼此兩者之才，不僅以具體隱喻的言論道出現實，同時也在氣氛經營上展現出無比的、貼近現實的蒼涼。就因為貼近真實，就因為生活在相同的思維基礎中，才更能了解當中的淒愴與蒼涼——當時的讀者感受一定如此。例如〈藥〉當中最後一幕場景：一隻黑鴉淒厲地劃過向晚的暮色，而當鏡頭拉遠，即是冗沉的暮雲，與塵漫紛飛的新墳……（姜星宇）

第一次閱讀魯迅，是在國中時候，那時只覺得很疑惑，故事都好黑暗、沒有希望，也沒有太多漂亮的文字來裝飾，就只是用有點艱澀的白話文。一個個灰暗的故事，看完有種揮之不去的陰霾在心中。

再次讀魯迅，知道重點要放在他的時代價值，一個要轉向現代卻未脫棄舊包袱的社會，有太多的亂象。列強肆無忌憚的欺侮強烈對比出中國的落後與不堪，人民的愚昧與迷信。

是以故事充斥不確定與茫然感，無法銜接過去，也不知道未來何去何從。在那樣的大時代下，大多數的中國人，善良純真，卻彷彿背負著原罪般，過著不堪的生活，被各國人種踩在腳下，甚至被富人、地主，或者被那些喝過洋鬼子墨水的人欺侮——人民單純無辜，卻活活受罪。

　　魯迅即使留日回國，卻也無力相助，只能靠著手上的筆，記下人民的無奈與自身的無力。古老、迷信、落伍的中國，脫不了灰調、黯淡、絕望的命運，只有死，才能解脫。魯迅哀人民之不幸，用筆批判、教訓人民不去爭取；以挖傷疤、尖銳的批判、鄙夷的嘲諷等等的手段，帶出中國的國民性──逃避守舊、精神勝利法。（楊翎）

　　法捷耶夫在〈關於魯迅〉中說：「魯迅，是短篇小說的名手。他善於簡短地、清楚地，在一些形象中表達一種思想，在一個插曲中表達一件巨大的事變，在某一個別的人物中表達一個典型。」姜星宇就魯迅文字所營造的氛圍，所隱喻的現實剖析；楊翎就文本讀時代、讀作者的心情。江欣怡則提出她對這篇小說裡魯迅如何形塑阿Q這個角色，其意旨與所透露的訊息中有精闢的分析：

　　〈阿Q正傳〉綜合魯迅一生的思想與精神，以諷刺的筆風，尖銳的筆法，揭露傳統中國的醜陋面，道盡中國人悲哀的國民性。
　　魯迅小說中的主角總不是些可愛的角色，也總是讓人同情的角色。阿Q不可愛到了極限，也令人同情到底，他是個成功的主角，完整詮釋了魯迅先生要的「中國人」。他無知，他自以為是，他逃避現實。魯迅先生以一個丑角代表中國人，在嘲笑中讓人頓悟，真是極盡「諷刺」之能事。
　　魯迅先生用了什麼技巧，什麼修飾來創造這篇名作？我左看右看，唯一能說的技巧，就是他將主角阿Q寫得太白話了，無論是用詞、對白、思想……都白話得讓人徹徹底底了解阿Q的想法

及行徑；了解阿Q是個小老百姓，一個最低下的小老百姓，於是，無數學者專家折服在阿Q腳底。於是，小老百姓的辛酸有人懂了；於是，大中國的腐敗被發現了；於是，阿Q死了，又活了。

從一開始，〈阿Q正傳〉就是諷刺的，小說名字、主角名字、序言，乃至整篇小說，魯迅先生的尖銳未曾間斷；大中國傳統的箝制也未曾被遺忘，魯迅先生窮極一生的信念，算是貫徹到底了。阿Q到死，都搞不清楚自己犯了什麼錯，就像魯迅先生的小說集《吶喊》、《徬徨》，他看清了中國傳統的毀滅，卻只能徬徨，只能吶喊。

我們或許不知道「孔乙己」或是「祥林嫂」，但是，我們一定認識阿Q。他是個虛構的真實，也是個樂觀的悲哀，就因為他的卑賤，獲得了最崇高的永恆。（江欣怡）

（3）高階級——深思廣論

問題是待答覆或待解決的迷惑疑問，解決問題則有如一個過程，運用前輩經驗、知識、技能和了解，去思索、探究、推理。「提出問題」與「解決問題」，提供發展批判的和創造的思考技能必要經驗，是很好的學習方式。學生在自設問題中發展深層的閱讀向度，而老師所設計的問題，則導引閱讀的方向，讓學生得以透過問題思考、探究。

至於在解題的思考過程當中，為建立論點，提出論據。這個過程涉及基本的思考、批判性思考，以及創造性思考等能力，並由思考的過程，產生觀念、概念、意見及評價等等，因此為啟發式閱讀計畫不可或缺的一環。

寫作方向：

1. 典範代表多面向，所謂代表作，意味著作品的「純熟」度，它代表文學的高度。它或許是形式上的成功，或許是技巧上的成功；它代表作家所想表達最終極的面向，它涵蓋其核心價值思想與精神；它也可以是後代接受度、熟悉度最高的作品。以此為觀察與思考基點，你覺得哪一本作是魯迅、沈從文最滿意的作品？

2. 魯迅、沈從文、郁達夫、許地山所看到的國民性各如何？其書寫的視角與觀點亦請說明？

3. 每位作家都有其對現代化的看法，將魯迅、沈從文、郁達夫放在現代化脈絡中，他們各自表達哪些想法？

　　魯迅總是以一個旁觀者的角度由上俯瞰中國，以冷冷的筆調來描寫故事，他毫不留情地批判中國國民性，揭開中國人瘡疤。對於現代化，魯迅是徬徨的，他既不期待現代化能改變中國，又否定中國傳統，顯現出無所適從的慘況。

　　知識份子最大的缺點就是知識，以理性看世界讀世事，但沈從文則不然，自言：「我是中國最後一個浪漫」。一生遠離主流，親近邊緣的沈從文在小說中用鄉村的眼光審視現代文明，謳歌人民。他想像的國民性是樂觀的、寬容的，如（翠翠），由家鄉湘西出發，溫暖的色彩與筆調，以湘西為原鄉，在失意中尋找的安慰。正因由鄉土出也由鄉土入，貼近自然、民情、鄉土，因此見到的一直是善，寫的語言與生活一直都是樸實的，柔軟的筆調，雲淡風輕，充滿理想的浪漫。

　　在郁達夫每篇作品中都見其吸引人的靈魂、鬼魅的身影，身處於傳統與改革之間的他，以其浪漫文筆，走向刻劃內在、哀嘆自我，是以作品多屬於自我心靈的書寫。他見到聲色的沉淪，物質的社會，慾望的世界，在書寫自己的同時，也就像是把一個中國人對大時代的感想縮影在自己的精神靈魂裡。

　　這種種視角上的異況，在藍逸群的觀察與翁宜嘉表格式的比較中可明晰窺見：

作家	風格	對現代化看法	國民性	書寫角度
魯迅	冷澀諷刺 尖銳沉重	悲觀茫然 沒有未來	愚弱貧病無知	俯視 （知識份子角度）
沈從文	歸真的白描 平易親和	雖不全然滿意 卻也接受 不批評	樸實可愛	平視
郁達夫	幻夢浪漫	全然接受 並覺得祖國 落後腐敗	虛弱可欺	自我中心

（翁宜嘉）

　　我覺得〈狂人日記〉是魯迅的代表作，文中採取第一人稱的手法，以狂人來表達他對中國禮教的諷刺，以及新時代新思想所帶來的衝擊。不過以魯迅本人最滿意的作品來說，應該是〈孔乙己〉。

　　〈孔乙己〉一文用字精簡，在內容上也直接以孔以己這個人當作中國的縮影，但是表現魯迅對於大時代的惶恐和多面向的反思者，則以〈狂人日記〉表達得較完整。更重要的是在〈狂人日記〉中，魯迅將中國落後敗腐的罪過，歸那出很多原因，甚至連

自己也是原因之一，這是當代鮮少出現的思維。

魯迅傳世的文章中以〈狂人日記〉和〈阿 Q 正傳〉最為通俗，但就文章的意境、想像力來說，我個人還是覺得〈狂人日記〉的藝術價值以及時代意義較高。（張維芳）

魯迅對現代化的看法是：悲觀。在文章中，他不寫現代化的進步，而盡是崇洋媚外的盲點。對中國的現代化，照魯迅的思維是「行不通」也「好不了」，因為外來物質進入中國所帶來的不全是便利，而是更多功利主義的惡念。

基本上郁達夫深信物質文明有助於經濟繁榮，認為現代化能帶來進步。留學向西取經的故事一再重演，表示西方物質文明的進步值得我們學習。郁達夫在〈沉淪〉中運用妓女來說出中國虛弱的事實，流露深厚的民族情懷，但也以自己漸漸被洋化的歷程和感觸為軸，以浪漫不在乎的筆調解析自我，再從自我的思想反映出那個大時代。

沈從文對現代化是：好奇。他是個強烈的浪漫主義者，追求樸素，常用他的眼睛來看這整個世界，運用他的想像力來創造新鮮的生活。他對於現代化的反應是三者中從容溫柔的，〈蕭蕭〉中對女學生的崇尚雖盲目，但也顯露逐漸揪受中國現代化的事實，不過作者對於弱勢族群文化的保留仍堅持原始的忠誠。（藍逸群）

1987 美亞利桑納大學教育學院特殊教育系教授 Maker 以多元智能與問題解決為架構，分析各種智能理論，最著名的是 Howard Gardner 多元智能理論。在研究各類資優學生以及克服障

礙的成功科學家，分析其成功因素時，發現最重要的成功因素是
卓越的問題解決能力。

他同時提出問題解決是 DISCOVER 課程模式的主要成分，
Maker 將問題分 TYPE I—TYPE V 五種類型。TYPE I—Ⅲ問題
定義明確，是高度結構且封閉的問題，解決的方式只有一種途
徑。TYPE IV、V結構不明確，是完全開放且複雜的問題，要但
TYPE5 則有多種途徑，學生需融入擴散思想及創意，以定義問
題並解決問題。

事實上，問題解決的技能與整體學習能力，可透過優勢智能
的學習或應用而增進。再者，Matheson（2002）提出「創造教育
學」強調學習的過程需要讓年輕人有機會去探索他們自己的問
題，而不是提供答案給他們。藉由問學生，我們如何決定什麼反
應是合適的？我們如何著手進行這些行動？一方面意味突破學生
與老師彼此界線，另則學生有機會去做決定，藉以培養新想法、
打開新視野，甚至改變態度及想法。

因此在上述教學過程中，無論請學生就閱讀提問，或老師企
圖啟發或研究、分析乃至延伸思考的問題設計，大致都傾向於
TYPE IV、V開放型問題。老師的責任是帶學生問出好問題、鼓
勵學生提出有意義的好問題，於情境間利用學生問題進行反思、
臆測、推斷等學習策略。就實驗與教學過程中，欣見同學勇於創
造、討論，形成創新多元積極分享的氛圍，達到自在自主學習的
理想。

架構意義網
──從提問到詮釋

　　文本的意義有時屬於在情境中的意義，亦即在特定脈絡下，有某種固定或穩定的意義，但文本的性質並不能決定詮釋的結果，而是身在詮釋中讀者所演出的詮釋、預設和策略，造就了詮釋的結果。

　　提問所引起並導引思考、回答或解決問題的歷程是複雜的、多面性的，因此無論是喚醒以往的閱讀記憶，或就問題收集資料、閱讀理解以建立文學期待視野，在答與問之間，個人既有知識經驗與所欲學習內容間產生積極的交互作用，以達到破記憶發展高層次認知。

一、暖身活動

　　思考式解讀與寫作包含了解與思考、探究與計畫、選擇策略、尋找答案以及省思與擴展問題等。思考的方法、過程和答案同樣重要，因而教學上不妨配合課文進行，以漸進方式善誘學生動腦筋思考，如：

子貢曰：「管仲非仁者與？桓公殺公子糾，不能死，又相之。」子曰：「管仲相桓公，霸諸侯，一匡天下，民到今受其賜。微管仲，吾其被髮左衽矣！豈若匹夫匹婦之為諒也，自經於溝瀆而莫之知也！」

子路曰：「桓公殺公子糾，召忽死之，管仲不死，曰：未仁乎？」子曰：「桓公九合諸侯，不以車兵，管仲之力也。如其仁！如其仁！」

以《論語》中對管仲的看法為例，子貢與子路分別對他提出「非仁」的質疑，但孔子卻對管仲予以正面肯定。孔子的學生們對管仲不滿的原因、孔子稱讚管仲的原因，這些觀點看在當下的學生眼裡，孰是？孰非？再者，召忽與管仲的選擇分別代表什麼樣的思維？認同與反對之間所暗示的價值觀、對人格審視的標準何在？於是設計下列問題，請學生討論藉以激起波瀾：

1. 公子糾失敗後，從者將何去何從？
2. 召忽為何要死？他有沒有別的路？
3. 管仲基於什麼原因而作出「相小白」的選擇？
4. 孔子所謂「如其仁」是指什麼？
5. 孔子讚美管仲的原因，背後思維是什麼？
6. 匹夫匹婦之信，與管仲所堅持的信念有何區別？
7. 比較孔子與子貢、子路對仁的看法有何不同？

　　對於公子糾失敗後，從者將何去何從，同學們提出十個選擇如下：

（1）自殺：如屈原跳汨羅江，或是項羽在烏江自刎，以示忠於選擇的信念。

（2）隱居：因為無能，而無顏見世人；因為失去信心而如伯夷叔齊恥食桓公。

（3）淡泊名利，回歸市井小民。

（4）投靠小白：既然是個有才能的人，倒不如毛遂自薦，得個職位造福百姓。

（5）舉兵打敗小白，自封為糾之繼承者，奪政權代主實現理想與政策。

（6）學習武士道的精神，當刺客殺小白，再自殺。

（7）採報復心態，奪走小白重要的東西，像郁達夫玩日本的女人像是替自己的祖國爭了一口氣，接近小白的女人，玩弄她。

（8）失意，徘徊於聲色場所，如杜牧、柳永以詩詞訴心聲。

（9）求仙訪道，尋求長生不老。

（10）浪跡天涯，尋求生命的真諦。

　　至於選擇的票數，則以回歸市井小民最多，其次為隱居，繼而報復，或刺殺再自殺，特別的是無人投靠小白。這樣的投票表達選擇，在某種意義上透露學生以傳統與所處時代的價值觀來審視出處，同時，在反思中，引起對古人的批判。如此則學習將不致流於老師以衛道者強解，學生也可以參與解讀之中，既設身處地思考，又能活化學習。

　　而有關管仲的出路則因其才，提出假設如下：

（1）一開始，先默然不動聲色靜，等過了風聲後，夜裡火燒居所，製造自己已死去的假象，趁亂逃脫，從此隱姓埋名，耕讀一生。

（2）以管仲才學足可開私塾，專收名門子弟，從此致力於教育人才，不遺餘力，一時傳為佳話，以匿名所寫書傳世。

（3）旅覽各地，吃遍大江南北各地，開個餐館，靠著他早年經營商業的人脈，必然能成為政商名流聚集交會之處，大發市利。

玫瑾則站在小白行事立場上提出想法：

＊思考出發點—為什麼要思考這個問題？

起初，管仲輔佐公子糾，鮑叔牙輔佐小白（齊桓公），皆一心要在齊國稱霸。過程中，管仲為了阻礙小白，還暗下毒手，欲殺死小白，但不成。結果，小白運用欺敵戰術，成為日後春秋五霸的齊桓公，公子糾被殺，其手下之一的召忽也自殺殉主，唯管仲，反而在鮑叔牙的推薦之下，成為齊桓公的得力助手。

其中，值得玩味的問題是……齊桓公是用什麼樣的心態去任用管仲？

＊思考角度—齊桓公

放自己在春秋時代，而我是齊桓公……我會任用管仲，因為……

一、用人唯才的紛亂社會

春秋是戰事不斷、紛亂無主的年代。稱霸一方，是任何一個

有能力的國君都想做的，小白也不例外。也就是在這樣的時代之下，上位者才會不計一切代價的求才，因為，求得一個真正懂得治理國家、用兵撫民的賢才幾乎就等於得了半個天下！而管仲，這麼一個通曉政治、經濟、法理的智者，小白豈會不知？更何況，在與公子糾的爭奪戰中，管仲不僅表現對主子的忠心、更是展現他勝人一籌的謀略與勇氣。這種種情況齊桓公當然看在眼裡，在私恨與國家興盛榮辱相較之下，求賢若渴的小白任用管仲是無庸置疑的。

二、鮑叔牙的推薦

鮑叔牙的推薦對「管仲成相」，有推波助瀾之作用的原因有二……

其一，管仲曾說「生我者父母也，知我者唯鮑叔牙」，可見管鮑之交深重濃厚，是以，鮑叔牙的推薦，使小白親身認知體驗之外，更多了層保障。

其二，是小白對鮑叔牙的信任。對於齊桓公來說，一個剛打下來的王位，是需要時間慢慢細心去穩固它，此時，他需要幹鍊而可靠的左右手。鮑叔牙，這個忠心而值得信任的臣子，適時適地的對他說「管仲是天下奇才，您若僅僅治理齊國，那麼由高傒和我輔佐即可；您若要稱霸天下，則非管仲不可。」此言一語道破齊桓公的想法：要天下，唯管仲不行！所以由於鮑叔牙的推薦，等於為小白任管仲為相的決定，吃下顆定心丸。

三、良禽擇木而棲

小白知道：身為一個有能力的人，他想的不會是如何讓自己光榮的死去，而是如何才能讓自己一展長才，發揮己之所長，進而造福人民。管仲正是這種人。也就是說，對於一個有能力欲施

展抱負的人而言，需要的是一個舞台。抓住這一點，再深入思索：管仲若為私利，那跟著齊桓公肯定是榮華富貴享受不盡；若為公益，也就是天下之利，那更沒有殺齊桓公這樣荒唐的想法了！因為如何能讓天下真正的安寧，唯有一個真正的強者出現，弭平戰事，推動德政，而何人能為此？有管仲輔佐的齊桓公能之。總歸一句，跟著齊桓公的利益都是大過於自殺殉主、抑或是退隱山林，因此聰明的管仲，是不會做出對齊桓公不利的事。經此分析，齊桓公便可無虞的任用管仲了！

四、附加利益——安國定民

從另一個角度來說，對齊桓公而言，公子糾雖死，但其隨侍者尚待收服。一個安定的國家，需要有穩定的朝野和臣民，因此登位後首要之務便是穩定大局。任用管仲能為這樣的穩定帶來兩個加分效果：其一，以管仲為官，可讓他成為降服後的標準。看著管仲他高官厚祿，似乎就看見齊桓公說著「投降吧！來朝中貢獻你的才能吧！我會不計前嫌的任用有才能的你，並且讓你衣食無虞，所以，別再做出無謂的擔心了，管仲就是最好的先例！」，也就是說，管仲成為齊桓公招降招才的活廣告。其二，若反動勢力過大，也可以由管仲來對公子糾的餘黨做出安撫，畢竟是自己人，也許在其柔性勸說之下，不再對反叛蠢蠢欲動！

＊思考合成——齊桓公 VS 曹操

「對酒當歌，人生幾何？譬如朝露，去日苦多。

慨當以慷，憂思難忘。何以解憂，惟有杜康。

青青子衿，悠悠我心。但為君故，沉吟至今。

呦呦鹿鳴，食野之苹。我有嘉賓，鼓瑟吹笙。

皎皎如月，何時可輟？憂從中來，不可斷絕。

越陌度阡，枉用相存。契闊談讌，心念舊恩。

月明星稀，烏鵲南飛，繞樹三匝，無枝可棲。

山不厭高，水不厭深。周公吐哺，天下歸心。」

這首膾炙人口的〈短歌行〉，是曹操經典的求才詩，不僅僅引經據典，還說得頭頭是道，加以情感的渲染，將一位君王求賢若渴、敬才愛才的心情，表現得淋漓盡致。其中的情愫，就似齊桓公遇到管仲時一樣，期望「周公吐哺，天下歸心」，他們同樣希望藉由賢才的取得，進而稱霸天下。

＊思考痕跡──以管仲看歷史

綜上所述，我們可以知道，齊桓公會任用管仲的心理，其實是值得我們一步一步去抽絲剝繭，去了解的。當然也可以藉由這樣的一個問題，了解到當時的時代背景、人情事故……。也許，當下的齊桓公根本沒想這麼多，只是單純的相信鮑叔牙或一味的自負也說不定，但對我們這些歷史解釋者而言，寧願這段歷史不會只是「單純的巧合」，否則，我們天馬行空的絲線，終將流於無意義的漫談，也可以說，歷史簡單不過就是個故事罷了；但它也很難，因為每一個故事的因果關係都是用一個英雄人物的一生去回答的！（陳玟瑾）

從思考出發點的探索研究方向，到由角度衍展的種種面相，乃至結合曹操天下歸心願想的推論，並歸於詮釋目的與行為的省察，使得提問所引動的思考脈絡化條理化。或許在解讀間尚留有許多罅隙，但正因為鬆動文本的行動，因為懷疑言說間的念頭，而有了不一樣的學習方式，更自我也完整的研究起步！

二、解讀與寫作招式

概括而言，詮釋回應問題的方法不外乎演繹法、歸納法。無論這些問題是就文本內容提出的理解性提問，或就文中所指陳的現象提出探討，並延伸至當下問題，或就作者觀點提出思考。提問本身涉及應用、分析與評鑑能力，而在討論所見中也顯現由課文作為起點，引發出更切身更廣泛的省思與對文化現象的觀察、評論。

所謂「言在此而意在彼」，使得讀者無需居於聽者接受的位置，而可以藉由作者所說的故事召喚而一齊思考，這種讀者參與式閱讀，讓我們得以由現存的時空處境閱讀，讓意義生發於當前的情境脈絡之中。

當「作者意圖」轉向「讀者認知」的面向時，如展開多向度闡釋？有哪些解讀方式？藉由反思與推衍、透過視角的轉換與開啟提出更深一層的理解？如何切入導引出脈絡架構？以下路徑或可作為一探堂奧的參考：

（1）推敲細論，匯通觀察——給我一個解釋

 寫作方向：

讀屈原〈國殤〉或其他作品時，不妨思索為什麼屈原要讚美國殤者？為什麼漢尊《楚辭》？為什麼屈原選擇死以明志？請打開觀察面，就歷史時代、個人理想及生活背景說明現象。

對於漢之尊《楚辭》，學生看法如下：

以文體而言：《楚辭》悲壯、浪漫的風格在漢成為最佳歌功頌德的文體，主要因為《楚辭》中大量運用比興、押韻及誇張筆勢、華麗對偶所形成磅礡氣勢，與漢輝煌盛世雄偉江山足以相映。（顏廷芝）

以思想而言：漢代剛結束亂世，急需一種能安定人心的力量，《楚辭》中忠君思想，便成為形塑集權中央威權政體最佳選擇。（劉懿萱）

屈原外儒內法，《離騷》：「舉賢而授能兮，循繩墨而不頗。皇天無私阿兮，覽民德焉錯輔。」表現出屈原「國富強而法立」的政治見解，此外《楚辭》強調忠君愛國的思想亦有利於帝王掌控王權。（郭冠婷）

以政治而言：漢的興起結束八百多年的亂世，集權中央，為改變長期豪傑各立為王的情勢，為避免重蹈秦二世而亡的短暫命運，都不得不將君王神聖化、威權化。《楚辭》絕對忠君，至死不屈的堅持，便成了鞏固皇位，神化威權最好的符咒。（陳紀陵）

寫作方向：

《世說新語・容止》載「魏武捉刀」故事：

魏武將見匈奴使，自以形陋，不足雄遠國，使崔季珪代，帝自捉刀立床頭。既畢，令間諜問曰：「魏王何

如？」匈奴使者曰：「魏王雅望非常，然床頭捉刀人，
乃英雄也。」魏武聞之，追殺此使。

　　從這段記載可知曹操之所以請捉刀人替代，實因貌
不足以雄遠方匈奴，但使者亦非等閒之輩，慧眼識得英
雄，請思索為什麼曹操要殺匈奴使者？

　　這與殺楊修如出一轍，無非是被洞悉一切心思的感覺猶如芒
刺在背。試想，如果對方一眼看穿計謀，那麼向來詭計多端的曹
操豈不是落得完全無著力點？曹操深知留此人於世上，必成大
患，因此一不做二不休，置其於死地，可見處事「快、狠、準」，
這或者就是曹操之所以成為一代梟雄的條件吧！（劉懿萱）

　　由文中可見曹操心機重、好面子，以自己無法在外國使者前
表現雄威之貌，而倩人捉刀。其後派使者打聽看法，得知使者獨
具慧眼，當下殺之，不難看出曹操多疑、狠毒的個性。（謝宜霓）

　　《世說新語·捷悟》記楊德祖為魏武主簿，做相國門，始構
榱桷，魏武自出看，使人題門作「活」字，便去。楊見，即令壞
之。既竟，曰：「門中『活』，『闊』字。王正嫌門大也。」另
有人餉魏武一杯酪，魏武噉少許，蓋頭上題「合」字以示眾。眾
莫能解。次至楊修，修便噉，曰：「公教人噉一口也，復何
疑？」乃至曹娥碑下隱語「黃絹幼婦齏臼」，楊修先解，後以
「食之無味，棄之可惜」又識破曹操之心，凡此種種都叫曹操芒
刺在背。楊修聰明外顯則讓自己身陷殺機，除顯現曹操多疑的個
性，更見他不允許機心被識破，寧可錯殺絕不遺後患的斷然，是

以儘管兩國來往不殺使者，但機心被揭，對曹操而言，為了遠謀，為了長久之計，便只有除之為快！

（2）醫者看診，聽聞望切──細讀文本，找尋玄機

　　文本的創造者自身就是文化的創造物，故事有敘述的故事與讀者所建構的故事。當這個故事被流傳千年至今閱讀時，無論載之於書籍上的敘述者，或是歷代讀者，以及當下選讀者，其中所隱藏說服的目的向讀者或聽者的言說、敘述文本進行文化的解碼、書面文件資料被現在敘述話語呈現或思考時會產生質變或共鳴。

　　楊牧〈延陵季子掛劍〉裡是這樣描述的：「寂寞的秋夜／你死於懷人，我病為漁樵」，季札為什麼封了劍？為何掛劍？這個故事標示出什麼樣的情誼？臺北區 92 下學期第三次模考就引此文本為題：

　　季札之初使，北過徐君。徐君好季札劍，口弗敢言。季札心知之，為使上國，未獻。還，至徐，徐君已死。於是乃解其寶劍，繫之徐君塚樹而去。從者曰：「徐君已死，尚誰予之？」季子曰：「不然，吾心已許之，豈以死倍吾心哉？」（《史記‧吳太伯世家》）試就上文篇旨加以闡論，文長約 200 字。

　　在這段敘述中有幾個重點：

　　1.由「季札之初使，北過徐君」，可見季札主動拜訪，暗示

二人交情深厚。

2.「徐君好季札劍，口弗敢言。季札心知之，為使上國，未獻。」這句透露出徐君為何不敢言？季札何以知之？「季札心知之」知代表什麼意義？季札為何當時未贈劍？

3.「至徐，徐君已死。於是乃解其寶劍，繫之徐君塚樹而去。」為何徐君已死，季札還要掛劍？徐君知道嗎？收到劍了嗎？

從者曰：「徐君已死，尚誰予之？」引出這個問題，也誘出季札的回答，但你認同嗎？從者的問話透露出其認定的「贈」該在什麼條件之上，此基於什麼樣的思考？

如果引文刪除這段，或許可刺激更多想像，《史記・吳太伯世家》加上這類似說白的敘述，隱含讚賞之意，由此則可引發對司馬遷作意的思索。關於這段敘述的論點，學生多予以正面肯定，甚而引王子猷「乘興而去，盡興而返」、莊子超脫生死觀想，讚賞季札掛劍所展現的相知情深與不拘泥於實有框架，周芸安獨緊扣「堅持的心意」說解掛劍之舉：

「心志已決，便不隨外物改變。」這需要多大的決心?! 即使人事已非，卻仍保留那份堅持。世人或許會嘲笑季札的固執，但又有誰了解他只想把隨身佩帶的劍，送給真正欣賞自己的人的那份心意呢？這種割愛又需要何等寬闊的心胸呢？除了真正下定決心誰能做得到？即使友人已逝，仍掛劍於墳前，誰說徐君沒拿到那把劍？其實在「季札心知之」時，徐君早就收到了。（周芸安）

（3）旁徵博引，四兩撥千金──明眼人語，輕描淡寫

孟子曰：「以友天下之善士為未足，又尚論古之人。頌其詩，讀其書，不知其人可乎！ 是以論其世也，是尚友也。」足見讀古人記錄，除知其事之外，要藉以論其人，明其世，因此若能於篇章解讀之間，進一步思索行事作為背後所隱藏的處世觀、個性甚至是當代文化、社會狀態，則閱讀文本的質感將更細密，也能在思索所反應的寫作裡，有條理地提出自己的觀想。

寫作方向

《世說新語・汰侈》記載石崇、王導、王敦事：「石崇每要客燕集，常令美人行酒，客飲酒不盡者，使黃門交斬美人。王丞相與大將軍嘗共詣崇，丞相素不能飲，輒自勉強，至於沈醉。每至大將軍，固不飲，以觀其變，已斬三人，顏色如故，尚不肯飲。丞相讓之，大將軍曰：『自殺伊家人，何與卿事！』」

請就以上敘述，評析三人作為。

石崇以奢靡誇人之事，在《世說新語・汰侈》另有「石崇與王愷爭豪，並窮綺麗，以飾輿服」的記載。王愷炫耀武帝所賜珊瑚樹枝柯扶疏，世罕其比，沒想到石崇以鐵如意擊之，並拿出自己所有的珊瑚樹條幹絕世，光彩溢目，讓王愷惘然自失。

透過同書「石崇廁，常有十餘婢侍列，皆麗服藻飾，置甲煎粉、沈香汁之屬，無不畢備，又與新衣著令出，客多羞不能如廁。王大將軍往，脫故衣，著新衣，神色傲然，群婢相謂曰：『此客必能作賊。』」則可為王敦個性與行事佐證。有了這些先

備知識，學生或就本章三位角色逐一分析，或就彼此對話挑其盲點，犀利批判：

從這故事可見石崇生性奢華，視美女命如土芥。王導生性敦厚，凡事替人著想，寧可勉強自己也不願犧牲他人。王敦是一代武將，說一不二，為將者不意氣用事，不為私情而壞了大事的行事作風從此看出。

再者，王敦也可能意在測試石崇，挫挫石崇驕氣。

石崇以殺美人作為勸客方式，名為使賓客盡歡，實際上是逞個人奢侈，隱然還帶有幾分威脅的意味。但面對石崇這般近乎無賴的作為，王敦這種見過大場面的人絲毫不退縮，因此這是和石崇的心理戰。其次王敦或想藉以激發出石崇的道德感，省悟這種慘無人道的做法，只會破壞自己的形象，並不會因此增加聲譽。（郭宗敏）

（4）雞蛋裡，挑出骨頭──御史辦案，鉅細靡遺

閱讀間發現問題，思考文本破綻，進而提出由開展出自己的論述脈絡，如星宇、珮涵於褒貶中寓託觀點：

石崇宴客奢靡，竟以美人勸酒不成而殺之。此舉在王導眼中看來是殘忍，是狂傲，然綜觀之，只不過是一財大氣粗的庸俗舉動罷了，因此他肯為這只能判為「驕矜」的要求而飲。但看在將軍王敦眼中，這嚴重違反了他平時不輕易屈服對手的戰場原則。宰相看來只是無理的舉動，對將軍而言，卻是極嚴重的挑釁和宣戰，是以王敦堅持不飲。

王導與王敦對話重心似在美人，其實卻道出人的眼光和氣

度，王導面面俱到，保全主客的顏面，也阻止無辜性命受殘害，不愧為良相之材。（姜星宇）

王導和王敦代表迥然不同的性格與價值觀：王導縱使不善飲酒，卻勉強自己喝得大醉，一方面給足主人面子，另方面也不想讓無辜女子賠上性命。而王敦則是不為所動，堅決不喝，甚至認為石崇就算殺了再多人，也只是折損家中丁口而已，對自己絲毫不構成威脅。

王導能委屈自己，配合他人，設身處地為人著想，堪稱風範；而王敦能堅持自己的立場，不為威脅所動，但卻少了點處世的圓融。（趙珮涵）

（5）追本溯源，援疑質理——包公判決，鐵證如山

如果能在閱讀後，激起不平之氣，於是援筆立書或似桂尚琳反將前人一軍，評其虛妄，探其作意；或如子宣憤憤然究始作俑者；如宜嘉追本溯源，各能提出歷歷證據，則將使得書寫變得不吐不快的宣洩，暢快淋漓之至的豪情！

石崇極盡奢侈是該受責備的，王導勉強自己也該受責，王敦的態度則令人難以置信，當然也該受責備的。

王導責備王敦不接受美酒，導致美人被殺，但王導為什麼不責備石崇慘無人道的行徑？如果王敦不肯在石崇的毒令下喝酒，是想藉以觀察石崇是否會在一殺再殺之後改變令意？這樣極端方式，豈不跟石崇一樣是視人命如草芥，殘忍無人性？

再者，石崇為炫耀家中多財多美女而使出冷酷的手段，因無人責備而持續著，如此則曾在其家為客者，豈不都脫不了幫兇之

罪？

總歸一句話，怎麼沒有人罵石崇？反倒是我們這些讀者邊看邊罵！（楊子宣）

石崇性奢靡，為使客至金谷園者皆盡歡，遂定下賓客不飲酒則殺侍酒美人之規。王導性不嗜酒亦不勝酒，因惜美人命而強醉。王敦，性豪，不願屈石崇以人命相挾而飲，固辭之。

王導、王敦共赴金谷園，兩種價值觀的拉鋸上演。

未必看似輕賤人命的王敦有錯，堅持本性、固守原則和牽就外在環境的彈性之間的選擇原無是非，只是在這回會中，籌碼轉到勸酒女子身上，而引發對兩人人品的評論。由此倒反映出王導、王敦處事的方法迥異，或源於一為相、處事以仁；一為武將，崇法尚實而已矣。（翁宜嘉）

在這篇故事中，有三個主要人物：石崇、王導、王敦。三人的個性在文章表達得很清楚：石崇雖好客，但酒色財氣味重，表面上是為賓至如歸能開懷暢飲，其實是好面子而輕賤美人命。王導為不害人命而勉強喝酒，見其心之仁。王敦是一介武夫，殺人之事早習以為常，不想喝就是不喝，殺再多人又與他何干？顯出其任性豪放的個性。

我所不解的是，作者到底想透露什麼？如果是藉此反映某人之可取，我並不覺得有任何人是可取的，若是只想表現三人個性，那此故事也未免太「故事」了。（桂尚琳）

學校的功能是培養學生們沒有答案的時候養成動腦思考的習慣，也就是讓生對於沒有問題重新設法提出假設，並不厭其煩努

力證明自己的假設是正確的。

　「我有話要說」正是閱讀思考的表現，讓學生有說話提問舞台，則是教師的責任，誠如愛因斯坦說：「提出一個問題往往比解決一個問題更重要，因為提出一個問題，就是創造的開始。」

　在對話中展開的閱讀，促使問題產生，無論那是來自學生提問、老師拋出的提問、或是文本所呈現的問題，也無論問題本身是否被解決或能否解決，學習過程已由被動式的接受訊息，到帶著問題、打包問題、解開問題的討論、思考、分析、評論歷程，除培養學生問題解決能力、創造思考能力、溝通協調能力，並將建構出更完整而踏實的智慧。

批判的解析
─從詮釋到評論

　　一個評論者必定是嚴苛的讀者，批判性思考目的正在於訓練能獨特思考、深層解讀並建構意義、評鑑網絡的能力。

　　張文華教授於〈如何引導學生進行獨立研究〉一文中提及專題研究的主要組成元素有引導問題：提出並界定問題，目的在使學生接受挑戰、設定目標。研究：規劃流程、收集資料、整理分析資料，藉以訓練學生運用策略、達成任務。同時藉由與人討論、分享想法、辯論或釐清想法，從而修正、連結及形成更深層的知識，創造具體成果。

　　是以承接上一階段以發問作為思考基點的訓練後，進一步導引學生對於文本提出分析與批評。

一、評論基點

　　叔本華曾說：「我們讀書時，是別人在代替我們思想，我們只不過重複他的思想活動的過程而已……，在讀書時，我們的頭腦實際上成為別人思想的運動場。」

　　如何不要把自己的頭腦當作別人思想的運動場？如何在文本與資料間由疑到思，從思到讀，從讀到析？因此在設計上，著重

於文本說之不詳、避而不談、言之偏頗，或者以讀者觀點、立場認為可疑、可考、可辯之處者，目的在提出想法，並建構自己的觀察面。在教學上可由下列方向進行：

思考方向：提出批判性問題

1. 看到題目後，提出兩個以上自己的觀點。
2. 這篇文章提出哪些觀點？提出贊成文章觀點的理由、反對文章觀點的理由。
3. 這篇文章最吸引（打動）你的敘述（論點）是？為什麼？
4. 這篇文章敘述（論點）最弱的部分是什麼？為什麼？你會怎麼改變？加入什麼觀點？

寫作方向：提出種種解釋

1. 找出核心命題／次要／枝節──它們在書中的位置、價值、為什麼作者要保留這些枝節？
2. 敘述文本中所發現的問題、替作者設想其論點或書寫角度所站的位置。
3. 對於問題提出種種假設反駁或舉出足以說服的事實，可能接受的理由。
4. 放入時空的再詮釋──作品所反映的時代觀、文化現象、社會背景。
5. 收集各種資料，歸納觀點以佐證思路，或以理論操刀做判斷的根據，觀點切入的路徑。

　　一部作品的意義潛能不會也不可能為某一個別讀者所窮盡，只有在不斷延伸的接受之鏈中才能逐漸由讀者展開。藉著新理論所開闢觀察事物的嶄新方法，檢視作品，或將文學作品置於社會與生活的期待視野時，往往能展示出無比豐富的思維。

二、我在故我思

　　透過評論、資料、文本、問題展現的深度與向度激盪出無止盡的探索、源源不絕的新想法以及種種收穫。誠如畢恆達在《教授為什麼沒有告訴我——論文寫作的枕邊書》中所言：「研究不只是對於「外在」的現象的解釋，它其實反映了我的先前理解，亦即不是在白紙上加了一些圖案而已，它讓我反省我們原來是這樣看世界的，因此，每一個研究不只是在檔案裡增加一些資料，它必然牽涉了研究者的自我學習與轉變。」

　　實施上可由課文出發，選擇文本簡單卻容易引起爭議，或學生熟悉的人物故事，從而鬆動刻板印象、習慣認知，並鼓勵「大膽假設，小心求證」，營造更緊密與古人對話的機會。

（1）詮釋性評論

　　如〈九歌・山鬼〉中，神降、扮神之巫唱：「路險難兮獨後來」，迎神、巫率眾信徒唱：「東風飄兮神靈雨」，陳祭品、巫率眾信徒唱：「歲既晏兮孰華予？」扮神之女巫唱述其幽情……思索追尋何以塑造癡情等待的女神，讓女性等在歲歲年年的流光裡，在縹緲的水上、虛無的幻影間孤寂。

　　星宇的解析，從崇拜神祇現象背後的心理層面說起，繼而就

〈九歌〉中被賦予等待身影的女神，論及女性被投射的形象。然而她並不因此批判男性思維的宰制，反予以正面欣賞，凸顯柔美的期待：

> 人類在解釋描繪心中崇拜的神祇時，總是將其形象設定為現有社會層級中最高貴的一群，一方面是對現實生活的不滿有所寄託，另一方面則希望能從中獲得隱約被補償的滿足。在這樣的情況下，神，展現出來往往不一定是最超脫的一面，有時候反倒是世人認為最淒美的一面。

> 在〈九歌〉敘述的眾神，個個都擁有縹緲俊美的姿態，同時也都是私慕與愛戀的遊戲中最超然的一方，唯一的例外便是山林間的女神「山鬼」。她與人間男子相戀，在鬱鬱的蒼林間守候自然的呼吸與愛情的悲悽，當她終於明白一切等待不過是場空時，連森林間的落葉與蕭風也為她悲鳴。

> 為何要獨立賦予一名女神等待的姿態呢？飄逸灑脫的男神，總是讓凡間女子為他銷魂守候，連掌管山林的女神也只能如風一般在愛情的惶亂中哀泣，這便是最古早的中國為女子塑造的形象嗎？被動的企盼與等待本來就不像是男子漢積極的個性，以此種手法擴大女性的柔弱與纏綿，又因其為神祇的緣故更添加了淒絕讚詠的筆調。姑且不論社會女性主義的批評，至少女性在文學的神話世界中，有一種被定型的美，我相信在這段懂得欣賞女性價值的期間，讚頌女神的詩歌無疑是當代對女性致以最高貴美的標準。（姜星宇）

（2）分析式評論

　　為使學生能在閱讀中從字裡行間就作品內容、人物形象、時代背景探索，到俯瞰社會，乃至作者書寫氣質與重心，整體觀照之間又能在大題小作間，藉某一個重點凸顯全文要旨，因此，配合課文中賴和〈一桿稱仔〉，選擇日治時期學小說家為研究對象。在作法上，先請同學將文本人物以表格方式列出，再從中尋找社會民生物質以及殖民地下的期望與人性。

　　王詩琅在〈日據下台灣新文學的生成及發展〉一文中，強調日據時期的台灣文學具備濃厚的民族思想與民族意識。當中國的知識份子如火如荼地展開五四運動，文學界大興白話文運動時，日本殖民下的台灣知識份子也以「臺灣民報」響應，揭開台灣新文學運動的序幕，打下記錄此一壓迫時代殖民地文學的基石。

　　龍瑛宗先生的代表作〈植有木瓜樹的小鎮〉發表於一九三七年，屆時正臨台灣新文學運動的高潮時期，評者謂「在這一時期台灣新文學顯然已擺脫初期的暴露式的政治色彩，純站在文學的立場從事寫作，所以藝術氣味也漸濃厚」。在〈植有木瓜樹的小鎮〉中，烈日的暈眩、木瓜樹的豐碩凸顯出小鎮的頹廢；知識份子的酒氣、賣春女子的脂粉味，醞釀出小鎮的腐敗。有識之士對於情感的追求和理想的抱負被層層疊疊的黑暗淹沒，惟能以絕望果腹。

　　在這座小小的島嶼上，知識份子逐日消沉的意志灌溉著鬱鬱的木瓜樹，精神的沉淪成了物質最實際的利潤。死去的人在冰冷的地下描畫著人間充滿幸福的美姿，活著的人和發瘋的人則被描畫在茫茫然而冰冷的世界。

　　臺灣走向現代化之路是殖民統治歷史與被殖民血淚的交集，

現代化是事實，真實則由台灣作家寫出來：1935 年台灣第一才子呂赫若寫〈牛車〉，文中說道：「為何我們越勤勞，日子越窮困？」

1936 年賴和寫〈豐作〉，文中說道：「為何時代那麼進步，我們的生活卻那麼痛苦？」

歷史的表面叫事實，然而歷史是有選擇的，殖民地的歷史看不到真實，台灣作家表達的人民生活是痛苦的事實。這就是為什麼日本作家西川滿寫〈南國的夏天〉以南國的美歌頌台灣的幸福，賴和寫的卻是被鞭打的農民……。

這些背景知識與文本交映，在讀者心底激起相當震盪，於是江欣怡以「由〈植有木瓜樹的小鎮〉看日據時期知識份子形象」為題，分析比歷史更真實的小說所暴露知識份子的悲劇：

若要將文中諸多知識份子稍做統合，我認為，手不離書，不嗜煙酒，溫和而又可靠的陳有三扮演著過渡性的角色；而頭腦靈活，熱情洋溢的林杏南長子則作為知識份子的模範；精打細算的戴秋湖雖接受新知識，但其形象最為卑微。

正如葉石濤所說：「在楊逵的小說裡有些主角是知識份子，頭腦是清醒的，身體是健全的，他們的悲哀、憂鬱、憤怒都是正常的。可是一到龍瑛宗，我們將會發現，知識份子已經脆弱墮落，潛思多於行動，而且帶有世紀末的頹廢。」

主人翁陳有三從一開始的熱血青年到最後頹廢度日，雖令人惋惜，但這也是不可避免的趨勢。尤其在種族、婚姻甚至是知識上他都無法確立自己的定位，知識婚姻對他而言只是成功的踏板，藉此證明自己與其他人不同，終不免腐化。

　　陳有三追求地位，洪天送追求體面，廖清炎、戴秋湖、雷德追求安逸，林杏南、蘇德芳追求金錢，惟有林杏南長子追求社會祥和，堅定自身品格，但作者刻意將這最足以稱做知識份子的人物為病所苦，影射出當代知識份子的墮落與無救。

　　戴秋湖不只自身放縱，甚至為了利益而將親妹妹推入明知不幸的婚姻。然而，我卻沒辦法完全唾棄、鄙視他，當我想到，曾有一位青年，吹著口琴，或是哼著小調，滿懷著對未來的期盼時，我又茫然了。

　　到底，是時代造就青年？還是，青年造就時代？

　　是怎樣的時代，台灣人以身為台灣人為恥？台灣人的婚姻離不開金錢？是怎樣的青年，只追求著金錢和女人？吸取新知卻依循傳統？

　　小說裡面，我最欣賞的反而是廖清炎。在我讀來，他就像是個旁觀者，糜爛過日，卻清晰的看穿了這個社會；他了解現實，不做無謂的追求，只求及時行樂。他清楚知識的無力，時代的沉重，然而，他更清楚自己的渺小。他追求地位，追求金錢，追求女人，他追求文中所有知識份子追求的東西，但是，他是清醒的，他告訴陳有三的是一個事實，一個殘酷卻改變不了的事實。

　　作者將這座聚集了許多知識份子的小鎮寫得並不美好，唯一美好的只有向著陽光的木瓜樹。但木瓜樹長得越高，底下的人就腐爛得越快，就像林杏南長子所提敘：

　　「我對一切東西都感到死亡接近……我的肉體，我的思想，我的一切要是逝去就再也不回來了。

　　死——死來到那裡了。

　　青春算什麼？戀愛算什麼？那種奇怪的感覺到底值得什

麼？……

　　雖然我的肉體短暫，我的精神卻活過五十歲、六十歲。

　　我由於深邃的思維和真實的知識得以詮釋事象了。

　　現在雖然無限地黑暗悲哀，但不久美麗的社會將會來訪的。

　　我願一邊多采多姿地想像人間洋溢幸福的景象，一邊走向冷冷的地下而長眠。」（江欣怡）

　　文學就是個詮釋系統，把問題擴張，讓思想迴盪。而作品是意義的網絡，也是建構意義的脈絡，且讓我們透過文學作品，照見日據殖民地時的台灣與在那個時代裡奔馳想法的痕跡……

（3）理論式評論

　　藉理論操刀，往往能在閱讀文本時，能具有更精密的切度透視作品，如對於李昂《殺夫》一書，陳玟瑾藉女性主義觀點，提出思考的方向如下：

　　1. 有關寫作背景的探討：《殺夫》被置入的時代，帶給大眾的震撼。

　　到底是在一個什麼樣的時代氛圍發生殺夫這麼轟動又駭人聽聞的社會事件？在這個時代裡女性的角色又是什麼？

　　2. 寫作手法的探討：《殺夫》書中大量使用「飢餓、食與性」來傳達兩性關係。如何連結這兩種慾望的關係？

　　3. 女性主義的探討：《殺夫》一書所透露出的女性觀。

　　根據以上研究問題，開展出分析與評論如下：

　　故事一開始敘述林市母親遇到軍服男子強暴，只因為飢餓，

才讓她什麼也顧不得。禮教、婦女的三從四德，在飢餓的壓力下，消失得很快，卻很自然。

林母的命運似乎正預言著女兒的將來。在林市新婚的那天，「食與性」又再度交錯在林市的生命裡。

整部小說圍繞著性與飢餓，林市的母親被「強姦」和林市在初夜裡，丈夫把豬肉往其嘴裡塞，兩者的模式相同。我試著用自己的想法將「飢餓、食與性」三者做了連結：因為飢餓而食，因為食而性。這是我倒推出來的結論。

《殺夫》，幾乎是「飢餓、食與性」的重複上演。故事始於林母因為過度飢餓，接受軍服男子食的誘惑，而軍服男子藉由林母對於食的需求，進而侵占她的身體。這樣的鏡頭反覆在林市與陳江水的生活中演出，林市的叔叔賣掉她，是看中陳江水能隔三差五地送「整斤整兩的肉」，這是林市的價值！陳江水則藉由夫妻關係，理所當然地對林市索取性的報償。陳江水飽暖思淫慾，無時無刻對林市身上加諸性暴力，而林市為了吃一口飽飯，則百般忍受他的攻擊。李昂巧妙的運用著人性的兩種本能：食慾、性慾，指陳男權勢力用以宰制女性的方式。

更奇妙的是，當我們打斷這樣的食性關係時，一開始原有的平衡，就被完全破壞了。「飢餓、食與性」三者缺一不可，試想：若林市不再飢餓或有了自己的經濟能力，她是否會甘受陳江水凌辱一生？或是陳江水若對林市不再有性慾的需求，那故事的最後，會不會是和平共處到老死？

李昂用於切斷平衡的方式是：陳江水的對於林市的禁食。

由於對林市表現的種種不滿，陳江水從一開始減少帶回家的糧食，接著甚至過回從前單身漢外食的生活。這使無經濟力的林

市飽嚐飢餓，更破壞了食性平衡。

「有一回從衣櫃最深處找出好幾束麵線，那麵線已開始長灰綠色的銅錢大斑點，還有半吋來長的細毛，像傳說中鬼怪腐爛的臉面，林市將綠色斑點挑掉，在水裡幾次洗過，煮了仍悉數吃盡。」（P181.182）

李昂描寫林市飢餓的情形，詭譎又具有文字魅力。把絕境的林市，刻畫得生動而駭人。最後殺夫的舉動，便呼之欲出了。

《殺夫》，就像深入的挖掘每個女性的心底一樣，把沉睡在心中已久的女性主義，從心底的深淵呼喊出來，如同林氏的哀嚎聲，毫不遮掩的展現出來！去除了浮華不實的文字敘述，留下的是更露骨、更具感染力的寫實手法。而在這樣的文字表達之中，女性的價值以及對時代所做出的抵抗，是顯而易見的。

循著林市的帶領，我被女性主義深沉的呼喊所吸引……

林市對陳江水的抵抗，對激烈的一次，就是在最後殺夫的那一瞬間。

李昂在小說中，逐步的建構出林市殺夫的理由，從禁食、殺鴨、否定祭母……種種行為，都埋下林市走向殺夫的暗號。

「……寬背薄口的豬刀竟異常沉重，林市以兩手握住，再一刀刺下。黑暗中恍惚閃過林市眼前的是那軍服男子的臉，一道疤痕從眉眼處直劃到顎下，再一閃是一頭嚎叫掙扎的豬仔，喉口處斜插著一刀豬刀，大股的濃紅鮮血不斷的從缺口處噴湧出，渾身痙攣的顫動著。」（P191）

　　一改從前我們對殺人情景的輕描淡寫，李昂採取了「夢境式的寫實」，以寫殺豬之名，引出殺夫之實。也就是說，林市雖然在殺自己的丈夫，卻是不自知的，甚至以為自己只是在殺一隻豬。在此，充滿血腥味的女性主義，就在林市一次又一次的反抗，到最後的殺夫，而一環環地扣回本書。

　　然而，《殺夫》的巧妙之處，就在於林市是在無意識殺人的情形下，簡單說來，林市對於侵犯神般地位的男性，仍是心存恐懼的，害怕陳江水的心理，一如往常一般的深植在她心中。從性虐待、言語恐嚇到肢體暴力，每一種過程的痛處，都讓她掙脫不了傳統桎梏的束縛。所以，即使飽受壓力到想殺人，一切也只能在夢中進行，並且以殺豬的方式來呈現。

　　李昂小說中一切的選擇由女主角為主，是她的幼稚、她的成熟、她的怨怒、她的悲淒，這就是小說的本質——以女性為主題——一個苦悶的心理。因此，林市殺夫的象徵意義在於：她殺的不只是一個男性，而是一個千百年來壓迫女性的殘暴形象。（陳玟瑾）

　　殺夫的時代背景設定在一九三零年代，台灣鹿港農村。一篇〈詹周氏殺夫〉社會新聞報導在李昂心中升起寫作「婦人殺夫」的念頭。女性的角色與價值、男性長期宰制的暴力，食色性所引發的權力與操縱……隨著情節一一展現。誠如玟瑾所言：「《殺夫》呈現的是一個時代下的女人、一個解構中的傳統。在與它對話的過程中，我更深刻的體會：自由，真的得來不易。為她，我要更努力。於是，寫下這樣的討論。或許唯有深刻的揭露一些中國人避而不談的話題，我們才能更懂得：歷史的紀錄，不單單只

是紀錄歷史，更是人們一步步用血淚踏出的一條生存之道。」

　　對於女性小說的閱讀，可以集中一點剖析，如成長改變、女性地位、女性書寫筆調與關注焦點、男性觀點與地位、作者視角與觀察位置，由中見作者對人生對愛情的觀點，面對感情或人生採取的態度……等，審視女性如何看待自己？如何以男性加諸的視角責求自我？又如何從中剝離尋得平等的觀照點？

　　在女性所寫小說裡，看見什麼因素造命運？假設可以重寫，你會在何處轉變？預測結果會如何？這樣的改變與結果背後是什麼樣的觀念所驅動？同時可延伸閱讀，如果你讀過這位作者其他書，請統合其書共同點；如果你看過其他女性作家小說，她們之間有何異同？諸如此類的設計與導引將可帶學生以更廣闊的角度，閱讀文本與自我生命。

聽見不一樣的鼓聲
——從評論到創新

　　每個人在閱讀創作中都帶著前理解（知識、動機、期望），所以各自見到某一面，但作品也在不斷被閱讀間面臨問題來，而所有自我詮釋都召喚某種問題的面相，因此讀者才是作品完整的一環。而閱讀過程中所產生的問題意識、核心問題導向要處理什麼問題？接著便是如何顯題？要如何處理問題？這樣的知識訓練目的在就文本提出種種假設，從逆向或反思撞擊出不同的思維，藉以正面整理，橫切斷層或側面分析，乃至因不同時代不同立場身份而看見另一個向度。

　　宋代理學蘊育疑古的風氣，讓人見到批判的力度、新義的犀利。因為新的角度開拓創造性的詮釋空間，〈白蛇傳〉中善惡好壞大做翻案，原本代表善良慈悲的法海成了假借權威，趕盡殺絕的惡人，白蛇反成有情有義的化身，青蛇女人比許仙勇敢正義。同樣地，在〈與狼共舞〉這部電影中，印地安人友善勇敢，充滿機智，壞人是白人軍官，是南北戰爭獲勝的北軍隊伍，懦弱荒謬貪婪。此階段訓練即為擴展學生的思維及創意，找出或拓寫出改變傳統標準的作品。

一、思考式閱讀修行觀：逆向思考，挑戰前人

　　學習就是概念的改變，但傳統指導模式以老師為中心，專注於直接傳輸知識，學生則是消極的接受者，聽講、作筆記、強記並反覆練習背誦、不斷使用所有的事實或理論，以致學生常認為所知概念是唯一合理的。

　　概念改變模式（CCM）理論中描述學習是概念改變的歷程，在這個歷程中，學生將未知和已知連結捕捉概念，或以互換來描述概念改變，進而理解、接受新概念，重建構概念替換新舊概念。鑑於改變概念的相關狀態若未發生改變，概念改變將不發生，教學的方針與學習模式上，可由下列方向進行：

（1）引發不同的觀點

　　先決定並敘述討論主題，給予相關議論資料，如前人之見、各家說法、不同記載……等。在教學中為引起不同觀點，老師宜保持客觀，不需加入太多或不必要的解說，特別是個人看法，或預設立場以免限制想法，進行中可透過活動、個別書寫闡釋、相互討論呈現發現。這個指導方針的目的在確定學生在不同觀點中，其選擇的基礎不在「是誰講的」，而是在「誰可提供合理的解釋」。

　　基本上是非問題、道德評價、合理懷疑、適當推理，都是在強調思想式閱讀上可以使用的手法或技巧。教學重點可就文本所觸及的觀點是否公允、立場是否合理、演繹過程是否緊密、取材及對資料的解釋是否恰當……等方向著手。實施步驟上可由下列路徑進入思考以及詮釋、提新解的閱讀態度與策略：

寫作方向：

1. 找出論點不合邏輯的地方。
2. 證明作者分析或理由不足處。
3. 提出另一個角度的思考。
4. 提供更多資料或修正空間。

基於人類因問題和事物所引起的刺激和反應，引發推理、解決問題、學習判斷及思考決策等過程，是以提示問題最能誘發思考。事實上，沒有問題就沒有解答，沒有思考就沒有問題，問題的「多少」和「程度」與思考程度、學習背景相關。愛因斯坦曾說：「問題的構成比其解答更為重要，後者可能只是一種數學或實驗的技能而已。用一種新角度對舊的問題提出新的問題或新的可能，需要創造的想像。」

（2）改變觀點的狀態

思考是一種心理歷程，在概念改變或引發想法的教學中，學生必須挖掘各家見解間相互矛盾的觀點、概念影響的程度，考慮時代規範、歷史背景、文化差異性或作者滲透其中的想法等。因此教學活動上，老師扮演引導者，除提供觀念的表徵和發展、實例，並給予不同方式的思考、連結其他概念等；另方面扮演觸媒的角色，誘發學生不同觀點，尊重、了解其想法。

二、思考式寫作修行觀：破舊立新，舉證確鑿

開鎖式教學活動中，老師已設定一個正確的標準答案，老師照本宣科，學生被動地被灌輸知識，藉反覆操作、背誦記憶以熟悉固定的模式，認定唯一的答案為指標。然而垂釣式教學狀態裡，教與學都是開放的，在眾聲喧嘩間，參與探索資料、提出假設或暫時結論、評析其真實性、資料篩選、討論驗證，老師教的是「如何學」、「如何思考」，學生得到思考方式、解析應用與評論的經驗與能力。

「詮釋必須能提供可接受的因果機制」，繼思考式閱讀後，表現於寫作之上的觀點呈顯，是組織化、結構化想法的實踐。學生必須接受自己學習的責任，相信自己的思考，辯護自己的結論，亦即將認同的理念，或由文本罅隙中發現的盲點，提出分析並舉證闡明自己的論解。

這樣的訓練目的在培養「獨立思考」能力，也就是獨自去做推理及解決問題，能在閱讀中選擇、比較與觀想，以在基本思考之外，能批判性思考以及創造性思考。

書寫方向，不外乎聚斂思想創造策略，以比較有系統的方式歸納所獲得的資料，並依一定程序解決問題；另則為擴散式，由關注的問題與提出的省思想法，衍生於其他方向。

為達言之成理、論之有據，並建構創造性想法的結果，可定出比較明確的方法，如：

寫作方向：

1. 對於這本書所要表現的觀點，請提出逆向思考的面相。
2. 對其中不合理處批評，並引文舉證其非。
3. 逐步蒐集資料，提出比較好的作法。
4. 提出相反的思考方式。

寫作要點：

1. 指出論述：論辯理由、例證（事實、解讀、旁證、引述前人觀點、名言佳句——殊相與共相），然後推論歸納重點、結論。

   在敘述中歸納簡要清楚的觀念、在段落間尋找隱藏紛亂的意旨、重組排列其順序與邏輯，目的在重新架構論述的前因後果，以掌握作者的主張。

2. 思考比較：確定作者已解決的問題（提出的觀點）、破與立之間的辯證是否合理、理由是否充分、與其他人說法有何相異處？立足點何在？

3. 創造性書寫：以創意觀點重新了解舊問題、舊事物、舊觀念，利用「同質異化」原則，透過新的見解找出已經熟悉事物中的異質觀點。

三、與古人抬槓：另類思考，顛覆傳統的新觀念

　　「翻案」原是法律名詞，本指推翻既已定讞之罪案而言，而後被引申有推陳出新之意。史學領域上認為「翻案」是再評價，透過大量的史料證據來推翻大數人的認知，並從而推出相反的結論。文學創作中，其旨在推翻前人的論斷，因此在寫作前必須先分析前人的論斷，再探索前人論斷的基本假設，進而指出其不可信者，然後推翻此假設。

　　歷來翻案名篇如一般人都認為孟嘗君能得士任賢，王安石〈讀孟嘗君傳〉卻以「特雞鳴狗盜之雄耳，豈足以言得士？」駁斥前人看法。歐陽脩〈縱囚論〉以「上下交相賊」推翻唐太宗恩德化人之舉、李翱〈題燕太子丹傳後〉直批太子利用荊軻報當年之屈，荊軻有勇無謀，劍術不純熟以致刺秦失敗，進而導致燕國滅亡之局。他如柳宗元〈桐葉封弟辨〉、唐順之〈信陵君救趙論〉、王世貞〈藺相如完璧歸趙論〉、蘇洵〈管仲論〉、蘇軾〈留侯論〉、王安石〈明妃曲〉……等，都提供教與學間反思的舞台。

思考方向：反其道而行

1. 找出盲點——由直線推衍行文間說理的矛盾點，證據不足之處、取材以偏概全者。
2. 與作者對話——站在相對立場、觀點、角度提出想法，並推論結果。
3. 如果改變了過程中的某一段，情節的發展會是什麼？如果改變情節、個性、背景……結果又是什麼？

4. 異時、異地的省視——在不同文化觀點或時空之下論點。

（1）旁徵博引，四兩撥千金——明眼人語，輕描淡寫

「馮諼客孟嘗君」這段史實見諸於《戰國策》與《史記》，高中課本所選為《戰國策·齊策》者，但《史記·孟嘗君傳》的記載與前者略見不同，其文如下：

《戰國策·齊策》：

齊人有馮諼者，貧乏不能自存，使人屬孟嘗君，願寄食門下。孟嘗君曰：「客何好？」曰：「客無好也。」曰：「客何能？」曰：「客無能也。」孟嘗君笑而受之，曰：「諾！」左右以君賤之也，食以草具。

居有頃，倚柱彈其劍，歌曰：「長鋏歸來乎！食無魚！」左右以告。孟嘗君曰：「食之，比門下之客。」

居有頃，復彈其鋏，歌曰：「長鋏歸來乎！出無車！」左右皆笑之，以告。孟嘗君曰：「為之駕，比門下之車客。」於是，乘其車，揭其劍，過其友，曰：「孟嘗君客我！」後有頃，復彈其劍鋏，歌曰：「長鋏歸來乎！無以為家！」左右皆惡之，以為貪而不知足。孟嘗君問：「馮公有親乎？」對曰：「有老母！」孟嘗君使人給其食用，無使乏。於是馮諼不復歌。

《史記·孟嘗君傳》：

初，馮驩聞孟嘗君好客，躡蹻而見之。孟嘗君曰；「先生遠辱，何以教文也？」

驩曰：「聞君好士，以貧身歸於君。」孟嘗君置傳舍十日，孟嘗君問傳舍長曰：「客何所為？」答曰：「馮先生甚貧，猶有一劍耳，又蒯緱。彈其劍而歌曰『長鋏歸來乎，食無魚』。」孟

嘗君遷之幸舍，食有魚矣。五日，又問傳舍長。答曰：「客復彈劍而歌曰『長鋏歸來乎，出無輿』。」孟嘗君遷之代舍，出入乘輿車矣。五日，孟嘗君復問傳舍長。舍長答曰：「先生又嘗彈劍而歌曰『長鋏歸來乎，無以為家』。」孟嘗君不悅。

　　比較二者記載，可以發現《戰國策·齊策》除於段首以「孟嘗君笑而受之」表現其宅心寬厚，對於馮諼一再彈鋏歌：「長鋏歸來乎！」，有意地隱藏了孟嘗君的情緒，僅以左右「賤之」、「笑之」、「惡之」，作為照見馮諼貪而不知足的鏡子，並藉以襯托出孟嘗君的氣度涵養。《史記·孟嘗君傳》不但以傳舍長取代左右，且在敘述上不見傳舍長對馮諼有任何表情，文末則歸結於「孟嘗君不悅」。

　　問題是《史記》必然是參考《戰國策·齊策》的記載，何以刪去了左右映之於臉上的情緒敘述，而直陳孟嘗君「不悅」？顯然司馬遷對於馮諼得寸求尺的行徑十分不滿，但這一筆使得孟嘗君「仁厚」之說頓時破解。

　　相對的是《戰國策》所記這段故事中，孟嘗君對於馮諼索求無度，一一接受，從：「食之，比門下之客」、「為之駕，比門下之車客」到「使人給其食用，無使乏」，難道孟嘗君真是爛好人？他心裡是怎樣想的？他到底是明眼人？還是暴發戶式的闊佬？他是如何看待貧而無能的馮諼？在《史記·孟嘗君傳》敘述田文如何騁其辯才，讓諸侯皆使人請薛公田嬰以文為太子，後代立於薛，是為孟嘗君，如此智謀之人難道沒有任何盤算？

　　王安石〈讀孟嘗君傳〉：「孟嘗君特雞鳴狗盜之雄耳，豈足以言得士？」清錢大昕〈馮諼論〉則左批馮諼為孟嘗君謀三窟之

謀是旁門左道：「何其識之鄙而謬也！」右評孟嘗君：「不務治國愛民為先，而徒招致任俠姦人為之食客，欲假其譎詐要譽一時，以長享薛邑之奉。」並申明「大臣之道，禍福當置之度外，別無自全之策」以指責田文作為齊相只顧求自全之策，市義之事更「非人臣之義，而貳於他國罪且不容誅。」這種種論述的目的何在？

思考方向：

王安石與錢大昕為何以如此批判的角度評論孟嘗君與馮諼？何以《戰國策》獨贊之？何以後世說解與《史記》所載的孟嘗君形象不同？對此種種疑問，以及閱讀記載、評論，可以激盪出什麼樣的說解或辯駁？

寫作方向：

1. 細讀《戰國策》、《史記》對孟嘗君與馮諼的敘述。
2. 分析宋王安石〈讀孟嘗君傳〉、清錢大昕〈馮諼論〉的論點，以及其如何建構其論點？如何展開批判？
3. 就這些文本提出解讀與評論。

表層結構提供素材，探索心理狀態則屬於深層結構，透過素材進一步推論背後的邏輯。無論是呈現對立的各種可能性，或是呈現結構邏輯的同時，都蘊含意義元素。文本形式與內在意義、存有與空無、斷裂與連續、本我與非我都是以差異組合呈現，相互含蘊，因而在各代文人史家的敘述與評論間，得以窺見歷史的

虛構、論析的意識型態，進而滲透時代文化。

　　王安石〈讀孟嘗君傳〉與錢大昕〈馮諼論〉均對孟嘗君禮賢下士的成效提出質疑。從「客」的文人與計策反觀回「主」，更進一步懷疑孟嘗君的賢能。但反觀此二人時代背景，王安石身居北宋神宗時期丞相，錢大昕所處清時政治尚稱太平盛明。以王安石推動變法觀之，可見當時必極重法治與律令，但孟嘗君所處的戰國時代並非如此井然有序。孟嘗君一會兒事齊，一會兒相秦，國君甚至聽從一位寵姬的喜好而對孟嘗君態度反覆無常。由這樣的社會背景，可以看出一位人臣為保其身，逢迎喜怒無常的君主，所需要的「人才」是什麼？當然是一些擁有足智巧計、旁門左道的人。

　　君不見馮諼為孟嘗君鑿三窟，也僅為「免一死耳」！這由《史記‧孟嘗君列傳》所敘亦可得旁證：「後齊湣王滅宋，益驕，欲去孟嘗君。孟嘗君恐，迺如魏。魏昭王以為相，西合於秦、趙，與燕共伐破齊。齊湣王亡在莒，遂死焉。齊襄王立，而孟嘗君中立於諸侯，無所屬。齊襄王新立，畏孟嘗君，與連和，復親薛公。」在這樣生存處境下，在這樣不講裡不講法的亂世裡，要一位滿腹治國大計的賢者做什麼？先從國君手下存活比較重要吧！

　　王安石將自身背景的「人才」，和戰國亂世真正有用的「人才」攪混了！（姜星宇）

　　「創造性思考」指具有原創性和有效性的想法，逆向思考是高層次的創造性思考之一。星宇此文不僅能夠綜合想法，並深入

簡出,放眼於大環境,以不同時代背景對於「人才」的定義為焦點,力批文安石與錢大昕之謬,凸顯亂世但求苟安生存的無奈。

(2) 直搗黃龍,命中要害——高手出招,刀刀見血

批判性思考在本質上是解析的和反省的。「批判性思考」是指能檢核、連結和評鑑某一情境或問題的各個面相,且能集中於問題的焦點,以及能收集、組識、分析,並結合相關經驗,審視答案的合理性,進而提出有效的結論。以品宣所析而言,先呈現文本所述,隨即筆鋒一轉道破孟嘗君與馮諼之間實則為相互試探。接著以反詰語氣帶出證據與論點,言之有物亦有據,理氣充沛,直逼二人諜對諜的計倆:

> 對於馮諼的予取予求,孟嘗君一概買單;對於馮諼的無賴貪婪,孟嘗君全然不責,在兩人一來一往之間,實是相互試探,考驗對方的底限。馮諼若真無能,豈敢厚顏向孟嘗君索取優厚待遇?戰國既亂,志士投身豈只為身衣口食?必是身懷謀略,願投奔賢主以施展長技,孟嘗君若無法鑑賞人才,又豈能囊括天下之英?若無容人之量,又豈能縱其縱橫捭闔之能?說到底,孟嘗君與馮諼是場諜對諜的詭計罷了!(吳品萱)

閱讀的本質所在除認知,更強調推理,讀者從篇章中在建構和重新建構意義的生成過程中,運用推理和批判思維能力。而每一個視角代表著一種獨特的敘述觀念與方式,而來自視角與敘述的差異就造成了繽紛多姿的審美世界。這種種設計與訓練,目的在打破單一敘述格局,製造在多層次、多視角中展開的教與學。在框架的建構上則採取類比遞進的手法,一方面以閱讀變化視

角，擴大敘述域限，另則藉視焦的更換，拓深了敘述的內在層次，使得閱讀與寫作在共構間整合知識，形成思考技能，並轉化於創作之中，豐厚觀點。

K089

作文課上的加減乘除——理性與感性的創意敘寫

作　　者　陳嘉英

發 行 人　陳滿銘

總 經 理　梁錦興

總 編 輯　陳滿銘

副總編輯　張晏瑞

編 輯 所　萬卷樓圖書股份有限公司

印　　刷　百通科技股份有限公司

發　　行　萬卷樓圖書股份有限公司

　　　　　臺北市羅斯福路二段 41 號 6 樓之 3

　　　　　電話 (02)23216565

　　　　　傳真 (02)23218698

　　　　　電郵 SERVICE@WANJUAN.COM.TW

香港經銷　香港聯合書刊物流有限公司

　　　　　電話 (852)21502100

　　　　　傳真 (852)23560735

ISBN 978-957-739-570-2

2018 年 12 月初版四刷

2007 年 1 月初版

定價：新臺幣 380 元

如何購買本書：

1. 劃撥購書，請透過以下郵政劃撥帳號：

　　帳號：15624015

　　戶名：萬卷樓圖書股份有限公司

2. 轉帳購書，請透過以下帳戶

　　合作金庫銀行 古亭分行

　　戶名：萬卷樓圖書股份有限公司

　　帳號：0877717092596

3. 網路購書，請透過萬卷樓網站

　　網址 WWW.WANJUAN.COM.TW

大量購書，請直接聯繫我們，將有專人為

您服務。客服：(02)23216565 分機 610

如有缺頁、破損或裝訂錯誤，請寄回更換

國家圖書館出版品預行編目資料

作文課上的加減乘除／陳嘉英著. -- 初版. --

臺北市：萬卷樓, 2007[民 96]

面；　　公分

ISBN 978-957-739-570-2 (平裝)

1. 中國語言－作文 2.中等教育－教學法

524.313　　　　　　　　　　　　95015768